ŒUVRES
DE MADAME
DU BOCCAGE.

RECUEIL DES ŒUVRES
DE MADAME DU BOCCAGE,

Des Académies de Padoue, Bologne, Rome, Lyon & Rouen;

Augmenté de l'Imitation en Vers du Poeme d'Abel.

TOME TROISIEME.

A LYON,
Chez les FRERES PERISSE,

M. DCC. LXX.

Avec Approbation et Privilege du Roi.

LETTRES
SUR
L'ANGLETERRE,
LA HOLLANDE
ET L'ITALIE.

AVERTISSEMENT.

Au retour de mon voyage de Rome, MM. Perisse de Lyon me manderent qu'ils faifoient un Recueil de mes Ouvrages; l'envie me prit d'y joindre des Lettres que j'avois écrites à ma fœur, d'Angleterre & d'Italie: j'en retranchai les détails de famille, & tâchai d'en rendre le ftyle & les récits plus exacts. Ceux qui n'ont point vu les objets dont je parle, pourront dans mes foibles efquiffes, prendre le defir d'en chercher des portraits plus frappants dans les meilleurs Voyageurs; & ceux qui les connoiffent par eux-mêmes, ne feront peut-être pas fâchés de fe les rappeller avec moi.

LETTRES
SUR
L'ANGLETERRE.

PREMIERE LETTRE.

A MA SŒUR. (a)

A Londres, ce 1. Avril 1750.

JE ne vous ai point écrit en route, ma chere sœur ; notre course a été trop agitée ; nous avons été trois jours fatigués à courir la poste, huit heures tourmentés sur la mer en fureur,

---

(a) Veuve de M. du Perron, Conseiller au Parlement de Rouen.

& vingt-quatre cahotés dans un mauvais carroſſe de Deal à Londres.

Vous demanderez pourquoi nous n'avons point débarqué à Douvres ? apprenez qu'une peur outrée de nous ennuyer à Calais, nous en fit partir par un temps douteux. Bientôt il ne le fut plus, les vents & la pluie redoublerent: Quoique la tempête que nous éprouvâmes mérite d'être décrite en vers, j'en prendrois vainement la peine; que ferois-je après nos grands Poëtes ? la vérité ſous ma plume ne vaudroit pas leurs fictions. Racontons donc tout ſimplement, que le bruit infernal des vagues, des cordages, des matelots, & mes maux de cœur continuels m'empêchoient d'exprimer mes craintes: les plus cruelles idées ſuccédoient à mes douleurs. Quoi! diſois-je en moi-même, je ne reverrai peut-être plus ma ſœur, ni mes amis que j'abandonne, & ne verrai point l'Angleterre que je vais chercher! on blâmera mon audace, ma curioſité, & bientôt on m'oubliera.

Tandis que je me livrois à ces réflexions accablantes, le Pilote vint me dire bruſquement: *Vous ne pouvez entrer à Douvres que demain matin, la mer eſt trop groſſe; ſi vous le voulez, on vous mettra dans une chaloupe pour vous conduire à Deal, petit port éloigné de deux lieues.*

Le desir de sortir d'embarras nous fit accepter cette triste proposition. Le capitaine me prit dans ses bras pour me descendre dans le batelet que les vagues écartoient sans cesse du vaisseau, de maniere que sur l'échelle, un faux-pas de mon conducteur l'obligea de lâcher sa prise : par bonheur, au lieu de tomber dans l'onde, je me trouvai seule sur ce leger esquif au milieu des rameurs, abandonnée aux flots & mourant de peur que mon mari ne pût me joindre. Il faisoit descendre nos malles, & me voyoit avec horreur inondée des vagues qui m'éloignoient. Ma crainte redoubloit ; les rames me ramenoient, il cherchoit à me rejoindre par de nouveaux efforts, & y parvint enfin.

Le changement de barque me remit le cœur : un moment de calme rassura mes esprits : une petite flotte dont il périt deux navires qui doubloient un cap pour entrer dans la Tamise, s'offrit à mes yeux. Ce spectacle d'une beauté horrible, parut un rêve à mon ame agitée. J'en sortis par un nouveau malheur.

Dans le faux-port que nous cherchions, l'eau *DEAL*. trop basse empêchoit les chaloupes d'aborder. Les matelots, ou, si vous le voulez, des Tritons marchant dans la mer jusqu'aux genoux, nous porterent au rivage. Jugez de mon desir vif de changer mes habits mouillés, & je n'en avois point encore d'arrivés dans l'auberge, où je mourois de froid, de faim & de peur, seule avec ma femme de chambre, la tremblante Ducastel. Vingt matelots & porte-faix que je n'entendois point, me demandoient pour boire; les commis visitoient nos coffres à la Douane, où mon compagnon de voyage les maudissoit, &, pour les hâter, les paya (*b*). Enfin au bout d'une heure, je me séchai; mais dans le trouble du vaisseau déja bien loin, nous avions oublié nos provisions de bouche: le lieu en fournissoit peu, notre logement chétif étoit pourtant meilleur qu'on ne le trouveroit en France dans un pareil endroit. Le souper, le lit, nous parurent excellents. Pour peindre des gens heureux, on dit *tels que des voyageurs après l'orage*. Les vieux proverbes sont toujours vrais; mais notre bonheur s'acheta trop cher, je ne vous le souhaite point: il fut suivi du hazard propice de trouver près de cette Bourgade un carrosse à louer, qui nous mena dîner à Cantorbery, où nous vîmes

CANTOR-
BERY.

(*b*) J'ignore pourquoi tous les Etats de l'Europe souffrent que, sous prétexte de veiller à la contrebande, des gens armés aux portes des villes levent un droit volontaire sur les passants, trop heureux de se racheter par un écu, du tourment de voir visiter leurs malles. Les Rouliers & les indigents qui paieroient mal, ou qu'on gagne plus à prendre en fraude, sont à la vérité, examinés à la rigueur; mais tout ce qui voyage en carrosse ne rapporte rien aux Souverains, & beaucoup aux Commis. Partout regne le même abus qui ne peut être un secret; comment subsiste-t-il?

la Cathédrale, très-grande, très-gothique, élevée sur une Eglise souterreine, encore plus obscure, & qui m'en paroît plus propre aux saints Mysteres. Les Druides, les Prêtres païens éclairoient peu leurs temples, & avoient raison. Ceux de la chrétienté, excepté les modernes, se ressemblent tous; ainsi je ne vous parle pas plus au long de l'Eglise de Cantorbery.

Nous quittâmes cette cité antique pour gagner Rochester, où nous couchâmes & mangeâmes d'excellentes huitres. Le matin on nous servit du pain, du beurre, & du thé, quoique nous n'en voulussions point. Les voyageurs qui se trouverent avec nous, nous dirent que l'usage étoit de payer ce déjeûner, & de demander à manger, sans avoir faim, pour l'honneur des auberges, bonnes, à la vérité, cheres & bien servies. Les Anglois dans des moments de feu poétique, qu'ils appellent *moments d'amour*, y charbonnent des vers sans nombre sur le mur des salles à manger. En voici de dignes du lieu & du sujet, que, pour vous faire rire, je m'amusai à mettre en françois, en attendant longuement que les chevaux fussent mis:

ROCHES-
TER.

Damon dit en mangeant d'un chester (c) plein
    de mites,

(c) Fromage renommé en Angleterre.

Tel que Samson, j'en tue un mille en un moment:
Il est vrai, lui répond Mélites,
Tu te sers du même instrument.

Rochester joint à Chattam, forme un demi cercle de plus de deux milles sur le Medway, où cette riviere renferme un magasin de vaisseaux & de provisions pour les armer. De là jusqu'à la capitale, on trouve des campagnes ornées de la plus fraîche verdure, beaucoup de troupeaux d'une taille plus grande que les nôtres, & des paysans en apparence bien plus opulents. Les hôtelleries & les maisons de plaisance sont propres sans magnificence. Nous en remarquâmes une plus ornée vis-à-vis Greenwich, bel hôpital des gens de mer, d'où l'on découvre une forêt de mâts qui couvrent la Tamise. Un sot qu'on excitoit un jour à les admirer, se plaignit de ce qu'ils l'empêchoient de voir la riviere.

<small>GREEN-WICH.</small>

Au pied du côteau qui la domine, un fauxbourg long, très-mal pavé, mal bâti, conduit à la cité, qui ne l'est guere mieux. Dans la nouvelle ville où nous habitons du côté de la Cour, les rues sont plus larges, les maisons mieux décorées. Quand nous aurons vu ceux qui les habitent, je vous en parlerai.

SECONDE LETTRE.

A Londres, ce 8 Avril 1750.

JE vous ai promis, ma chere sœur, d'amuser la solitude de votre château, du récit de mes actions. Notre amitié vous les rend importantes. Ma vie est aussi agitée que la vôtre est tranquille: la toilette, les messages, les visites m'occupent sans cesse. Quinze ou vingt Dames des plus qualifiées m'ont fait la grace de me prévenir. L'usage ici est que celles à qui on est recommandée, prient leurs amies d'aller voir l'étrangere avant qu'elle leur soit présentée. Mylady Allen & Madame Cléveland, femmes de beaucoup d'esprit, à qui Monsieur de Chavigny, ci-devant notre Ministre à Londres, a eu la bonté d'écrire en ma faveur, ont bien voulu me conduire. J'ai d'abord rendu mes devoirs à notre Ambassadrice, qui nous a fait l'honneur de nous prier à dîner pour le lendemain. Nous nous sommes rendus à ses ordres, & tâcherons de captiver sa bienveillance. Son mérite égal à sa naissance, & son rang, lui donnent tous les agrémens qu'on peut lui procurer ici. Des assemblées de jeu brillantes, qui commencent à sept heures & finissent à onze, y remplissent la soirée. Les Anglois ont pris nouvellement cet usage d'Italie ; mais ils n'en ont point les grands palais, ce qui met fort à l'étroit leurs cercles nombreux. Le matin, des déjeûners charmants par la propreté, l'élégance des mets & des ustensiles qui servent à les apprêter, rassemblent agréablement les gens du pays & les étrangers. Nous en avons fait un aujourd'hui chez Mylady Montaigu (d), dans un cabinet tapissé de pekins peints, & garni des plus jolis meubles de la Chine : une longue table couverte d'un linge transparent, mille vases brillants y présentoient caffé, chocolat, biscuits, crême, beurre, pain rôti de cent façons, & du thé exquis. Vous saurez qu'on n'en prend de bon qu'à Londres. La maîtresse du logis, très-digne d'être servie à la table des Dieux, le versoit elle-même ; c'est l'usage : & pour le remplir, l'habit des Dames Angloises, juste à leur taille, le tablier blanc, le joli chapeau de paille leur sied à merveille, non seulement en chambre, mais au parc de S. James, où elles marchent comme des Nymphes. Ce lieu vaste & champêtre, que leurs char-

S. JAMES.

(d) Parente de la fameuse Lady Wworthley Montaign.

mes embellissent, est, sur-tout à midi, dans le mail, leur promenade favorite. Elles trouvent dans la même enceinte un long canal & de l'ombrage. Green-park, champ voisin, leur offre aussi des étangs pleins de poisson, & des plants d'arbres qui les menent à Hide-park, terrein plus vaste pour leurs courses de cheval, avant dîner, & l'après-midi en carrosse. Leurs robes du matin relevent bien mieux la beauté que leur habit à la françoise, destiné aux assemblées du soir, à la Cour & aux spectacles. Je ne sais pourquoi toute l'Europe a la bonté de prendre nos modes, dont on ne peut suivre la vicissitude, même dans nos provinces; les étrangers les reçoivent encore plus tard, & jamais de la même façon qu'on les a portées à Paris. Chaque pays a sa langue, ses mœurs, ses idées, & devroit avoir sa maniere de se vêtir, toujours plus convenable à la taille qu'une parure d'emprunt; mais on trouve ici nombre de personnes, dont la magnificence, les manieres & le mérite sont de tout pays, entr'autres le Comte & la Comtesse Chesterfield, qui nous accablent de bontés. Mylord, après avoir rempli avec distinction les plus grandes places de l'État, (loin de les regretter,) dans la vie paisible, en jouit mieux de lui-même & de ses amis: il a voyagé dans toutes les Cours, & n'en a pris que le bon ; une plus grande connoissance des hommes, plus d'agrément dans la conversation, la facilité de bien parler diverses langues, une bibliotheque choisie, les meilleurs tableaux pour orner son palais, & le desir de le bâtir dans un bon goût d'architecture.

On doit me mener aux spectacles, & voir les monuments publics : je vous en entretiendrai incessamment. M. du Boccage m'aide à faire mes observations ; que n'êtes-vous aussi avec moi ! la sagacité, l'agrément de votre esprit fixeroient toujours le mien sur les objets dignes d'être décrits. Je vous manderai ingénument nos actions & nos remarques : vous en voulez un compte fidele, vous aurez même jusqu'aux lettres qu'on m'écrit. J'en reçois à l'instant une en vers d'un amant de quatre-vingt-six ans que j'ai à Montauban, qui me croit à Paris, & ne m'a jamais vue. Je vous l'envoie & ma réponse. Un jour de repos que j'ai pris, m'a donné le temps de la faire, & vous en avez plus qu'il n'en faut pour la lire. Le Vieillard me cajole ainsi :

Charmante fille d'Apollon,
Déja sur notre heureux rivage,

Mes vers ont célébré ton nom.
Je déplairois à la raison,
Si je le chantois davantage.
De notre derniere saison
L'indifférence est le partage;
Mais en contemplant ton portrait,
Je crois qu'amour me garde un trait
Qui respecte trop peu mon âge.
Quand je te lis, quand je te vois,
Certain trouble agite mon ame,
Et je me souviens qu'autrefois
De ce trouble naissoit ma flâme.
Sur le Tarn (e), loin de ton séjour,
De ton âge au mien la distance
(Sans que la vertu s'en offense)
Permet de te parler d'amour;
Mais de cet aveu sans mystere
Les malins enfants de Cythere,
Comme toi, riront à leur tour.
Dans mon hiver tout me rappelle
Que l'amoureuse Philomele
Jamais ne chante qu'au printemps,
Et je soupire en mes vieux ans.
Je vois dans tes yeux l'étincelle
Du feu qui brille en tes écrits;

(e) Riviere qui passe à Montauban.

Et de ta touche noble & sûre,
Malgré moi mon cœur est épris.
Quand tu retraces la peinture
De ces jardins toujours fleuris,
Où le Maître de la nature
Pour Adam sema sans mesure
Les dons, les biens les plus chéris,
Leurs charmes sont si bien décrits,
Que je maudis le premier homme,
Dont le desir pour une pomme
De ce séjour nous a proscrits.
J'abhorre encor plus son audace,
En considérant le tableau
Des maux qu'entraîna sa disgrace,
Si terribles sous ton pinceau.
Du Boccage, quelle est ta gloire?
Le talent joint à la beauté,
Te donne au temple de Mémoire
Une double immortalité.
Dans la fleur de mes ans quand l'amour m'a flatté,
L'esprit sans les attraits n'étoit point mon affaire;
Les attraits sans l'esprit n'auroient pas sû me plaire:
Mais si de voir le jour je m'étois moins hâté,
Jugez ce que j'aurois pu faire
De mon cœur, de ma liberté!

RÉPONSE.

RÉPONSE.

Quelle erreur, bravant le danger,
Me conduit vers l'astre polaire,
Tandis qu'au midi dans Cythere
LA MOTHE, votre ame sincere
Sous mes loix cherche à se ranger ?
Dans vos champs chéris de sa mere,
L'Amour n'est jamais étranger,
A tout àge on aime, on sait plaire.
Des doux zéphyrs le vol léger
En bannit la raison austere,
Et la laisse au nord voyager.
Son haleine y glace la terre ;
Des feux, d'un desir passager,
La foible ardeur n'y dure guere.
Là, jamais la mer en colere,
Comme à Sestos, n'a vu nager
Un Léandre amant téméraire.
J'aimerois pourtant l'Angleterre,
Si j'y pouvois voir mon berger.
D'un Céladon octogénaire
Vainement se rit le vulgaire ;
Plus il résiste à s'engager,
Plus sa conquête est belle à faire,
Prudent, moins sujet à changer.

Il soupire & sert sans salaire.
Si la sagesse trop sévère
Contre lui réclame ses droits,
L'exemple autorise mon choix.
A l'Aurore Titon sut plaire,
Une Muse du sang des Rois
Choisit pour berger Saint Aulaire (ƒ).
De son goût sûr, prenons des loix;
Aimons sans honte, sans mystere,
Un Nestor dont les tendres chants
Conservent leur force premiere,
Et qui du nom de sa bergere
Illustre mes foibles talents.

(ƒ) Le Marquis de Saint Au- Peu de temps avant sa mort,
laire, de la Cour de Madame la Princesse, curieuse d'un fait
la Duchesse du Maine, conserva qu'il lui cachoit, en reçut pour
jusqu'à cent ans tour l'agrément réponse:
& la délicatesse de son esprit.

La Divinité qui s'amuse
A vouloir savoir mon secret,
Si j'étois Apollon, ne seroit point ma Muse;
Elle seroit Thétys, & le jour finiroit.

TROISIEME LETTRE.

A Londres, ce 15 Avril 1750.

LA bienveillance dont on nous honore ici, ma chere sœur, nous en rend le séjour fort agréable. Hier, je déjeûnois chez Mylady Shaub, le Prince de Galles y vint sous un autre nom; j'étois avertie, & lui donnai le plaisir de me croire trompée. Il me fit la grace de me questionner obligeamment sur différents objets, de me demander mes ouvrages, & de m'accorder le temps d'appercevoir qu'il est fort instruit de la Littérature Françoise: l'Angloise ne lui est sans doute pas moins connue. Après la conversation, ce Prince chargea la Maîtresse de la maison, de me présenter le lendemain à la Cour de la Princesse. Je m'y suis rendue ce matin. Les bontés de son Altesse Royale m'auroient rassurée, si on pouvoit l'être vis-à-vis deux cents spectateurs. Que nos têtes sont foibles! Hier, un fils de Roi déguisé ne m'intimidoit point, aujourd'hui il en badinoit avec moi, & m'en imposoit: je vois que ce ne sont pas les Rois qu'on craint, mais la foule qui les environne.

Cette auguste assemblée se tient à une heure, les Dames en cercle, les hommes derriere, en triple rang. Leurs Altesses, suivies des jeunes Princes, viennent par une porte, & ressortent par l'autre, après avoir parlé aux personnes à qui elles daignent faire cet honneur. Cette cérémonie fatigante dure environ une heure. Le temps d'attendre avant & après, fait qu'on s'assied volontiers au retour. Je me repose en vous écrivant, & me rappelle ce que je veux vous dire des spectacles.

L'Oratorio, ou Concert pieux, nous plaît beaucoup. Les paroles angloises (g) y sont chantées par des Italiens, & accompagnées d'une multitude d'instruments. Hendel en est l'ame: il y paroît précédé de deux flambeaux qu'on pose sur son orgue. Mille mains l'applaudissent, il s'assied, aussi-tôt le coup d'archet le plus précis se fait entendre. Dans les intermedes, il joue seul, ou joint à l'orchestre des Concerto de sa composition, admirables par l'harmonie & l'exécution. L'Opéra Italien en trois actes nous amuse moins. La longueur du récitatif déclamé

(g) Cette langue paroît fort propre à la musique. L'ingénieux Addison dit que la briéveté convient au peu de goût que ses compatriotes ont pour les longs discours, que son sifflement est comme un instrument à cordes, & les sons prononcés des autres langues comme des instruments à vent.

fait trop acheter quèlques jolis airs qui le terminent. La salle est belle. Les Acteurs de cette année sont médiocres. Leurs représentations finissent avec l'hiver ; mais les Comédiens du pays jouent en toutes saisons. Ils rendent les rôles subalternes plus naturellement que les François. Chez eux un savetier, une soubrette, en ont réellement les propos & l'habit. Le Baron des Anglois, Garric leur grand Acteur héroïque & comique, a dans la figure & la voix l'expression la plus touchante & la plus vraie. Leur déclamation tragique nous paroît chantée ; mais je n'en puis bien juger : obligée, pour entendre une piece au théatre, de porter le livre, en lisant je perds l'action des acteurs ; quand je les regarde, je ne les entends plus. Ils se plaisent dans les petites Pieces, à mettre sur la scene un François ridicule. D'abord sa poudre excessive, ses tabatieres, montres, boîtes à mouches toujours en main, ses révérences sans nombre nous parurent une caricature outrée. Peu à peu nous apperçûmes avec chagrin, qu'elle n'a encore que trop de ressemblance. Nos Actrices l'emportent sur les étrangeres dans les rôles nobles & dans la maniere de se mettre. Les Duménil & les Clairon surpassent beaucoup les plus vantées ici. Nous vîmes hier une grosse Cléopatre qui ne feroit bonne qu'à jouer un rôle de nourrice.

 Comme les hommes font par-tout les mêmes, le théatre de Londres, quoique fort différent du nôtre, y reffemble pourtant en plufieurs points; mais il eft ici des fpectacles dont nous n'avons nulle idée : je paffe fous filence les courfes de chevaux, les combats de coqs & de gladiateurs, & laiffe aux hommes à décrire ces terribles plaifirs : arrêtons-nous fur des objets plus riants, FAXHALL. tels que les jardins de Faxhall (*h*) & de Renelash que préfentent les bords charmants de la Tamife. Là, le matin, pour un shilling, c'eft-à-dire, vingt-quatre fols, un Entrepreneur fournit mufique, pain, beurre, lait, café, thé, chocolat : le foir, illumination, concert, & tout ce qu'on peut defirer de manger, en le payant au-delà du shilling. Quelquefois il s'y donne des bals de nuit à une guinée, environ un louis ; mais pour ce prix, on y trouve tous les mets, fymphonies fouterraines, foire, chants, danfes & mafcarades auffi élégantes que les parures des divinités de nos fêtes d'Opéra. Les Dames ne fe démafquent point. Les bals font rares dans ces lieux d'affemblée ; mais chaque jour des perfonnes de tout rang, de tout âge, dans un joli négligé &

_____
(*h*) On écrit Vauxhall & Renelagh.

rarement parées, y viennent de toutes parts charmer leurs ennuis. Ce qui y paroît un phénomène aux yeux François, est l'ordre, le silence au milieu de la multitude, & chez nous le plus grand bruit importune dans la plus petite assemblée. M. de Fontenelle (i) assure que de son temps on ne parloit point tous ensemble. Comme il y avoit moins de gens à moitié instruits par les Journaux & les Dictionnaires, peut-être moins de sots se croyoient en droit d'empêcher d'entendre les gens d'esprit.

Vous connoissez la rumeur que nos cochers font quand ils s'accrochent; ces rencontres nous sont arrivées dans les plus petites rues de Londres, avec des charrettes énormes: là, chacun descend de son siege, porte les roues, les dégage avec des peines incroyables, sans prononcer une parole inutile.

Passons de Faxhall à Renelash, où on ne fait pas plus de bruit. Les jardins qui y sont moins ornés, offrent au milieu des bosquets, une salle voûtée de cent pieds de diametre, à trois rangs de loges; une natte sur le plancher y facilite la promenade; un fourneau à quatre

RENE-LAGH.

_____

(i) Sage bien différent des autres vieillards. C'est la seule chose que je lui aie entendu louer du temps passé: il avoit bien raison.

faces, entouré de balustrades, où la chaleur vient sans être trop ardente, s'éleve au centre & fait oublier l'hiver. Cette magnifique enceinte m'a plu au point de la préférer à la parure séduisante des jardins de Faxhall. Peu de personnes m'approuvent, mais j'ai un fort appui, Mylord Chesterfield est de mon avis ; il m'a demandé de chanter le lieu qu'il m'aide à défendre : le desir de lui obéir m'en a fait entreprendre le portrait. On y trouve de la ressemblance, du moins on m'en flatte ; vous ne pouvez en juger, mais je vous l'envoie pour vous donner une idée des amusements de ce pays-ci.

VERS SUR RENELASH.

Muse, qui charmes mes loisirs,
Viens rendre aux François la peinture
De ces jardins où les plaisirs,
Les ris, la paix & les desirs
Toujours dans leur juste mesure
Rassemblent tous les agréments
Que l'art ajoute à la nature.
C'est là qu'au bord d'une onde pure
Londres au son des instruments,
Voit tous les soirs, malgré les vents,

Mille lampes (k) dans la verdure
Eclairer mille amusements.
Pour peindre à la race future
Faxhall & ses enchantements,
De Voltaire il faudroit les chants,
Et d'Albane la touche sûre.
Mais vous, Renelash, lieux charmants,
Souffrez qu'une main plus obscure,
Par amour pour vos monuments,
En crayonne ici la structure.
Dans votre moderne parure
On voit la grandeur du vieux temps;
Sous un dôme orné de sculpture
Vos balcons par compartiments
En trois ordres d'architecture,
D'un vaste cirque ont la figure.
Au centre un feu perpétuel,
Du printemps répare l'absence,
Et l'idole de cet Autel
Est la liberté sans licence.
Ce lieu rempli de sa puissance
Ne fut point un temple païen,
C'est l'ouvrage d'un citoyen,
D'un Vitruve en desseins fertile,
Qui du bien public fait le sien,
Et joint l'agréable à l'utile.

(k) Les lumieres sont entourées de globes de crystal.

Dans ce séjour élysien,
Où d'Hendel brille l'harmonie,
Par les échos l'orgue embellie
S'unit au chant italien :
Tandis qu'à l'oreille ravie
Un Paccini chante si bien,
Du goût tout y prévient l'envie :
Le commerce par son génie
(Des deux mondes l'heureux lien)
Y joint aux dons de la patrie,
Le thé qu'un Chinois offre au Tien (1),
De Moka la liqueur chérie
Et ce noir breuvage indien,
Que l'Espagnol nomme ambroisie.
Le plaisir sous les mêmes toits
Y confond les rangs & les droits :
Oui, ces lieux féconds en merveilles,
Des grands, du peuple & du bourgeois,
Charment l'œil, le goût, les oreilles.

Grece, orgueilleuse de tes jeux,
Cede à Renelash la victoire,
Dans tes champs l'athlete poudreux,
Vainqueur inhumain & fougueux,
D'un vain laurier tiroit sa gloire.

(1) Principal Dieu des Chinois.

Ici, mille objets enchanteurs,
A l'œil frippon, tendre ou volage,
D'un pas noble, léger & sage,
Sous des chapeaux ornés de fleurs,
Y cherchent pour seul avantage
Le prix que donnent au bel âge
Les ris, les graces, la beauté.
De là naît cette volupté
Qu'on rencontre, selon Lucrece,
Dans une molle oisiveté;
Selon Zénon, chez la sagesse.
Ce vrai bonheur tant souhaité,
Qu'à définir chacun s'empresse,
Sans l'avoir connu, ni goûté,
L'Anglois en ce cirque vanté
Semble en trouver la douce yvresse;
Du moins le fils de la richesse,
L'ennui, dans ces lieux l'a quitté;
Comus en bannit la tristesse.
Comme au rivage du Léthé,
L'oubli du temps s'y boit sans cesse
Dans le sein de la liberté.
Là, le politique entêté
Calme son feu contre la France;
Du Parlementaire irrité
Philis adoucit l'éloquence;
Le marchand toujours agité

Des mers craint moins la violence;
L'amateur de l'antiquité
Du préſent ſent la jouiſſance;
La vieille, en ſavourant ſon thé,
Voit, ſans regrets, Hébé qui danſe,
Et la courtiſanne en gaieté
Prend le maſque de la prudence.

Fuyez, jeux de Flore, (m) où jadis
Rome étala ſon opulence,
Londres proſcrit votre indécence;
Sans goût, ſans pudeur, vos Laïs
A Plutus y livroient leurs charmes;
Dans la débauche & le mépris,
A la courſe, aux combats des armes,
De vils vainqueurs gagnoient le prix;
Et dans les fêtes que je chante,
L'amour vrai, délicat, ſecret,
Vient couronner l'amant diſcret,
Et la beauté vive & touchante,
Qui ſemble y briller à regret;
Mais en ce temple où tout l'enchante,
Ce Dieu ne ſait à quel objet
Donner la palme triomphante.

(m) Jeux qu'on célébroit à Rome en l'honneur de Flore, fameuſe courtiſanne.

QUATRIEME LETTRE.

A Londres, ce 25 Avril 1750.

JE ne vous ai encore rien dit des monuments de Londres, ma chere sœur; commençons par S. Paul. Cet édifice bâti par l'Architecte Wren, en pierre de Portland, qui résiste à la fumée destructrice du charbon de terre, a cinq cents pieds de longueur, cent de large à l'entrée, deux cents vingt-trois à la croix (*n*). Une petite place ornée d'une médiocre statue de la Reine Anne, conduit au portail. On y monte par un perron de douze marches, sous un péristile de six colonnes de quarante pieds. Le second ordre touche la corniche du Temple; & du raiz de chaussée, pavé de marbre, au haut du dôme, on compte trois cents quarante pieds. Un léger droit sur le charbon de terre, a presque suffi pour élever en quarante années cette vaste architecture,

S. PAUL.

(*n*) Pour en donner une idée de comparaison, S. Pierre de Rome en a deux cents vingt-six de large à l'entrée, à la croix quatre cents quarante-deux, hauteur cinq cents soixante-dix-huit, longueur six cents soixante neuf. Notre-Dame de Paris, longueur quatre cents huit, largeur cent soixante-huit; les tours ne sont élevées que de deux cents.

moins immense pourtant, dit-t-on, moins belle & plus pesante que S. Pierre de Rome, son modele.

Au-delà de cette Cathédrale, est la fameuse Tour bâtie par notre Guillaume le Conquérant. Cette forteresse a un mille de circuit, & renferme les prisonniers d'État, les archives, la monnoie, la ménagerie de bêtes féroces, & l'arsenal, où les armes artistement rangées forment sur les murs, des soleils, serpents, têtes de Méduse, & autres formes bizarres. Dans cette salle sont en grandeur naturelle les figures ressemblantes de trente ou quarante Rois à cheval, armés de toutes pieces.

<small>LA TOUR.</small>

Les Héros à qui Londres éleva des statues, n'y peuvent briller que par leur renommée, & non par l'art des Sculpteurs. Leur chef-d'œuvre est la statue équestre de Charles I, en bronze, vendue à la livre dans les guerres civiles par les Parlementaires. Le chaudronnier qui l'acheta, l'enterra, & la rendit ensuite à l'État, qui la remit à Charingcross, petite place où ce Monarque infortuné semble encore regarder la fenêtre de Whitehall, d'où il descendit sur l'échafaud. Un incendie consuma ce palais, que, sur les desseins de leur fameux Inigo Jones, Jacques I commença à rebâtir d'une belle archi-lecture; il n'acheva que la salle des festins, où son apothéose est peinte sur le plafond par Rubens. S'agit-il de se voir au nombre des Dieux ? un Roi chrétien oublie un moment qu'un seul regne dans le Ciel. Si l'on traite les Souverains comme des hommes, leur amour propre n'est pas satisfait; s'ils sont par nos respects mis au rang des Immortels, souvent l'encens les ennuie; on est donc difficilement assis à son aise sur un trône. Un des côtés des murs du sallon qui m'a conduit à cette réflexion, représente l'union des trois Royaumes, faite sous le même Roi; de l'autre, l'envie, l'hérésie & la discorde gémissantes, enchaînées. Le Cardinal de Volsei céda ce palais à Henri VIII. Le Prince régnant auroit besoin de l'achever. Sa demeure à S. James, malgré les embellissements qu'on y a faits, est peu logeable & sans décoration extérieure. Ses prédécesseurs habitoient Westminster. Des débris de ce grand palais très-gothique, brûlé dans le XVI. siecle, il subsiste entr'autres une salle de 170 pieds, sur 47 de large, remarquable par la hardiesse du plafond fait d'un chêne d'Irlande, aussi inaccessible au ver que le bois de cedre; c'est où le Roi dîne avec les Grands à son couronnement : là, se jugent les Pairs coupables. En Angleterre, un criminel n'est condamné que par 12 Jurés, tirés au fort entre ses pareils, le Juge les instruit seulement des circonstances du crime : comme il faut que l'arrêt soit unanime, on les enferme sans nourriture, jusqu'à ce qu'ils soient d'accord ; & si le prisonnier s'échappe, il ne peut, pour le même délit, être jugé deux fois ; le seul supplice est la potence ; on ne donne point la question, mais le coupable est obligé de répondre à l'interrogatoire ; s'il refuse, on le met en presse, de façon qu'en persistant dans son silence, il étouffe avant d'être jugé ; alors ses biens ne sont point confisqués, ce qui lui fait quelquefois prendre ce parti par amour pour ses parents.

La loi commune ou le droit coutumier est l'abrégé des loix Saxones, Danoises & Normandes : d'abord on plaidoit dans la langue de Guillaume le Conquérant, ensuite en mauvais latin ; depuis peu d'années, le Parlement a fait traduire les loix en Anglois, pour éviter l'inconvénient d'un langage qui n'étoit ni françois ni latin, & presque inintelligible aux Avocats & aux Juges. Les Cours de Judicature se tiennent dans cette grande salle de Westminster, telle que celle du Ban du Roi, où passent les affaires entre Sa Majesté & ses sujets ; la Chancellerie moins rigoureuse & le *Commun Pleas*, pour juger
les

les affaires civiles selon la loi écrite. L'Echiquier, fondé par Guillaume, est pour les discussions des deniers royaux. La Nation donne au Roi 28 millions pour l'entretien de sa maison & de ses Ambassadeurs ; comme on passe par cette salle de la Trésorerie pour monter au Parlement, des petites boutiques de Libraires, & d'autres légeres marchandises, s'y sont établies. L'Eglise de Westminster contient les tombeaux de la famille royale, & des hommes célebres en tout genre, tels que Bukingham, Prior, Casaubon, Newton, Chaucer, Driden, notre S. Evremont. *WEST-MINSTER.*

Les honneurs donnent plus d'émulation que les pensions. Les Anglois, moins riches en fondations pécuniaires pour les gens de Lettres, que nous, savent mieux les flatter. On fait plus naître de talents en les distinguant qu'en les nourrissant. Trop d'aliments les appesantit ; l'encens est une substance légere & spiritueuse qui les anime & les fortifie. L'espoir d'un tombeau à Westminster excite vivement à se distinguer de son vivant. Ce terrein renferme aussi les cendres des gens singuliers par leur talent, comme l'Actrice Olfied ; ou par un grand âge, comme Thomas Par (o), dont l'inscription porte

(o) J'ai lu en 1765, dans la Gazette, que son petit-fils venoit de mourir dans le Comté de Cork, à cent trente-deux ans.

qu'il mourut âgé de cent cinquante-deux ans, en 1635, & vécut sous dix Souverains, depuis Edouard IV jusqu'à Charles I. Nous y vîmes encore les statues en cire de plusieurs Rois, dans leur habit de cérémonie au Parlement, qui siege au Palais de Westminster. La Chambre basse, où il faut avoir un certain revenu pour être député, n'a de curieux à voir, que l'art d'avoir rangé dans un lieu peu vaste, des bancs où les 558 Membres qui la composent, entendent l'Orateur assis au milieu : autour sont des cabinets de conférence ou de repos, & une galerie de communication à la Chambre haute, dont la tapisserie représente la flotte de Philippe II, nommée l'Invincible, vaincue par celle de la Reine Elizabeth. C'est là où j'ai vu hier le Roi ; les femmes y sont admises le jour que le Parlement se sépare. Notre étonnement fut grand ; nous croyions entrer dans le lieu le plus auguste, le nom seul nous faisoit frémir : nous comptions en voir les cent soixante & dix Pairs, tant Ecclésiastiques que Laïcs (dont il y en a seize d'Ecosse), rangés dans le maintien le plus austere (*p*) ; point du tout : nous les trouvons

PARLE-MENT.

―――

(*p*) Dans les séances ordinaires, à droite sur les bancs, sont les Ducs, Marquis, Comtes, selon leur rang d'ancienneté : à gauche, les 24 Evêques ; au milieu, les Barons ; derriere eux, les Greffiers ; & des deux côtés les 12 Juges assis sur des

pêle-mêle en robes rouges ornées d'hermines, suivant leur dignité, & ne sachant où s'asseoir, ayant cédé leurs places aux Dames, dont une foule très-parée remplissoit la salle, à l'exception d'un petit cercle gardé pour le Roi, qui arrive au bruit du canon, se place sous un dais sur son trône, la couronne en tête, le Prince de Galles à sa droite, le Duc de Cumberland à sa gauche, entouré des grands Officiers du Royaume : l'un porte le sceptre, l'autre l'épée ; & un Député de la Chambre des Communes, vient à la Barre faire sa harangue. On propose quelques Actes du Parlement ; le Roi répond par le Clerc de la Chambre, en vieux françois, *soit fait ainsi qu'il est requis, le Roi le veut*, ou *vous remercie de votre bénévolence*. Ensuite le Souverain prononce lui-même un discours assez court, les deux Chambres lui rendent graces, & Sa Majesté s'en

coussins de laine, pour les faire ressouvenir d'en protéger les manufactures. Derriere le Trône du Roi est un banc où les jeunes fils aînés des Pairs peuvent venir s'instruire. Les Archevêques d'York & de Cantorbery ont un siege à part du côté des Evêques. Le consentement des deux Chambres est nécessaire pour passer une Loi ; on propose d'abord les bils à la Chambre basse, qui peut les changer ou les rejeter. Le Chancelier est Juge souverain pour le civil, & le Tuteur des mineurs : il préside à la Chambre des Seigneurs, & dispose des bénéfices qui ne passent pas 500 liv. de revenu : sa place lui vaut 25000 liv. de rentes. Les charges de grand Trésorier & d'Amiral, sont partagées en plusieurs Officiers. Le Roi donne toutes ces places. Les douze premiers Magistrats des différentes Jurisdictions font à Noël & à la Pentecôte le tour du Royaume, pour y juger les Procès civils & criminels ; mais un coupable ne peut être condamné que par ses pareils.

retourne au bruit du canon, dans de grands carrosses dorés, les seuls qui le soient ici, où de belles voitures ne le seroient pas long-temps. On y fait peu de dépense en ce genre, mais beaucoup dans les fêtes publiques & les funérailles : selon l'usage des Egyptiens, pour exciter à bien se comporter pendant sa vie, chacun éleve une pierre dans les cimetieres aux tombes de ses parents, même parmi les paysans, où l'éloge & la satyre du mort sont gravés.

Londres est sale, mal pavé par la disette du grés, dit-on, parce qu'un peuple libre pave comme il lui plaît, chacun devant sa porte, & parce qu'il faut souvent dépaver pour rajuster les tuyaux des fontaines ; toutes les maisons en sont fournies par les eaux de la Tamise qu'une pompe à feu éleve en abondance. Les Dames vont en chaise à porteurs entre des bornes & les murailles où marchent les gens de pied. Le soir, deux rangs de lanternes attachées à des poteaux aux deux côtés de ces trottoirs pavés de larges pierres, éclairent les rues, & leur donnent un air de fête. Les maisons ont un étage à moitié sous terre, qui oblige à monter quelques degrés pour arriver aux portes étroites, ainsi que les cours, où les carrosses ne pouvant entrer, remisent par des rues de derriere. Les laquais restent dans un poële au bas de l'escalier, de peur de le salir, & une bande de toile ou d'étoffe empêche que les maîtres n'ôtent le poli des marches. Nulle antichambre ne précede le sallon d'assemblée, orné de petites glaces & de tapis de pied, qui n'est souvent suivi que d'un cabinet. Une douzaine de prétendus palais, qui ne seroient à Paris que de grandes maisons, où nos opulents trouveroient bien à refaire, sont à citer dans Londres ; mais il y a plusieurs places quarrées assez vastes. A tout prendre, quoique le luxe soit grand chez les Anglois, ils sont encore à cent ans du nôtre, qu'ils imitent, & qui perd toute l'Europe. Leurs chambres tapissées de papier peint en velours ciselé, n'ont presque point de fauteuils : des chaises hautes, peu rembourrées, leur suffisent. Les femmes sans rouge & toujours lacées, (comme jadis en France) aiment ces sieges, & ressemblent dans leurs habits de Cour (troussés comme on les portoit jadis à Marli) aux portraits de nos grand'meres, elles en ont aussi l'accueil affable & les bonnes mœurs ; si ces belles ne nous paroissent pas quelquefois assez maniérées, les nôtres le sont souvent à l'excès, & l'art que plusieurs mettent à cacher un léger défaut de la nature, leur fait faire mille grimaces.

ASSEM-
BLÉES.

On voit ici un plus grand nombre de femmes dans les assemblées & au spectacle, qu'à Paris; elles y vont dans leur arriere saison sans crainte de montrer leurs rides; les meres y menent toutes leurs filles, qui vivent dans le monde d'une maniere moins contrainte que les nôtres. Les leurs ainsi que leurs jeunes freres, sont élevés dans l'enfance avec la plus grande simplicité : on ne leur fait point perdre le temps à les friser, à leur donner lieu de croire que d'être bien poudré & paré soit un mérite, ni le luxe une nécessité; on les laisse sans gêne s'amuser des ris & des jeux que leur âge inspire, sans leur préparer des bals & des spectacles dont nous les rassasions avant le temps d'en jouir & d'être présentés dans les cercles. Il y en avoit hier un brillant chez le Duc de Bedford; j'eus le plaisir d'y voir la Comtesse d'Yarmouth, qui, sans être de la premiere jeunesse, me parut d'une figure charmante : l'assemblée étoit nombreuse; un rang de tables de jeu aux deux côtés d'une vaste galerie, formoit un coup d'œil rare à Londres, où les appartements ne sont pas grands. Ceux du Duc de Richemont, où nous avions dîné, sont fort agréables par la vue de la Tamise & la richesse des ornements; mais sa magnificence ne sert qu'à relever la noble simplicité de ses manieres. Son goût pour les Lettres l'a déterminé à confier l'éducation de ses enfants à M. Tremblay, Genevois célebre par ses découvertes sur le polype (*q*). Revenons à la Duchesse de Richemont, qui joint aux qualités aimables le soin le plus particulier de sa maison. Elle-même prépare ses filles pour les faire inoculer, & pendant l'opération va s'enfermer avec elles chez un apothicaire, de peur que ses enfants au berceau, nourris sous ses yeux, ne gagnent la petite vérole avant l'âge propre à la mieux supporter.

Peu de nos meres (*r*) du bel air se priveroient ainsi pendant six semaines des plaisirs pour le bien de leur famille. Je vous donne ce détail comme un échantillon des soins maternels des Dames Angloises de tout rang. La satisfaction qu'elles y trouvent vaut bien la recherche vaine des amusements qui nous occupent sans nous satisfaire.

> Qu'heureuse est une beauté sage !
> La mesure de ses desirs
> Est celle de son héritage ;

(*q*) Petit animal aquatique ; si on le coupe en plusieurs parties, chacune des parties devient un polype entier.

(*r*) Plusieurs de nos Dames par leur courage respectable en ce genre, viennent de détruire ma réflexion, vieille de dix ans.

Son seul devoir fait ses plaisirs;
Son époux chéri les partage.
Ses enfants, dès leur plus bas âge,
Sont ses plus doux amusements.
Ses soins, ses vœux, ses sentiments,
N'ont d'objet que leur avantage.
Sa raison, non les châtiments,
Des siens lui captive l'hommage.
Toujours au gré de ses souhaits,
La Baucis dont je peins l'image,
Des beaux ans fait le court voyage.
Quand le temps flétrit ses attraits,
Qu'avec plaisir elle envisage
Les tissus que ses mains ont faits,
Des biens dont elle perd l'usage,
Un doux repos la dédommage;
Elle en jouit, & sans regrets
Du temps elle éprouve l'outrage:
Ainsi la vertu meurt en paix.
Ici, contemplons au contraire
Le triste sort d'une beauté
Qui veut briller, régner & plaire;
Dans le sein de la volupté,
Rien n'a droit de la satisfaire.
Chez Thalie, aux festins, au cours,
Le dégoût la poursuit sans cesse.
Pour se captiver les amours,

SUR L'ANGLETERRE.

Dans le printemps de sa jeunesse,
La parure occupe ses jours;
Mais le poison de la mollesse
Bientôt en altere le cours.
Si des desirs la folle ivresse
Lui fait oublier son devoir,
D'un époux jaloux, sans tendresse,
Elle redoute le pouvoir.
Son amant, sans délicatesse,
La flatte & trompe son espoir.
Ses enfants, qu'elle aime & néglige,
Lui rendent sans goût les respects
Que sa fantaisie en exige;
Ses esclaves lui sont suspects.
Quand de son teint la fleur fanée,
Loin de charmer, blesse les yeux,
Dans sa vieillesse abandonnée
Le monde lui semble odieux.
La mort qu'elle redoute approche,
Ses maux que rien ne peut guérir,
Du passé lui font un reproche :
Qui veut ainsi vivre & mourir ?

CINQUIEME LETTRE.

A Londres, ce 25 Mai 1750.

JE reçois à mon lever, ma chere sœur, les plus jolis présents du monde : de Mylady Montaigu, la superbe & nouvelle édition de Milton, *in-4°* ; de Mylady Allen, deux petits vases d'agate ; & du Duc de Richemont, un ananas qui m'embaume. C'est un fruit nouveau pour moi, qui n'en ai vu que de confits. Tant de bontés dont on m'accable & m'honore, me font d'autant plus flatteuses, que les Anglois passent pour sinceres dans leurs marques de bienveillance. On les accuse à tort de peu fêter les étrangers. Je ne puis croire que leurs faveurs nous soient réservées. Nous ressemblons peu, il est vrai, aux François révoltés contre toute opinion qui ne leur est pas familiere. Au contraire, plus les usages s'éloignent des nôtres, plus notre curiosité est satisfaite. On ne va point dans un pays pour y porter ses modes, mais pour y voir des mœurs nouvelles. Admirons sur-tout combien l'esprit patriotique regne plus ici que parmi nous. Sous la Reine Elizabeth,

Gresham, marchand de Londres, y bâtit à ses dépens la Bourse, un college, cinq hôpitaux, & laissa des fonds pour nourrir les prisonniers. Hervée, qui s'apperçut le premier que le sang circule dans nos veines, donna sa maison & son bien à la Faculté de Médecine. Le Chevalier Midleton, chagrin de voir un quartier de la ville privé d'eau, y fit, à frais immenses, passer une riviere. Le Chevalier Cotton a légué à l'État la Bibliotheque de Westminster; celle du Duc de Norfolk est à la Société Royale, fondée par Charles II. M. Folk en est Président; notre sage Fontenelle m'a recommandée à ses soins sous le titre flatteur de sa fille : *jugez comment j'en suis reçue.* Il mena hier mon mari à une de ses assemblées, nous donna à déjeûner avec sa fille, qui est jolie, & nous montra sur le plan de Londres, (où il travaille) que cette capitale est pied pour pied de la grandeur de Paris. Il en croit aussi le nombre des habitants égal, & celui de tout le Royaume de moitié moins qu'en France. Ils disent que les murs de leur capitale, bâtis par Constantin, se sont accrus au point d'avoir trente milles de tour. L'incendie de 1666 y consuma treize mille maisons de bois, S. Paul & d'autres Eglises. La perte fut estimée deux cents millions de France,

En trois années dix mille maisons furent rebâties, & cent édifices publics de pierre ou de brique : on profita de cette circonstance pour faire élargir les rues. Les riches citoyens voulurent embellir les quartiers détruits ; mais leurs foibles efforts montrent que leur goût d'architecture & d'ornements étoit encore bien borné ; s'il s'est depuis un peu étendu, leurs sciences de calcul & leur commerce ont pris bien plus d'essor. Je croyois que l'esprit philosophique étoit beaucoup plus répandu chez eux ; nous fumes fort étonnés, l'autre jour, de voir dix mille personnes courir à leurs maisons de campagne, ou coucher dans les champs, de peur d'un tremblement de terre prédit par un soldat. Cette plaisanterie a coûté quelque temps de prison à ce prophete pour le punir de la sottise des crédules. Sa prédiction eût, je crois, moins épouvanté Paris. Malgré ce reste de superstition, les livres de raisonnement font de grands progrès chez les Anglois ; mais la méthode dans leurs écrits, & la bonne architecture, peinture & sculpture, y sont encore dans l'enfance. Ils ont pourtant une belle colonne d'ordre dorique de deux cents pieds sur quinze de diametre, érigée en mémoire du terrible incendie dont je viens de vous parler. Une des inscriptions attribue ce désastre aux Papistes. La conspiration des poudres sous Jacques I, est encore un des forfaits dont les Calvinistes les chargent. Le monument élevé en mémoire de l'embrasement est à droite en arrivant par le pont de Londres, long de 80 pieds sur 30 de large, & bâti des deux côtés; au milieu se trouve un pont-levis qui donne passage aux vaisseaux qui n'excedent pas le port de 400 tonneaux; les plus gros restent au-delà; & de l'autre côté, la riviere offre mille bateliers prêts à conduire les passagers aux deux bouts de la ville. Ils prirent, dit-on, dans la Tamise, en 1200, un homme marin, le nourrirent six mois à terre, & le rejetterent à l'eau. En 1606, la marée qui y remonte d'une maniere très-sensible, y apporta & remporta une baleine. Les mariniers dans leurs joûtes y forment quelquefois un magnifique spectacle par le concours du peuple qui borde les rivages. *LE MONUMENT.*

En remontant le fleuve, on trouve Chelsea, fameux par un superbe hôpital, une manufacture de porcelaine, & les cabinets du Chevalier Sloane, les plus renommés de l'Europe pour l'histoire naturelle. Nous y avons parcouru quatorze chambres pleines de livres & de raretés, & vu dans le jardin un crâne de baleine qui ombrage une table de douze couverts. Ce curieux *CHELSEA.*

Vieillard veut léguer ces fruits abondants de
ses recherches à la Société Royale, déja riche
en ce genre (s). Le Docteur Mead, fameux
Médecin, possede aussi des trésors littéraires. Il
nous a montré les desseins enluminés de toutes
les peintures antiques à fresque, conservées de
l'ancienne Rome ; une belle collection de tableaux
des diverses écoles, la tête d'Homere réchappée
de l'incendie de Corinthe, des bronzes Egyptiens,
& les portraits des grands Poëtes & des célebres
Philosophes de sa Nation, ornements dignes d'un
bon citoyen. Il nous présenta du chocolat fait à
la Mexicaine. Je m'accoutume facilement à ces
mets étrangers, & même à la cuisine simple des
Anglois, dont nous avons si mauvaise opinion ;
leur grosse viande, leur pudding, sur-tout en
gâteau, leur poisson moins cher qu'à Paris,
dont on sert à chaque repas, leurs poulets à
la sauce au beurre sont excellents. Ils font du
vin sans raisin, comme nous en faisons de
cerises, ressemblant au bourgogne, & servent
dans des corbeilles de jonc ou d'argent, de
petits morceaux de pain à peu près comme on

(s) La Bibliotheque donnée par le Chevalier Cotton, composée de 1000 Manuscrits rassemblés en 40 années de voyages, & les cabinets légués par le Chevalier Sloane, sont à présent au Palais Montaigu, choisi pour réunir ces richesses littéraires, sous le nom du *Museum Britannicum*.

sert le pain bénit ; la portion de six me suffiroit à peine. On m'avoit dit qu'ils régaloient rarement les voyageurs ; moi, je les trouve religieux observateurs des loix de l'hospitalité. Nous n'avons encore passé que deux jours sans être engagés à dîner. La matinée est longue, on ne se met à table qu'à quatre heures.

Les hommes sortent de bon matin en frac, à pied ou à cheval, & dînent au retour souvent à la taverne : six heures sonnent, le moment de la toilette est passé, la plupart vont à la comédie *incognito*, ou à Faxhall ; il n'est nécessaire de se parer que pour l'Opéra & les dîners où on est invité. Les Seigneurs ont un café où un Entrepreneur leur fournit pour trois cents louis chacun par année, la lumiere, le feu, les rafraîchissements, & des tables le soir assez bien servies pour y gagner des indigestions : la plupart y jouent un jeu capable de déranger leur fortune. Ces associations sont environ de cent personnes ; nul postulant n'a la faveur d'y être admis que l'élection par scrutin ne soit unanime ; & quiconque s'y comporteroit mal ensuite, en seroit banni. Les gens de tout étage ont ainsi des coteries où ils s'imposent des loix selon leur goût : il en est une actuellement, où il n'est permis de parler de suite qu'un

COTERIES.

petit nombre de minutes; un boulanger fort éloquent qui y préside, tient une montre & un marteau dont il frappe aussi-tôt que le temps donné expire; chacun écoute en silence, & le desir d'exprimer sa pensée y rend l'orateur très-concis. Nos conteurs auroient souvent besoin d'une telle contrainte. Des gens du bel air, curieux d'assister à cette assemblée, y sont admis aux mêmes conditions. La noblesse Angloise n'usurpe jamais ni titres ni écussons, & le peuple marque plus de déférence que le nôtre, pour les grands, qui semblent ne le point exiger. Les Odes & Préfaces qu'on leur adresse, sont au moins aussi pleines de louanges que celles de nos Écrivains.

Dans des repas d'Amateurs des Lettres, nous n'avons pas manqué de célébrer les ingénieux Auteurs de Tom-John & de Clarisse. En revanche on m'a bien demandé des nouvelles du pere de Marianne & du Paysan parvenu, peut-être le modele de ces nouveaux Romans. Bradley, le fameux Astronome, est toujours l'honneur de la Société Royale. Leur Parnasse n'a plus ni Shakespears, ni Addissons (1), & produit moins de

---

(1) Des Dames qui ont connu ce divin Moraliste, m'ont dit que l'égalité de son humeur ingénieuse le rendoit charmant dans la Société; Pope ne l'étoit que par intervalles.

jolies

jolies chanfonnettes que le nôtre ; mais deux couplets qu'on me montra hier, & que je vous traduis, vous donneront bonne idée de la galanterie du pays.

> Tu vois l'abeille fur ces fleurs
> Tirer l'effence la plus pure ;
> Leur fein repand-il moins d'odeurs ?
> Ce vol nuit-il à leur parure ?
>
> Ainfi ce baifer que j'ai pris
> Sur tes levres à demi clofes,
> N'en a point obfcurci les rofes ;
> De quoi te plains-tu, belle Iris ?

J'ai trouvé ici Madame le Prince, de notre ville de Rouen, qui fait de tres-bons Traités pour l'éducation des jeunes perfonnes, & les met avec fuccès en pratique. Le Docteur Maty, fils d'un Miniftre de Hollande, donne à Londres un Journal françois fort eftimé de toute l'Europe. Vous favez dans quelle faveur y font les Voltaire & les Montefquieu ; hier chez Mylord Chefterfield nous bûmes à leur fanté après un feftin peu philofophique, c'eft-à-dire, peu frugal : Ce docte Comte a le malheur d'avoir un Cuifinier François. Les Seigneurs (apparemment par l'avis des Médecins intéressés à leur perdre l'estomac ; prennent de ces empoisonneurs. Notre luxe insensé corrompra peu à peu toutes les Nations ; mais nous ne les verrons pas au point où ce venin nous a mis, il nous anéantira avant leur chûte.

Vous, qui chérissez la vie frugale de vos bergers, vous applaudirez aux déclamations que je ne puis quelquefois m'empêcher de réitérer sur le faste & la mollesse. Cette haine m'est héréditaire ; mon pere l'a toujours eue, je prends la liberté de lui en faire mon compliment, je vous prie de le lui présenter pour me tenir lieu de lettre.

A MON PERE.

Tes mains formerent ma jeunesse,
Minerve doit guider mes chants :
O toi ! qu'on vit dès ton printemps
Livrer ton cœur à la sagesse,
Tu possedes dans la vieillesse
La santé de tes premiers ans.
Pour rendre tes repas friands,
Ton appétit a plus d'adresse
Que Moutier, (*a*) dont la main traîtresse

(*a*) Cuisinier fameux.

Sert la Parque en flattant des Grands
Le goût perdu par la mollesse ;
Diogene en traits médisants,
Par orgueil les blâmoit sans cesse.
Simple, sans art, doux sans souplesse,
Toi, qui ne cherches nul encens,
A te louer chacun s'empresse.
Sans mépriser l'or & les rangs,
Du repos tu fais ta richesse :
Non ce repos qu'aima Lucrece,
Ni l'austere paix qu'au vieux temps
Zenon vantoit tant à la Grece ;
Mais ce doux calme exempt d'ivresse,
Qu'un homme sain & de bon sens
Retrouve au lieu d'une maîtresse,
Quand l'hiver a glacé ses sens.

Comme vous ignorez l'Anglois, je ne vous envoie point les vers qu'on a la bonté de composer ici à ma louange ; mais pour amuser votre solitude ou l'ennuyer encore, je vous accable des miens. Voici un mot de remerciement que je viens de faire à Madame de Montaigu, sur l'édition de Milton qu'elle m'envoie, & sur mes Ouvrages qu'elle m'a demandés.

Montaigu, tes dons précieux
M'assurent de ta bienveillance,

Les miens peu dignes de tes yeux
Te prouvent mon obéissance.
Ainsi par-tout on voit les Dieux
Recevoir des chants ennuyeux
Pour les biens que leur main dispense.
Tes bienfaits me sont plus flatteurs
Que les trésors de la fortune :
Toujours aveugle en ses faveurs,
Elle prodigue les honneurs
A ceux dont la voix l'importune ;
Mais tes regards doux & perçants
Du vrai mérite ont la balance ;
Je juge aussi par tes présents
Qu'ils ont souvent de l'indulgence.

SIXIEME LETTRE.

A Londres, ce 12 Mai 1750.

Vous vous plaignez, ma chere sœur, de ce que je ne vous parle point de ma santé ; elle est si variable, que le bien ou le mal que je vous en manderois, n'existeroient plus quand vous recevriez ma lettre. Les livres vous instruiroient mieux que moi du Gouvernement Anglois dont vous voulez que je vous dise un mot, mais ne vous apprendroient pas, à la vérité, ce que j'en pense: il me semble que les divers partis, peut-être nécessaires pour la balance du pouvoir entre le Roi & la Nation, en rendent les hommes difficiles à connoître ; demandez-leur quel est le caractere de leurs plus renommés compatriotes; chacun, suivant le système qu'il adopte, en fera une différente définition ; un étranger n'a pas le temps de discerner la meilleure : quand les ans auront encore obscurci ces portraits, comment les Écrivains instruits par les brigues & la haine des factieux, les peindront-ils en traits fideles ? Outre l'embrouillement des faits que produiront tant de récits opposés, ces discussions accoutument trop l'esprit à la dispute, y font naître la mauvaise foi, & tout homme constant dans ses sentiments ne peut l'être au même parti, qui souvent en change à la longue. N'a-t-on pas vu les Whigs & les Torys soutenir alternativement le pour & le contre, de façon que l'histoire ne sait comment caractériser leurs prétentions? Il en fut de même en Italie des Guelfes & des Gibelins, & il en sera toujours ainsi des grandes factions. Ici, l'amour de la liberté paroît rendre ses défenseurs esclaves. Les Membres de la Chambre-Haute, comme héréditaires, n'ont pas besoin de brigues pour être élus; mais leur crédit ne s'éleve au Párlement qu'à proportion des créatures qu'ils ont dans la Chambre-Basse; le besoin d'y faire élire leurs freres ou leurs amis, les oblige à ménager la multitude dont la voix est comptée.

ÉLECTIONS. Dans les villes où les élections sont prêtes à se faire, celui qui régale & enivre le mieux quiconque se présente dans les cabarets ouverts à ses dépens, obtient le plus de suffrages pour le candidat qu'il protege. Quand les concurrents sont opiniâtres & opulents, la dépense est immense. Si le Parlement de Paris étoit électif, nos Dames par leurs brigues y placeroient nombre de postulants. Ici, elles ont peu d'influence dans les affaires, mais peuvent porter la Couronne & gouverner la Nation; les femmes des Pairs ont des sieges & des ornements distinctifs dans les grandes cérémonies; les nôtres (chez un peuple renommé pour la galanterie) n'y ont aucun rang marqué, le Trône leur est interdit, les ordres de Chevaleries, & même les places des Académies. Laissons ces contradictions dont l'univers est plein, pour revenir aux guinées que les Mylords prodiguent pour les élections : ils sont comme forcés (quoiqu'absents de leurs châteaux) d'y entretenir une table pour la noblesse voisine. Voyez quel soin on a de captiver l'amitié de son canton! Une Dame de la Cour, dont j'admirois l'autre jour la toilette, me dit : s'il prenoit fantaisie à un de mes fermiers de déjeûner dessus, pour le gagner, il faudroit bien le souffrir. Nous plions en France sous les grands, les Anglois devant le peuple : en revanche, les subalternes ont besoin de la protection des Lords, & leur rendent ici un volontaire hommage. De ce besoin mutuel naît le meilleur des gouvernements, s'il étoit possible d'en retrancher les abus : mais d'où sont-ils bannis ? Le temps par-tout les multiplie ; nos voisins du moins, à force de résister au joug, se rendent difficiles à mener, & se conservent le droit de choisir nombre de leurs conducteurs.

Le Maire de Londres, chef d'une jurisdiction étendue, se fait par l'élection de la ville : son regne d'un an est court, mais brillant : il peut dans cet intervalle, vaquer 200 charges dont il dispose, & son revenu est de 300000 liv. un grand palais bâti pour le loger, & qu'il n'habite point, lui sert pour les cérémonies. Le jour de sa réception, il y régale les Seigneurs & la famille royale. En 1356, un Maire, nommé Picard, eut le rare honneur de voir à sa table quatre Monarques : Edouard III, Roi d'Angleterre, le malheureux Jean, Roi de France,

David II, Roi d'Ecoſſe, & un Luſignan, Roi de Chypre. Jacques I, mécontent de la ville, menaçoit un jour ſon Lord Maire de changer de réſidence, & d'emmener ſa Cour avec lui : Votre Majeſté eſt la maitreſſe, répondit-il, pourvu qu'elle daigne nous laiſſer la Tamiſe.

Les Souverains à Londres ſont regardés ſous un autre point de vue qu'à Paris. La liberté qui rend les peuples moins courtiſans, y admet auſſi toutes ſortes de religions, Presbytériens, Anabaptiſtes, Catholiques, Epiſcopaux, Juifs, &c. Nous fumes l'autre jour à l'aſſemblée des Quakers. Je pris l'habit ſimple des Quakereſſes, j'en imitai la gravité, & fus ainſi placée du côté des femmes. S'il s'en trouve parmi elles d'éclairées d'une lumiere prophétique, elles ſe levent comme la Pythie, font mille contorſions & prêchent ſur un marchepied au lieu de trépied. Nous ſouhaitions fort d'en voir une dans l'enthouſiaſme ; mais le S. Eſprit ne nous fit entendre que des hommes qui rendoient très-mal ſes inſpirations, & répétoient toujours la même choſe ſans ſuite ; peut-être les profanes doivent-ils n'y rien comprendre. Nous fumes du nombre : leur prononciation lente nous rendoit pourtant leur Anglois facile à entendre. De l'aſſemblée des Quakers, nous allâmes à la

marginalia: RELIGIONS.

Synagogue des Juifs, d'où les cris affreux de leurs prieres Hébraïques nous firent fuir au plutôt.

Après vous avoir entretenue de ce qui nous a le plus frappés dans Londres pendant le trop court séjour que nous y avons fait, parlons de nos petits voyages aux environs.

Nous dinâmes hier à trois lieues de la ville, chez le Lord Chef de Juſtice, dont l'habit & les manieres nobles & ſimples ſont d'un vrai Sénateur. Sa femme convient à ce portrait, & même leur château bâti dans le même goût. La ſtructure en eſt réguliere ; les chambres vaſtes ſont ſolidement meublées ; la ſalle à manger (à la maniere de nos peres) préſente deux grands buffets ornés d'une nombreuſe argenterie, & la table une chere bonne, ſans ragoûts, & abondante ſans profuſion. Le parc immenſe renferme (ſelon l'uſage du pays) des troupeaux de daims, dont la chair tendre, peu eſtimée en France, eſt fort recherchée des Anglois. Nous avons d'autres mets, d'autres mœurs, d'autres préjugés ; leur médecine même eſt ſi différente de la nôtre, que ne concevant pas que cent lieues de diſtance la puiſſent ainſi changer, je ſerois tentée de la regarder comme une ſcience ſyſtématique. En Italie, le bouillon de bœuf eſt préféré pour les malades ; en France, celui de veau ; à Londres, de mouton ; personne n'y fait usage de la viande qui sert à faire du bouillon, on la trouve trop cuite, & le bouillon de celle qu'on cuit pour en manger, se jette ordinairement. Les homars, les crabes, les gros radix, comme propres à la digestion, sont servis sur toutes les tables : les Médecins, qui sont fort chers, ordonnent peu de saignées, jamais de lavements ; l'émétique des mourants sont les vésicatoires ; la biere est leur boisson, & leur nourriture du pain & du beurre ; en Hollande le fromage & le thé, en Irlande des topinambours, mets commun des habitants du pays : ils n'en meurent ni plus ni moins. En parcourant le monde, les livres & la vie, on voit que tous les moyens de se divertir, s'user, se guérir, se loger, se nourrir, se gagner, se tromper, reviennent à peu près au même. Il est donc inutile, direz-vous, de prendre la peine de voyager ? Pardonnez-moi, il est bon de s'assurer de ce que la raison nous faisoit soupçonner : on voit qu'en effet les deux extrêmes sont par-tout presque semblables : le besoin de pain parmi le peuple, & d'honneurs chez les courtisans, les réduit aux mêmes bassesses ; mais dans l'étage mitoyen la nature humaine moins gênée, suivant la culture ou le terrein, varie assez les especes; mais adieu, on m'arrache à ma morale pour me mener à Kensingtown, maison de campagne du Roi, à la porte de la ville. Il faut donc vous quitter.

SEPTIEME LETTRE.

A Londres, ce 16 Mai 1750.

Nous en sommes à Kensingtown, ma chere sœur. Guillaume III acheta ce lieu de plaisance du Comte de Nottingham, afin d'y résider l'hiver loin de la fumée de Londres; & pour en faciliter la communication avec cette ville, il fit un chemin éclairé de lanternes des deux côtés. Le dehors du château, peu régulier, est bâti de brique. On entre par une espece de dortoir qui conduit à un assez grand escalier peint par un Anglois de peu de talent, mais qui entend la perspective au point que ses figures semblent vraiment regarder pardessus la balustrade. Les appartements sont grands & bien meublés. Des tableaux du Bassan & du Tintoret ornent une des galeries; l'autre

KENSING-TOWN.

montre les portraits des Rois & Reines depuis Henri VIII. De là, l'œil admire de grandes pieces d'eau plates, & des boulingrins fort vantés par la beauté du gazon. Toutes les allées, au lieu d'être fablées, en font couvertes; malgré le foin journalier de le rafer & paffer au rouleau, il mouille les pieds dès la moindre humidité, & fait reffembler ces jardins à des prés d'un beau verd, bien nivelés & plantés en patte d'oie, fans ftatues & fans vue. Un mont artificiel entouré de pins, y femble propre à découvrir la plaine ; mais le belveder qui le couronne tourne inutilement fur un pivot, les arbres l'offufquent, & le terrein fec qui les nourrit n'offre rien d'agréable à la vue. Vifitons les autres maifons royales.

RICHE-
MONT.

En remontant la Tamife pour les chercher, on voit à Patney le pavillon & la belle terraffe de M. Vaneck, fameux Banquier, chez qui les étrangers font magnifiquement reçus. Plus loin fe découvre Richemont, bâti par Edouard III, maifon où le Roi dîne quelquefois. Une vafte terraffe couverte de gazon, qui regne fur la riviere, en fait le principal ornement; les bofquets nombreux & agréables préfentent une grande place appellée la Forêt, où pour mieux imiter la nature, l'art a planté fans ordre de grands arbres, tantôt droits, tantôt courbés, l'un à moitié mort, l'autre entouré de buissons. Le parc plein de daims & de toute sorte de gibier, seroit une simple prairie, si le goût ne l'avoit varié & divisé en terres labourées, relevé en monticules d'où l'on découvre Londres, & paré de pieces d'eau qui communiquent à la Tamise. Ces canaux menent à une grotte, dont les pierres brutes au dehors forment en dedans une voûte ornée de sculpture. Le fameux Merlin Conseiller du Roi Arthur, cru fils d'un génie & d'une fille des hommes, y trouve aussi son antre, à l'imitation de celui qu'il habitoit dans le Comté de Galles son pays. La feue Reine qui chérissoit les lieux souterrains, en fit construire un en labyrinthe, où des allées étroites, obscures & tortueuses, conduisent les curieux. On y rencontre des figures de voyageurs qui semblent marcher en tremblant vers la caverne. Une porte basse, gothique & pleine d'hiéroglyphes, mene à ce lieu terrible, où l'on descend par un chemin de rocaille couvert de mousse. L'Enchanteur est assis devant un trépied chargé de livres de magie & de spheres armillaires. Anne de Boulen & la Reine Elisabeth le consultent, accompagnées de leurs nourrices, sujets convenables aux puériles mysteres. Vis-à-vis ces lieux, de l'autre côté de la riviere, regne Sion, vaste château des Ducs de Northumberland à quatre faces, flanqué de quatre tours. La médisance hérétique dit, que là, jadis, logeoient des Moines qui visitoient un Couvent de filles à Richemont, par une voûte encore existante sous la Tamise.

HAMPTON-COURT. Cette belle riviere arrose Hamptoncourt, bâti par le Cardinal de Volsei, Ministre & favori de Henri VIII. Guillaume III habita ce château & l'embellit; quatre cours entourées de bâtiments y contiennent quinze cents chambres magnifiquement meublées: dans une des plus vastes sont les sept fameux cartons de Raphaël (x), représentant les Actes des Apôtres; Louis XIV en offrit en vain deux millions. Non seulement l'intérieur des appartements satisfait la curiosité, mais la campagne y présente à la vue des dehors enchanteurs. Un grand canal bordé d'arbres traverse les jardins plantés d'ifs, comme nos anciens parterres passés de mode ici. Il y a quelques bosquets dessinés dans notre goût moderne, que les Anglois trouvent trop symmétrisé. Ils préferent aux eaux jaillissantes les eaux

---

(x) La Reine à présent régnante, par son goût éclairé pour les Arts, vient de faire transporter ces desseins à son beau palais de Bukingham, dans le parc de S. James.

plates, comme plus naturelles; une ravine que le hazard feroit trouver dans un parc, à une cascade faite à grands frais, & les promenades tortueuses, aux allées droites, dont l'œil voit trop tôt la fin, à l'imitation des Chinois (dont ils semblent avoir pris les jardins). Ils font même serpenter les canaux pour leur donner un air de vérité, & en ombragent inégalement les bords revêtus de gazon & d'arbres courbés tels que la nature en produit. Nous avons vu un charmant ruisseau artificiel de cette espece, chez Mylord Burlingtown, près de Londres. Ses parterres sont vastes & bien ornés: sa maison est, dit-on, en diminutif, le palais renommé du Marquis Capra à Vicence, fait sur les desseins du Palladio; mais les proportions d'un édifice élevé, réduites réguliérement en petit, perdent leurs graces, & ne font plus le même effet.

Les Anglois voyagent beaucoup en Italie, y prennent le goût des colonnes, des frontons; mais ils réduisent ces colosses antiques en portiques & châteaux de Pygmées. Mylord Burlingtown a dépensé trois millions à l'embellissement de ses jardins, & à bâtir auprès de sa maison son petit palais Italien plein de raretés précieuses. Il lui reste encore trois cents mille livres de rentes, qu'il dépense dans la retraite a faire travailler des Artistes.

Ici, les Seigneurs, mieux pourvus de richesses que les nôtres, s'en servent pour satisfaire leurs goûts particuliers, & dépensent moins en valets, habits, pagodes & bijoux : le besoin qu'ils ont de s'instruire pour briller au Parlement, les détourne des vains amusements qu'exige en France la nécessité de plaire. Dans nos Cours l'intrigue des femmes & des Ministres est le seul moyen de parvenir ; il faut donc devenir souple & s'y livrer aux arts d'agrément. A Londres, la fermeté d'esprit, l'éloquence mâle, menent aux honneurs : pour les obtenir, il faut donc lire, relire les anciens, se nourrir de leurs sages maximes ; & pour briller dans le ministere, étudier la politique. Ainsi, l'envie de s'élever, qui porte nos grands à la frivolité, les plonge ici dans l'étude. Ils cherchent, en voyageant, à perfectionner leur raison déja exercée dans les livres, souvent jusqu'à l'âge de vingt ans, aux Universités de Cambridge & d'Oxford. Je pars incessamment pour cette ville savante, dont je vous rendrai compte au retour.

HUITIEME

HUITIEME LETTRE.

A Londres, ce 30 Mai 1750.

VOus me paroiſſez, ma chere ſœur, contente de la ſanté de ma mere, de la vôtre, & de mon exactitude à vous écrire. Votre lettre qui m'en aſſure, m'a fourni une très-agréable lecture à notre arrivée d'Oxford : nous avons fait ce voyage à l'inſpection d'un petit livre de cartes bien amuſant en route, & qui manque en France ; tous les grands chemins s'y trouvent tracés par colonnes, qui contiennent la largeur d'une ou deux lieues de chaque côté, avec les châteaux, arbres, ponts, rivieres, auberges, & les milles marqués de façon que ſans queſtionner, aux dépens de ſes poumons, ſon poſtillon, on ſait exactement le nom des objets dont on eſt environné, de ceux qui vont s'offrir à la vue, & la diſtance des lieux où l'on veut arriver. Dans notre courſe hors de Londres, deux Chevaliers Anglois nous accompagnoient. Nous paſſâmes d'abord par Windſor, dont M. Pope chanta ſi bien la Forêt.

WINDSOR.

Le Duc de Cumberland y possede une maison de chasse, qu'une longue avenue sépare du château royal placé sur un côteau, d'où on découvre une plaine vaste & féconde qu'arrose la Tamise. Depuis Guillaume le Conquérant, les Rois n'ont cessé d'embellir ce séjour favorisé de la nature. Edouard III, qui fit d'une jarretiere de la Comtesse de Salisbury, une marque de distinction, y fixa le chapitre des vingt-six Chevaliers de cet Ordre, & bâtit le château en deux vastes cours quarrées, flanquées d'une tour, le tout d'un goût ancien, fort agréable à l'œil. Apprenez mon foible pour le beau gothique, tel que notre S. Ouen de Rouen. Peu de personnes l'aiment autant que moi, mais mon sentiment a pour appui des gens dont le seul avis est préférable à la multitude. La chapelle de Windsor, où furent enterrés Henri VIII & Charles I, est de cette romanesque architecture. La hardiesse de la voûte plate surprend les connoisseurs, & le plein-chant de l'Eglise, accompagné de l'orgue, fut à mon oreille une mélodie céleste. Le soir & le lieu ajoutoient à mon illusion. J'aurois volontiers passé la nuit à entendre les Matines. On me tira de mon enchantement pour m'en procurer un autre. La terrasse du château, au clair de lune, me parut admirable. Cette lumiere douce en embellissoit la décoration, faisoit briller la Tamise, & me formoit des paysages lointains, que mon imagination prolongeoit à l'infini. J'eus peu à en rabattre le lendemain. Cette spacieuse terrasse jouit d'une vue charmante. Les appartements qui la dominent sont vastes & bien meublés. Dans la salle de S. George, où se fait le festin des Chevaliers de la Jarretiere, un tableau représente Edouard, surnommé le Prince Noir, qui mene à son pere Edouard III, notre Roi Jean & deux autres Rois, jadis prisonniers à Windsor. On y vante aussi des cheminées & des quadres ornés d'un bois blanc découpé en fleurs, en animaux de toute espece, avec une adresse inconcevable. L'ouvrier de ces chefs-d'œuvres vivoit sous Elisabeth, qui s'attacha à décorer les beaux lieux que je décris.

Nous les quittâmes à regret pour aller au fameux château de Blenheim, bâti aux frais du Parlement pour célébrer les victoires de Marlborough ; une prodigieuse colonne de marbre où ses hauts faits sont décrits, en perpétue la mémoire. Ces monuments qui coûterent vingt millions à la Nation, l'honorent autant que le Héros qu'ils immortalisent. Les tapisseries, les peintures du Palais représentent

BLEN-
HEIM.

les actions du Duc ; la bibliotheque en galerie, sans tableaux ni dorure, & dont la seule statue de la Reine Anne décore le fond, est sculptée de bon goût : une colonnade conduit à la chapelle où regne un superbe mausolée de Marlborough ; tout l'édifice d'une riche & vaste architecture est trop bas, trop pesant ; défaut ordinaire de Wanbrouk qui en donna le dessein, ce qui lui valut cette épitaphe, où l'Auteur fait allusion à l'usage ancien de souhaiter aux morts que la terre leur fût légere ; M. Pope ou le Docteur Swift s'exprime ainsi :

Lye heavy on him Earth ; for the
Laid many a heavy load on thee.

Terre, pese autant sur lui qu'il mit de poids sur toi.

Les Anglois excellent dans l'art de polir l'acier. Woodstock près de Blenheim, est l'endroit où s'en font les plus beaux ouvrages. On en présente aux étrangers qui y passent, ils en achetent ordinairement, & partent le lendemain pour Oxford. Ce fut notre marche, nous y arrivâmes de bonne heure. Cette ville consacrée par le grand Roi Alfred, à l'éducation de la jeunesse, ne montre aux regards que superbes colleges, bibliotheques, jardins, Docteurs en bonnet quarré, écoliers en robe, boutiques & marchés pour fournir à leurs nécessités. Tout ce qui peut distraire de l'étude, comme jeux, spectacles, beautés faciles, en est exactement banni. On respire une morale pure dans l'air sain du pays. Tout y enseigne les sciences & la vertu. Le théatre en dôme bâti par Sheldon, Archevêque de Cantorbery, où se font les exercices publics de l'Université, est un des beaux édifices. Près de là s'éleve un riche bâtiment où se trouvent des cabinets de chymie, de médailles, & d'histoire naturelle; on y voit les marbres antiques d'Arundel, l'exacte imprimerie de Clarendon, & un théatre d'anatomie, où l'on montre le squelette d'une veuve de dix maris, pendue à trente-six ans pour en avoir empoisonné quatre.

Ce qui me déplut dans cette docte cité pendant le peu de séjour que nous y fimes, fut d'y sentir au mois de Mai un vent de Décembre qui me déchira la gorge, d'y trouver un pavé pointu qui me rompit les pieds, & d'y voir ces marbres de Paros ou d'Arundel, jettés sans soin au fond d'un caveau humide. Dans la recherche des restes précieux de la

Grece & de Rome, les Anglois feroient-ils, comme les conquérants ou les amants, avides d'acquérir à grands frais l'objet de leurs defirs, & prompts à le négliger quand ils le poffedent? Nous blâmons auffi leur maniere de diftinguer par une robe plus ou moins riche, la naiffance des écoliers d'Oxford. Chez les Mufes, les rangs doivent être égaux. Efprit, beauté, force, richeffe & fanté, font des biens dont il eft plus permis de fe vanter, que de la nobleffe, parce qu'ils peuvent être utiles aux autres; mais que leur fert l'antiquité d'une race fans mérite? Pour réprimer la vanité toujours trop prompte à naître, il feroit bon de l'accoutumer dès la jeuneffe à fe nourrir du feul encens que la vertu lui attire. Ce précepte eft bon pour mes neveux que j'embraffe. Vous me mandez que le Chevalier entre dans les Moufquetaires: fi j'aime à donner des leçons, il me fournira, fans doute, de quoi m'exercer: en attendant, j'en prends moi-même, en étudiant les hommes & les livres. Tous ceux de la bibliotheque d'Oxford font enchaînés par rang fur les pupitres vis-à-vis des bancs. La méthode eft bonne, du moins on n'en enleve que l'ame, le corps refte. J'ai vu chez le Chevalier Sloane une maniere facile de confulter plufieurs volumes à la fois. C'est une grande roue sur deux pivots, entourée de dix ou douze pupitres qui tournent au gré du lecteur assis dans son fauteuil, sans que les livres puissent se fermer ni s'échapper. Ces descriptions remplissent mon temps & mon papier, au point de m'obliger à remettre au premier jour la fin du récit de notre petite course hors de Londres. Adieu.

NEUVIEME LETTRE.

A Londres, ce 4 Juin 1750.

JE ne puis différer plus long-temps, ma chere sœur, à vous achever le récit de notre voyage d'Oxford. Nous en partîmes le soir, & nous égarâmes en cherchant Châteauvert, qui n'en est pourtant éloigné que de trois milles. Le Baron Schutz, Maître de la Garderobe du Roi, à qui il appartient, & la Baronne, nous avoient fort priés d'y passer quelques jours. Le lieu où nous les trouvâmes, est embelli par l'art & la nature, & leur politesse nous le rendit fort agréable. Nous nous y promenâmes beaucoup. Nos hôtes nous firent d'abord visiter un petit

CHATEAU-VERT.

temple à l'antique, un obélisque, & autres ornements de leurs jardins, & nous menerent sur des tapis de gazon au bord d'un ruisseau naturel, qui, par mille détours, se perd dans une grotte de rocailles où ils l'ont forcé de se rendre. D'un petit mont que leurs mains ont aussi formé, ils nous montrerent l'habitation de Milton, que je saluai avec la respectueuse admiration qu'il m'inspire. Et pour connoître au vrai les mœurs du pays, notre curiosité ne se contenta pas de parcourir les palais des Seigneurs voisins ; nous examinâmes les cabanes des Bergers & les maisons des Fermiers. Ils sont bien meublés, bien vêtus, bien nourris ; les plus pauvres villageoises prennent le thé, sont bien corsées en toiles peintes, le chapeau de paille sur la tête, & le mantelet d'écarlate sur les épaules. Leurs maris s'enivrent en paix & en liberté ; peu de bâtiments leur suffisent, leurs bestiaux couchent à l'air sans craindre les loups bannis du pays, & les grains y passent l'hiver en meule sans se gâter. Vos métairies vous ruinent en bâtiments ; mais il seroit difficile de faire goûter à nos paysans cette économie. Tous les hommes se plaignent sans cesse de leurs usages, & se révoltent contre qui veut les changer. Ici, tout possesseur de 500 liv. de revenu peut chasser au fufil où bon lui femble, parce que fon champ offre le réciproque à fes voifins; les plus opulents perdent feuls à ce marché, mais ils n'ont point befoin de Gardes-chaffes, & cette économie leur rapporte plus que le gibier qu'ils en tireroient : nous traiterons cette matiere à loifir ; continuons notre courfe.

Nous nous arrêtâmes un moment pour contempler une collection de grands hommes peints par Wandick, dans un affez beau château bâti par le fameux Clarendon, aïeul de Mylord Hyde : vous l'avez vu à Paris, où il prit le goût de le meubler à la Françoife. Sa fœur, la Duchefse de Queensbury, renommée par fon efprit & fa beauté, daigne m'honorer de fa bienveillance. Voici un trait de fon caractere. Un jour elle diftribua, dit-on, des vers de Pope, que le Roi défapprouvoit au point de lui mander de ne plus paroître à la Cour. La Duchefse, loin de s'affliger, répondit : " Je „ rends graces à Votre Majefté de m'en bannir, „ les foins que j'y rends depuis long-temps, me „ fatiguent & me gênent „. Quelle diftance de ces courtifans aux nôtres! C'eft ce que ce récit veut vous dire. Il m'écarte beaucoup de notre route ; je la reprends pour arriver à Stow, à deux *Stow.* milles de Buckingham, chez Mylord Cobham.

Son château, qui n'a rien de magnifique, est si vaste, que, joint à l'orangerie, on lui donne mille pieds de face sur les jardins qui y répondent par leur immensité. Nous y marchâmes trois heures conduits par un guide, sans avoir tout vu. On y trouve peu de figures de marbre, elles sont rares chez les Anglois; mais, au lieu de multiplier comme nous l'image des Dieux du Paganisme, que doit anéantir le Christianisme, ils immortalisent leurs grands hommes: les statues élevées en leur honneur, sont sur la terre comme une semence capable d'en produire à l'infini. Les beaux lieux que nous parcourions, présentent au bout de chaque allée (ornée de charmilles, de houx panachés, & d'autres arbrisseaux,) tantôt un belveder, tantôt un obélisque, des moulins, un cirque, les champs élysées, des colonnades, un joli temple à l'amour, avec cette inscription:

Nunc amet qui nondum amavit,
Quique amavit, nunc amet.

Un monument dédié à l'Amitié, où le maître du château mit tous les bustes de ses illustres amis; un temple Calviniste en architecture gothique, où ces vers de Corneille sont gravés au frontispice:

Je rends graces aux Dieux de n'être pas Romain,
Pour conserver encor quelque chose d'humain.

Une colonne de soixante-dix pieds élevée par une Arthémise en mémoire d'un Cobham; le temple de la vertu, qui de toutes parts paroit tomber en ruine; le sallon du sommeil, où se lisent ces mots autour d'une guirlande de pavots:

Cùm omnia sint in incerto, fave tibi.

Une pyramide d'Egypte en petit dans toutes ses proportions; un hermitage fait d'argille & de racines d'arbres, meublé d'un lit de mousse, de vases de terre, & d'inscriptions latines qui rappellent la vertu des Anachoretes qui se formoient une Vénus de neige pour éteindre leurs bouillants desirs, ou de ceux qui, pour s'éprouver, comme Robert d'Arbrissel, dormoient entre deux jeunes bergeres. Des devises choisies caractérisent avec goût chacun de ces petits édifices. Des obélisques, des grottes, décorent les pieces d'eau. On voit sortir d'un mont artificiel les pins, les arbrisseaux que les rochers produisent, & par des crevasses s'échappent trois sources qui serpentent, forment un grand lac, & se perdent dans des souterreins de rocailles, où leur chûte fournit des bains: le mugissement des eaux effrayant & agréable en fait le charme. Du presbytere d'une Eglise Catholique on a formé l'antre des Sibylles, dont les inscriptions répondent au dessein. Une colline nommée la Paroisse, transformée en Parnasse, renferme Apollon, les Muses, les eaux d'Hippocrene. Au dos d'un temple fait pour célébrer & représenter les sages de la Nation, on lit en vers Italiens cette inscription à la mémoire d'un voyageur Ultramontain, que je traduis ainsi:

> Ci gît qui vint en Angleterre,
> Non pour y chercher un trésor,
> Mais pour y subsister sans or,
> Des biens qu'y prodigue la terre.
> Il n'exigea de ses amis,
> Pour louanges, que des caresses.
> Si chez les Grands il fut admis,
> Ce fut sans brigue & sans bassesses.
> A leurs ordres toujours soumis,
> Jamais il n'encensa leurs vices,
> Et sans être dévot zélé,
> Il couroit souvent aux offices.
> Si, pour suivre d'un pas réglé
> Les loix qu'inspire la nature,

On est philosophe aujourd'hui.
Qui le fut jamais plus que lui ?
Tendre amant, vif, jamais parjure,
Ami fidele & bon gardien ;
Dans sa jeunesse il eut pour bien
Une postérité nombreuse,
Vit leur destin pareil au sien,
Et pour finir sa vie heureuse
Chez un Hermite retiré,
Y vécut, mourut honoré,
De ses pareils il fut l'exemple.
La Flatterie, ami lecteur,
Ici ne lui fit point un temple.
Celui qui reçut cet honneur,
Des humains ne tint pas son être,
Ce fut un chien cher à son maître.

Je ne finirois pas à décrire les beautés des jardins de Stow : la maison Chinoise au milieu d'un lac ; celle de Vénus que le goût forma du plus bel assemblage de rocailles ; le temple de Diane, d'ordre dorique, qu'on acheve de bâtir à la Grecque, & tant d'autres monuments souvent plus ingénieusement inventés par le Seigneur du lieu, que bien exécutés par les Artistes, mais toujours surprenants par leur multiplicité & l'argent qu'ils ont coûté.

De cette habitation d'un Souverain, nous passâmes à quelques lieues de là dans celle du Chevalier Lee, neveu du Lord Chef de Justice, qui voulut bien être le compagnon de nos courses, & nous garder chez lui quatre ou cinq jours. Le lieu est beau, bien situé. On y vit en liberté, dans l'opulence & la simplicité ; avec les soixante-dix mille livres de rentes du maître du château, un François auroit beaucoup plus de faste. Dès la soupe ou le puddink, on boit le punche chaud. Après le dessert (sur-tout à la campagne) la nappe s'enleve, & les femmes se retirent. La table est d'un beau bois des Indes fort lisse ; de petites jattes qui le sont autant, servent de soucoupes aux bouteilles, & les font pirouetter au gré des convives. Ils choisissent, dans le nom des vins gravé sur une plaque d'argent enchaînée au col du flacon, la liqueur qu'ils préferent, la boivent d'un air grave comme par pénitence, & se portent pourtant la santé des gens fameux, TOSTER. ou des belles à la mode ; cela s'appelle Toster. Ce mot & cet usage viennent d'une maîtresse, de je ne sais quel Roi, qui se baignoit : un des courtisans avala par galanterie une tasse d'eau du bain de la déesse, chacun en but à son tour ; le dernier dit : je retiens la rôtie, pour faire allusion à l'usage du temps, de boire avec une rôtie au fond du verre. Toster veut dire rôtir. Voilà l'étymologie du Tost Anglois dont vous avez sans doute entendu parler. Il est plus d'usage à Londres dans les tavernes, & même dans celles où les Seigneurs s'assemblent, qu'à leur table en cérémonie, du moins je le crois, & pourrois bien me tromper dans mes remarques. Je reste ici trop peu pour y satisfaire ma curiosité & la vôtre sur les mœurs du pays; notre départ pour la Hollande est prochain.

LETTRES

LETTRES
SUR
LA HOLLANDE.

DIXIEME LETTRE.

A la Haye, ce 20 Juin 1750.

JE ne vous ai point écrit depuis Londres, ma chere sœur, afin d'avoir plus de choses à vous mander.

Nous nous trouvâmes si mal de notre trajet de Calais à Douvres, que nous n'avons osé en risquer un plus long de Harwich en Hollande. Une mer calme nous a ramenés à Calais reprendre notre berline. En passant par Dunkerque, je me rappellois le temps malheureux où la supériorité des Anglois nous força à le détruire : il est à

DUNKER-QUE.

craindre que notre peu de soin de la Marine ne nous replonge un jour dans un pareil abaissement ! Ypres m'a remis aussi en mémoire les maux que nous fit son Evêque Jansénius ; il y mourut de la peste, pour le punir d'avance, sans doute, des tracasseries qu'il a causées. Tout

GAND. périt, tout passe : Gand, cette demeure des anciens Comtes de Flandres, cette ville immense, est à moitié dépeuplée. Les temples remplis de tableaux des grands maîtres, conservent encore un air de majesté gothique. Après les avoir admirés, nous voulûmes nous promener, le cocher de remise nous fit tourner dans un quarré de rues où sans cesse nous revoyions les mêmes carrosses, & demandions toujours quand nous serions au cours. On nous dit, vous y roulez depuis une heure ; & cela s'appelle balocher. Cette mode venue d'Espagne au temps que les Dames y vivoient dans la contrainte, fait encore leur amusement à Madrid : je le crois, mais je ne balocherois gueres pour mon plaisir. Le lendemain de cette lente promenade, nous

ANVERS. primes le chemin d'Anvers par la tête de Flandres. La peur de l'ennui nous est toujours funeste, il falloit passer l'Escaut, fort large en cet endroit, & alors fort agité : le bac étoit à l'autre bord, comment l'attendre peut-être deux heures ? Nous préférâmes de laisser notre carrosse avec nos gens, & de nous confier imprudemment à un léger esquif. Les flots nous firent faire mille sauts périlleux, nous empêcherent de joindre le rivage, & nous obligerent de monter par une échelle, de la barque dans un vaisseau attaché au port, chose très-embarrassante. Nous arrivâmes enfin, & n'ayant point de voiture, nous traversâmes la ville à pied, & en vîmes mieux les pignons gothiques des maisons plus hautes qu'à Gand, & en meilleur état. Malgré ma foible santé, mon heureuse habitude de marcher & de fuir la mollesse, l'habit Anglois court & juste à la taille, que je porte en route, me rendent propre à vaincre les difficultés qui s'y rencontrent. J'atteignis donc aisément mon auberge avec un appétit qui m'auroit fait trouver le poisson d'Anvers excellent, quand même il ne le seroit pas; & le lendemain nous en visitâmes les Eglises & les tableaux précieux & bien conservés.

Cette patrie de Wandick & de Rubens, qui possede encore un fameux peintre en camaïeux, nommé Smitt, est à présent moins féconde en bons artistes. Le commerce y languit depuis que celui d'Amsterdam & de Roterdam prospere. Nous gagnâmes cette derniere ville par le

MORDICK. Mordick, où nous laissâmes notre voiture, pour nous mettre dans une barque dont le conducteur est la meilleure figure à peindre en Caron qu'on puisse trouver. Le vent étoit fort. Pour nous rassurer, il ne manqua pas de nous conter le malheur du Prince d'Orange, noyé en 1711. sur cette petite mer, où nous étions cependant bien mieux que dans l'affreux chariot de poste qui nous roua jusqu'à la Meuse. Nous la passâmes deux fois dans un bac pour nous rendre à la patrie d'Erasme, dont nous voyions la statue des fenêtres de notre auberge.

ROTER-DAM. Roterdam est riche, bien peuplé, bien bâti, coupé de larges canaux rafraîchis des eaux de la Meuse, qui porte les plus grands vaisseaux jusqu'au sein de la ville. Le mélange des mâts, des arbres qui bordent les canaux, des clochers, des belveders, nous surprit agréablement. Nous ne le fûmes pas moins de ce que nous trouvâmes chez M. Bischop, marchand de fil en détail, qu'il vend lui-même en robe de chambre de callemandre, dans la plus chétive boutique. Pour contenter notre curiosité, ce vieillard nous conduisit, d'un air brusque & pensif, par un petit escalier très-obscur, dans une chambre entourée de vilaines armoires, d'où il sort des trésors. Ce sont cent boîtes remplies des meilleurs tableaux Flamands, vases antiques d'or & d'émail, porcelaines du Japon, le plus beau service de Saxe que j'aie vu, nombre de mignatures en fleurs & fruits bien rendus par un pâtissier; charmants paysages de la main d'un cuisinier, qu'un verre optique étend, approfondit à l'infini. Le maître de ces chefs-d'œuvres a sa maison du Dimanche aussi pleine de raretés, mais aussi vaste que sa boutique est serrée. Cette singularité vous montre bien les mœurs d'un pays où le citoyen riche sans faste, ne sacrifie pas au plaisir de jouir, un seul des instants qui peuvent accroître sa rustique opulence.

En quittant Roterdam, nous passâmes à Delft, où résonnoit dans l'air un carrillon de mille cloches à l'unisson. Nous y vîmes les tombeaux de Grotius & de l'Amiral Tromp, & celui d'une femme & d'un époux morts à cent ans dans le même mois, après en avoir passé soixante & quinze de bon accord. Ne doutant nullement de la possibilité d'une longue & tendre union conjugale, nous nous arrêtâmes peu à ce monument, & fûmes plus curieux d'en voir un magnifique élevé à la mémoire du Prince d'Orange, assassiné à Delft. Le sculpteur a représenté à ses pieds un chien mort de douleur de sa perte. Que de

DELFT.

leçons les attributs qui décorent ces monuments du néant des grandeurs humaines, donnent à l'homme qui pense !

Ces réflexions nous occuperent pendant trois lieues d'un chemin charmant qui conduit au plus beau village de l'Europe. La Haye, d'où je vous écris, est un assemblage de places, de belles promenades, de canaux un peu bourbeux, de palais plus propres que bien construits. Les Ambassadeurs, les Députés des États, & la plus riche Noblesse les habitent. Nous comptions n'y voir que le Ministre de France ; mais Mylord Chesterfield, sans nous en avertir, nous avoit fait la grace d'écrire en notre faveur au Comte de Holderness, Ambassadeur d'Angleterre. Je n'ai vu personne de sa Nation avoir mieux ce que nous appellons l'air du monde. Son mérite répond à sa magnificence, & ses bontés pour nous passent ce que je vous en dirois. La beauté de la Comtesse, ornée d'une simplicité noble & polie dans ses manieres, n'est pas plus facile à peindre. Je n'avois point apporté d'habit convenable pour la suivre à la Cour de la Princesse, où son intention obligeante étoit de me présenter. Notre ministre mena mon compagnon de voyage au Stadhouder. L'une & l'autre Altesse lui firent l'honneur de lui parler,

LA HAYE.

& aux diverses personnes du cercle, dans chaque langue de leurs pays, aussi facilement que si toutes leur fussent naturelles : leurs enfants les apprennent avec succès, & montrent d'heureuses dispositions. Cette Cour fait comme les autres, joue, se promene, s'ennuie, va à la comédie Françoise dans un assez joli théatre, & au concert Italien.

Les assemblées sont ici telles qu'à Londres, & nous avons le bonheur d'y trouver le même accueil. L'Ambassadeur d'Espagne, Del Puerto, nous donna hier un repas de quarante couverts, & du meilleur goût. Notre dîné d'aujourd'hui chez le Prince de Nassau ne l'étoit pas moins. C'est ici qu'on boit le vrai vin du Cap, le nôtre est factice. Le bien que me fait la fatigue, me donne la force de la soutenir. Comment suffire à tant de plaisirs ? je me presse d'en jouir, le temps de partir d'ici approche ; nous ne comptions pas y revenir ; Mylady Holderness en ordonne autrement, & nous fait la grace de vouloir que nous y repassions quand nous aurons visité les autres villes de la Hollande. Chacun nous en prie, je cede volontiers à de si douces instances. Ce matin nous avons fait deux lieues pour voir Riswick, château fameux par la paix de 1697, & nous partons ce soir pour Amsterdam, d'où je vous écrirai s'il m'est possible; les routes, les amusements me laissent à peine le temps de poser le pied à terre.

 Moi, dont l'ame semble créée
 Pour chérir la paix qui me fuit,
 Je vis agitée, entourée:
 Vous, dont l'esprit plaît & séduit,
 Vous, que les Graces ont parée
 De ce charme que chacun suit,
 Souvent dans vos champs retirée,
 Vous vivez sans joie & sans bruit.
 Le cercle étroit où vous réduit
 La raison qui vous rend docile,
 Par un sentier triste & facile,
 Vous mene à l'éternelle nuit.
 Comme vous le temps m'y conduit;
 Mais pour trouver ce sombre asyle,
 D'un champ raboteux & fertile
 Je parcours le vaste circuit.
 Des destins divers sont nos guides;
 Si les monts, les torrents rapides,
 Offrent des dangers, des terreurs,
 Au pied de cent rochers arides
 Le verd des prés, l'émail des fleurs,
 Enchantent l'œil des voyageurs;
 Mais qui traverse dans la plaine

Des chemins sûrs & peu riants,
A moins de plaisir, moins de peine :
Tel est le sort qui nous entraîne !
Un nombre égal d'heureux moments,
D'ennui, d'espoir, d'amour, de haine,
Des mortels partage les ans.

Enfin, cette vie n'est qu'un court pélerinage ; je vous traduis à ce sujet une Fable qui m'a paru bonne ce matin dans le Spectateur. Un Derviche voyageant en Perse, arrive à la capitale ; & dans l'idée que les grands du pays épuisent souvent leurs trésors pour bâtir & fonder des caravanseras, il prend le palais du Roi pour une de ces magnifiques auberges. D'un esprit distrait il en traverse la premiere & la seconde cour, monte les galeries, y pose sa valise, & s'en fait un chevet. Un des Gardes l'apperçoit, l'instruit du lieu qu'il profane, & veut à l'instant l'en chasser. Pendant le débat, le Monarque passe, sourit de la méprise du voyageur, & lui demande comment il peut prendre la demeure d'un Souverain pour une hôtellerie ? Sire, dit humblement le Derviche, j'ose vous faire une question : quels étoient les maîtres de ces beaux lieux avant votre Majesté ? Mon pere, mon aïeul, & tour à tour tous mes ancêtres, lui répond le Roi : & après vous, ajouta le Derviche, à qui ces toits immenses sont-ils destinés ? au Prince mon fils, sans doute, s'écrie le Monarque étonné : ah ! Sire, reprit le Pélerin, une maison qui change si souvent d'hôte, a le beau nom d'un palais, mais n'est en effet qu'un vrai caravansera.

ONZIEME LETTRE.

A Amsterdam, ce 30 Juin 1750.

ON trouve par toute la Hollande, ma chere sœur, des barques qui partent d'heure en heure sans attendre personne. Nous en prîmes une pour Leyde, & voulions, en arrivant, y voir le fameux Muschembrock ; mais il est âgé, la nuit venoit, son lit l'appelloit : de peur de l'incommoder, nous passames le soir chez M. Lallemand, Professeur de Physique. Il fit, pour nous amuser, plusieurs expériences ; une entr'autres sur le nouvel aimant artificiel, pareil en force au naturel, & sur la catapulte des anciens, aussi puissante, dit-on, que le canon pour abattre les murs d'une ville assiégée, & plus facile à transporter. Ces machines satisfirent nos yeux, un bon souper notre estomac, & le

LEYDE.

lendemain matin, la salle d'Anatomie offrit à notre curiosité un chat, un singe des Indes avec des ailes, une main de nymphe marine, & le squelette d'un jeune homme qui, dans le dix-septieme siecle, avala un couteau en voulant se défaire d'une arrête qui l'étrangloit. Pour lui ôter ce morceau de dure digestion, on lui ouvrit l'estomac ; il vécut huit ans après l'opération.

Au nombre des merveilles, on montre près de la Haye, le lieu où Mathilde accoucha jadis de trois cents enfants, par châtiment de la stérilité qu'elle souhaita à une pauvre femme. A Leyde on conserve aussi un pain transformé en pierre, pour punition d'une fille qui en refusoit à sa sœur dans une famine. L'Université de cette ville se vante d'avoir eu nombre de savants de tout pays, & de divers genres, tels que Grotius, Heinsius, Vossius, Burmannus, Scaliger, Descartes, Saumaise, Gronovius, Grævius, Bayle, Basnage, le Clerc, &c. En 1512. Fréderic de Tolede, dans le sac de Roerden, n'épargna que l'érudit Hortensius. L'antiquité nous fournit de pareils exemples. La science, bonne à tout, peut même, vous le voyez, sauver nos jours. Les Muses, dit Ciceron (*a*), nourrissent la

(*a*) *Hæc essentiam alunt, senectutem oblectant, secundas res ornant, adversis solatium & perfugium præbent, non impediunt foris, pernoctant nobiscum, peregrinantur, rusticantur.*

jeuneſſe, réjouiſſent la vieilleſſe, rendent la fortune plus agréable, conſolent dans l'adverſité, préſentent un aſyle aux malheureux, ne nuiſent point aux affaires, veillent, voyagent & cultivent les champs avec nous. Ce ſage Conſul a raiſon, je le ſens : l'étude, les travaux plus ſûrement que les plaiſirs, des heures font des moments. La vie oiſive au contraire coule comme un fleuve paiſible, préſente toujours la même ſurface ; & n'offrant à l'eſprit ni crainte, ni ſurpriſe, le livre à la langueur : dans l'occupation, le temps eſt un torrent dont l'agitation réveille l'ame, en bannit le ſouvenir des maux paſſés, la peur de l'avenir, les ennuis préſents, & l'enivre enfin de deſirs & d'eſpoir, notre unique reſſource.

Du fameux Muſée qui m'a conduit à cette réflexion, nous paſſames au jardin des plantes. Le café qu'on y cultive dans des ſerres chaudes, porte un fruit tel qu'une ceriſe. Le thé bou a la feuille ronde, le verd l'a pointue ; celle du cannellier reſſemble au laurier ; les cannes à ſucre, eſpece de roſeau, l'ont étroite & longue. Ici l'art dompte la nature, les fruits de tous climats y mûriſſent ; nous y mangeons actuellement d'excellents melons à côtes, des ananas, des raiſins, de groſſes pêches, mûris avec des poêles à grands frais, à la vérité. Il n'est pas rare d'y voir des jardins médiocrement grands, dont l'entretien coûte douze & quinze mille livres. Les ouvriers y gagnent jusqu'à quatre livres par jour, emploient une partie de leur temps à fumer, à prendre du thé, du café, & les maîtres sont obligés d'en donner aux domestiques. Ces liqueurs se vendent dans les places publiques, comme à Paris *la limonade à la fraîche*. Il est singulier que l'Europe entière ne puisse vivre agréablement que des mets étrangers ; noix de cacao, sucre d'Amérique, feves d'Arabie, feuilles d'arbrisseaux de la Chine. Ces climats reculés doivent-ils fournir nos pays fertiles de vases, de linge, d'habits ? &c. Nous plaignons ces pauvres Européens, disent les Chinois, que la stérilité de leur terrein oblige à mettre toute leur industrie à construire de beaux & bons vaisseaux, pour venir de si loin dans nos ports chercher leurs besoins.

Les ustensiles des Indes abondent ici. Tout se trouve en Hollande, & rien n'y croît : les quatre élémens y manquent ; l'air marécageux en est mal sain, le mauvais goût de l'eau me force d'en boire de Bristol, aussi chere que le vin ; faute de bois, on y brûle de la tourbe. La terre n'y paroît qu'un bourbier desséché par des digues toujours prêtes à rompre. Un travail assidu & pénible les soutient, sur-tout près de Harlem ; on y passe sur une écluse, où la mer est plus haute d'un côté que de l'autre. Cette ville n'a de remarquable que le grand bruit des orgues de l'Eglise, dont les tuyaux ont la grosseur d'un homme ; de bonnes blanchisseries de toiles, & la maison de Coster, qui dispute à Jean Fauste de Mayence, l'invention de l'imprimerie.

<small>HARLEM.</small>

<small>AMSTER-DAM.</small>

Trois lieues au-delà regne Amsterdam, capitale entourée de trois larges canaux bordés d'arbres, qui laissent l'espace d'une rue & d'un trottoir, jusqu'aux maisons à petites portes, qui conduisent par un étroit corridor revêtu de marbre, à un petit escalier qui mene à deux ou trois chambres ornées de peintures & de riches tapis ; mais la propreté la plus scrupuleuse y brille plus que le vrai goût d'architecture. Là, trois cents mille habitants toujours en action, rassemblent par industrie les trésors de deux mondes. Quantité d'édifices publics y charment la vue ; on n'ose les couronner de hauts clochers, les fondements s'appuient sur un terrein trop sablonneux. Dans un de leurs temples se voit le tombeau de Ruiter, qui de Matelot devint Amiral. Après avoir soutenu dix voyages aux Indes, & huit batailles navales, il fut tué dans les mers de Sicile en combattant contre notre Duquefne, autre héros de fortune ; il en eft peu d'une autre forte dans la marine : ce métier veut une pratique continuelle, que l'attachement de nos gens de qualité pour les plaifirs & pour la Cour ne permet gueres. Les Hollandois doivent à leurs forces maritimes de grandes poffeffions en Afie. Pour fe conformer aux expreffions emphatiques du pays, ils y prennent ces titres : " Souverains de „ Java, Amboine & autres Ifles, Commandants „ fur toutes les mers du monde, Protecteurs „ des Rois & Princes de l'Europe, Modérateurs „ fuprêmes de toutes les affaires de la Chré- „ tienté „. Leur Compagnie des Indes a cinquante navires en mer, cinquante mille hommes de troupes de terre, gagne des fommes immenfes, & la nôtre a toujours perdu depuis dix ans qu'elle fait ce commerce.

Je croyois ne rencontrer de mendiants, ni en Angleterre, ni en Hollande, il y en a par-tout ; & pour l'honneur & le bonheur de l'humanité, on n'en devroit voir nulle part qu'aux hôpitaux deftinés à les nourrir. Dans Amfterdam fe retrouvent auffi, au milieu de beaucoup de Religions permifes, les querelles de parti qui nous défolent depuis long-temps ; neuf Eglifes Janféniftes & treize Moliniftes s'y font établies.

Ces controversistes ne s'allient point entr'eux, & se détestent plus qu'ils ne haïssent les Calvinistes & les Luthériens. Le desir que tant de sectes tolérées ont réciproquement de s'édifier, contribue peut-être à maintenir ici des mœurs séveres. Les spectacles y sont rares, les plaisirs peu recherchés : l'amour y trouve sans doute sa place ; mais son ardeur subjugue à peine le froid & la vertu des belles. L'oisiveté n'oblige point leurs époux à chercher des amusements hors de leurs foyers. Ils regrettent trop les moments dérobés aux affaires.

Chez un de ces laborieux Banquiers, j'ai eu le bonheur de rencontrer trois hommes de mérite en divers genres ; MM. de S. Sauveur, Consul de notre Nation (b), Tronchin, fameux Médecin, & le Chevalier de Jaucour, aussi connu par son savoir que par sa naissance. Il voyage sans faste, & n'en est que plus respecté. Ces sages daignerent sacrifier un de leurs moments à nous montrer le cabinet de M. Brankam, riche en tableaux Flamands, possesseur du plus beau morceau de Wanuzzen (c) que j'aie vu : les manufactures de soieries, la belle maison de campagne de M. Pinto, homme de lettres & de goût, & l'hôtel de ville bâti sur

---

(b) A présent à Pétersbourg.
(c) Excellent Peintre de fleurs.

treize

treize mille pilotis, en belle architecture moderne, de cent dix pas de longueur, sur quatre-vingt de large, mais trop basse. La garde bourgeoise fait la nuit sa ronde autour de cette maison, dépositaire des sommes immenses de la banque. Les salles obscures y sont ornées des portraits des principaux Bourguemestres, peints en partie par Wandick, Rembrandt & Rubens. Les Sénateurs élus par le peuple gouvernent la ville & envoient des députés, ainsi que les six autres provinces, aux Etats provinciaux, qui en envoient ensuite à la Haye aux Etats généraux. Le Stadhouder, dont la dignité est héréditaire, même jusqu'aux filles, n'y a point de voix, mais beaucoup de crédit. Il gouverne par influence; en vain voudrois-je vous faire comprendre cette sorte d'autorité; on m'assure qu'elle se sent même très-vivement, & ne peut s'expliquer. Avant la derniere guerre, les mêmes familles qui se conservoient tour à tour les places électives de Bourguemestres, destinoient aux armes la jeunesse dépourvue de toute capacité pour les affaires & sans émulation. L'ignorance régnoit dans les troupes, la discorde au Sénat : pour l'en bannir, ils prirent des fers. La province d'Amsterdam vouloit conserver l'ancienne République, les autres l'emporterent & remirent à leur tête la Maison d'Orange. Le bon ordre qu'elle voudroit mettre dans l'État, n'a point fait baisser les denrées, excessivement cheres ici; les impôts nécessaires à l'entretien des digues, excedent le revenu des terres, & le commerce y tombe par la foule des gens qui s'en mêlent par toute l'Europe. Les habitants d'Amsterdam pensent eux-mêmes que la splendeur de leur pays déja déchue, ira toujours en déclinant; mais le port au coup d'œil, n'annonce point cette chûte: des vaisseaux de toutes Nations y portent l'abondance.

En voguant hier vers la Nort-Hollande, nous admirions la forêt de mâts qui couvroient le rivage. Pour le gagner, nous voulûmes essayer de la seule voiture jadis en usage ici; imaginez-vous un corps de carrosse sur un traîneau pareil à ceux qui transportent les marchandises dans les villes de commerce. A présent, plusieurs achetent du Gouvernement la permission d'avoir des roues, mais les traîneaux subsistent toujours. Nous nous servimes d'une de ces voitures; un grand cheval à collier, mené à pas de bœuf par un homme à pied à la portiere, nous tira en arrachant le pavé jusqu'au rivage; mais un joli bateau que nous y prîmes nous conduisit

SARDAM. légerement à Sardam, village où le Czar Pierre a passé deux ans, déguisé en charpentier, pour apprendre la construction des vaisseaux de guerre.

Un jour Sa Majesté prit par mégarde les outils d'un de ses brutes compagnons, qui s'en vengea par des injures : ce Monarque-Ouvrier, loin de s'en plaindre, avoua son tort, & voulut être puni. Que ne devoit-on pas attendre d'un Prince aussi juste que courageux ? On peut, aux lieux que je décris, lui rendre l'hommage dû à ses vertus, y baiser les traces de ses pas. Les rues pavées de briques y sont plus propres en tout temps, que la vaisselle la mieux lavée. Les femmes y transportent sur le dos leurs maris, quand elles n'ont point de pantoufles à leur donner pour les empêcher de salir le plancher. On écure jusqu'aux étables à vaches, où leur queue est retroussée de peur qu'elles ne la salissent. Les servantes par toute la Hollande ne voudroient point d'un maître qui ne permettroit pas de porter le samedi tous les meubles au grenier, pour laver la maison du haut en bas, & chaque jour les vitres, les murailles, dedans & dehors ; on les repeint souvent, & les volets & chambranles des portes, pour leur conserver un air de nouveauté. Les petits carreaux de faïance qui tapissent l'auberge où nous logions à Sardam, plaisent à la vue, & les perches, les anguilles cuites à l'eau, qu'on y mange, charment le goût. C'est ce qui s'appelle Water-fish.

Après le dîner, nous allâmes voir une multitude de moulins à papier, à fcier des planches, à broyer la moutarde & toutes fortes de grains. Ici les machines agiffent comme des hommes, & les hommes comme des machines. L'épaiffe ftructure du peuple ne femble point faite pour penfer. En avançant dans la Nort-Hollande, on trouve par-tout la même induftrie, la même propreté, le même goût pour le jardinage. Les habitants du Nord aiment tant les fruits & les fleurs dont la nature leur eft avare, que les regiftres d'Alcmaer difent qu'en 1737, une vente publique de cent vingt oignons de tulippes, monta à deux cents mille livres. Ces Bataves, prefque créateurs de la terre qu'ils cultivent, l'accroiffent aux dépens de Neptune, & la confervent malgré lui. Quand l'onde en fureur paffe fur les digues, là, leur induftrie en arrête l'effort par un nombre infini de grandes voiles qu'ils oppofent aux flots, & fans doute quelques paroles magiques. Chaque contrée a fes fables. Ils prétendent qu'au quinzieme fiecle, une troupe de jeunes filles prirent dans des rofeaux, au bord du Zuiderzée, une femme marine, lui apprirent à filer & à faire la révérence ; mais que malgré leurs foins & leur babil, elle refta muette comme un poiffon. Ce terrein merveilleux donna naissance à la maison d'Horn & à Schoutten, qui, sans être sorcier, fit le tour du monde, & découvrit en 1616, au-delà du détroit de Magellan, un passage qui porte son nom. Voilà tout ce que j'ai rassemblé dans ce canton. Nous allons à Utrecht faire une nouvelle récolte pour vous en faire part à notre retour à la Haye.

DOUZIEME LETTRE.

A la Haye, ce 4 Juillet 1750.

J'En suis à notre voyage d'Utrecht, ma chere sœur. Pour joindre cette ville en partant d'Amsterdam, on fait huit lieues sur un large canal environné de jolies maisons de campagne, & trois lieues avant d'arriver, on le voit exactement bordé des deux côtés de châteaux peints, de statues dorées, de grottes en rocailles, & de charmilles taillées au croissant. Oui, pour voguer aux demeures des Fées, les Romanciers n'imaginent point de plus riants rivages.

J'avois besoin de ces enchantements pour charmer mes ennuis. La voiture d'eau me

UTRECHT.

paroît toujours triste & lente : chacun me dit, la tranquillité y regne ; je réponds, on en jouit encore mieux au tombeau, & nul ne veut l'y chercher.

Après avoir ainsi cheminé douze heures sans mouvement, nous arrivâmes donc à Utrecht, patrie de la savante Schurmann, morte à cent ans dans l'autre siecle : Ville célebre par son dernier congrès, son cours magnifique, la place de S. Jean, la Cathédrale & le théatre anatomique, où l'on conserve un canot d'écorce d'arbre long & pointu, qui contient un petit Esquimau dans l'attitude où il fut pris au détroit de Davis, lié dans un trou au milieu de son bateau, de façon qu'il semble en faire partie : le reste est couvert & peut se renverser sans que l'eau y pénetre. Comme le mot *centaure* nous présente l'idée d'*homme-cheval*, il en faudroit un pour signifier *homme-bateau*, tel que notre très-petit navigateur armé de deux courtes rames. Ses dents, ses cheveux, son bonnet existent encore. Quand il se vit en mains étrangeres, dit son histoire, il ne voulut plus manger, & mourut de douleur.

Près de cette relique, on montre en relief, dans une grande salle, le plan intérieur & l'extérieur du temple de Salomon, tel que le dépeint l'Ecriture. Hors de la ville est un couvent qui renferme huit Chartreux en fuite pour le Janſéniſme. Le P. le Sellier Capucin, homme d'eſprit, vit retiré dans la ville avec un de ces anachoretes, qui a paſſé dix-neuf ans dans la Nort-Hollande, ſeul, & nourri de lait par indigence, il s'en porte fort bien. Notre promenade avec eux fut la premiere que je fis de ma vie entre un Chartreux & un Capucin. Ils nous accompagnerent juſqu'au fauxbourg, où nous vîmes la fameuſe manufacture à filer la ſoie, de Wanmole; un ſeul moulin à eau y fait mouvoir quinze cents dévidoirs, & remplit les baſſins d'un ſuperbe jardin orné de ſtatues de marbre & de grottes de coquillages les mieux aſſortis. La plus grande eſt en colonnades, chapiteaux, corniches, dômes, ornés de buſtes, de monſtres, de cornes d'abondance remplies de fleurs, de fruits, le tout repréſenté au naturel en nacre, pierres précieuſes & corail. Les caſcades, les jets d'eau qui en ſortent font un merveilleux effet, & les parterres ſablés de porcelaine briſée forment en ces beaux lieux un émail très-agréable.

Après les avoir parcourus, nous prîmes pour retourner à la Haye, une caleche qui nous mena par un chemin ſerré au bord d'un canal, où l'on tombe ſi le cocher eſt mal adroit. Le nôtre

LA HAYE.

nous fit paſſer auſſi vîte que le vent cent ponts étroits ſans garde-foux. Nous gagnâmes ainſi à bon port un beau village, où Mylady Holderneſſ, pour ſe promener, ſans doute, eut la bonté de venir nous prendre avec une barque dorée, de la République, un excellent dîner, de la muſique & la meilleure compagnie. Vous jugez que les ſix lieues qui nous reſtoient à faire nous parurent courtes ; & en arrivant, quoiqu'il fût tard, malgré mon négligé exceſſif, la compagnie m'obligea d'aller au concert public, où je reçus l'accueil le plus flatteur. Après la muſique Italienne, nous fumes encore invités à un immenſe ſouper. Les plaiſirs, vous le voyez, ne me manquent pas ; mais je leur manque. Tant de biens me demandoient plus de force ; le ſommeil m'en rendit pourtant aſſez pour viſiter le lendemain un Baron de Groningue, curieux à voir : il n'a point quitté ſa robe de chambre depuis dix-neuf ans. La crainte qu'on ne veuille l'empoiſonner le rend farouche ; mais à la recommandation du Comte Cheſterfield, qui l'a aſſuré que je ne reſſemble point à une Brinvilliers, il daigna me recevoir. J'arrivai donc dans ſon beau jardin, j'étois fort parée ; M. Dairoles Miniſtre d'Hannovre, me donnoit la main, & mettoit en doute ſi le Baron voudroit paroître. A l'instant il sortit de sa grotte, d'un air sauvage, qui s'adoucit en s'approchant. Ma figure bénigne le rassura. *Muse*, me dit-il, *mon idée sur vos traits ne vous ressemble point ; quoi ! l'étude n'a point flétri vos charmes ! quelle agréable surprise !* Vous jugez de ma réponse ; il mit le comble à ses galanteries, en me récitant par cœur la moitié de mes Amazones.

Pour dissiper l'étonnement que je lui marquai sur le choix des pieces dont il chargeoit sa mémoire ; il me dit : *Votre Tragédie dans le goût grec me charme par la simplicité du sujet.* " M. le Baron, m'écriai-je, vous l'aimez par „ ses défauts ; ceci ressemble à l'amour ; puisse „ votre indulgence pour les personnes que Mylord „ Chesterfield vous recommande, vous donner „ le même aveuglement pour tous mes Ouvra- „ ges ". Après ce préambule, il me fit asseoir, se tint debout loin de moi, & m'étonna par sa mémoire, sa volubilité, ses connoissances infinies sur la littérature ancienne & moderne en toutes sortes de langues, même sur nos nombreuses & inutiles brochures. Je l'écoutai une heure, & pris congé de lui, bien résolue de vous en entretenir.

On veut absolument m'arrêter ici pour une brillante pêche de saumon qu'on doit faire sur la Meuse. J'ai peine à résister ; mais mon Mentor qui doit avoir plus de force, me presse de retourner au pays de Caux, où ses affaires l'appellent. A mon arrivée, je vous rendrai compte du reste de mon voyage.

TREIZIEME LETTRE.

A Tosse, ce 20 Juillet 1750.

Nous voilà bien plus près de vous, ma chere sœur, mais trop loin, ne pouvant encore aller vous joindre. Le petit château de mon beaupere, après la vie agitée dont nous sortons, me paroît fort solitaire. J'ai tout le temps de rassembler mes idées, & de vous dire ce qui m'a frappé la vue en revenant ici.

Nous partîmes de la Haye le 8 à midi. Plusieurs Dames eurent la bonté de venir me dire adieu, & l'air sincere des politesses dont elles m'accablerent, me donna mille regrets ; mes yeux se mouillerent ; je montai tristement en caleche. Bientôt arrivés à Roterdam, nous nous y embarquâmes le soir dans un yacht pour éviter d'aller en chariot de poste rejoindre notre

ROTER-DAM.

carrosse au Mordik. Après avoir passé ce bras de mer la nuit, nous reprîmes au point du jour la poste, traversâmes Anvers, Malines, & arrivâmes à quatre heures après midi à Bruxelles, le long d'un large canal bordé de belles avenues. Notre course rapide m'avoit donné la migraine, le souper la calma, le lit m'en guérit, & le lendemain nous parcourûmes les remparts de la ville : la plaine qu'ils dominent en rend la vue fort agréable. La place de l'hôtel de ville est spacieuse. Ce bâtiment gothique soutient une tour de trois cents soixante pieds, & contient une vaste salle des Etats, parée de superbes tapisseries; l'une représente l'abdication de Charles V. & non ses regrets, ni la joie de son fils Philippe II. qui prend possession de l'Espagne & des Pays-bas. On voit de l'autre côté l'institution de la Toison d'or par Philippe le Bon. La Cathédrale fort ornée, ainsi que toutes les Eglises de Flandres, conserve un beau tableau de Rubens, Jesus-Christ prêchant ses Apôtres. Le château de l'Archiduchesse a été brûlé ; mais sur les colonnes qui entouroient la cour, les statues de bronze des anciens Comtes de Flandres subsistent encore. Le Prince Charles habite un palais antique, plus grand que commode.

Bruxelles.

Cette Alteffe eft mieux logée à l'Opéra : fon balcon bien imaginé fait face au théatre, de façon qu'en fe chauffant, on voit tout ce qui s'y paffe dans la glace de la cheminée. La falle fpacieufe a quatre rangs de loges. Le concert public Italien, où nous fûmes, eft fort reffemblant à ceux de nos Provinces. Les belles Dames du pays font, dit-on, en campagne. Un Libraire nous a montré des cabinets de la Reine Chriftine, ornés de figures de pierres précieufes. Un des deux renferme une pendule, dont un lion de bronze garde l'entrée : fes yeux de diamants ont un mouvement relatif au balancier ; un carrillon fort de fa gueule, & fon pied bat les heures. Les Comtes d'Aremberg, Taxis, d'Egmont, Grimbergue, ont de beaux hôtels en cette ville. Dans les fontaines publiques, on en remarque une, où quatre Nymphes verfent l'eau par leur fein, que leurs doigts preffent ; une autre, où un enfant piffe avec effort l'eau qu'il donne. Cette attitude finguliere lui valut de magnifiques habits de divers Princes. Louis XV même, dans la derniere guerre, en donna un très-riche au petit Maniquet, c'eft ainfi qu'il fe nomme.

Ne connoiffant que l'extérieur de Bruxelles, je ne vous dis rien des mœurs de cette capitale,

En la quittant, nous allâmes à Enghien. Ce **ENGHIEN.** château du Duc d'Aremberg n'a de remarquable que des jardins vaftes & bien plantés. Le Duc travaille encore à l'embellir. Une colonnade élevée au milieu des eaux fur un pain de fucre, découvre prefque toutes les allées du parc qui y aboutiffent, & forment un charmant point de vue. Nous parcourûmes avec plaifir ces lieux enchantés, & reprîmes la pofte pour Tournay, belle **TOURNAY.** & grande cité, qu'habiterent jadis quelques-uns de nos Rois. Le canal qui la traverfe a de plus que ceux des autres villes, une baluftrade de fer pour garde-foux, & des arbres aux deux bords qui forment une jolie promenade. La Cathédrale eft grande, a cinq clochers & de riches Chanoines. Les fortifications en furent endommagées dans la derniere guerre. On montre l'endroit de la breche où une ancienne Princeffe d'Epinoi reçut jadis une bleffure au bras en défendant la place pour fon époux malade. Je n'oublie pas les traits de bravoure des Dames qu'on me raconte; mais un feul jour paffé à Tournay ne me permet pas de vous parler des habitants.

En traverfant les campagnes de la Flandre, ce vafte cimetiere de prefque toutes les troupes de l'Europe, on ne voit, au lieu de châteaux,

que des Abbayes. Nul pays n'en a tant, ni de
si hauts clochers, ni un si grand nombre de
villages ornés, & de villes bien bâties. Douai
en est une jolie & bien fortifiée. Nous vimes à
Arras une place capable de contenir dix mille
hommes en bataille. Si les colonnes qui l'entourent étoient plus hautes & mieux proportionnées,
ce seroit une enceinte remarquable.

 Aux lieux où nous arrivons, je demande
toujours s'il n'y revient point d'esprits; aussi-tôt
on m'en raconte une histoire effrayante : ensuite
je m'informe des miracles ; vous pensez-bien
qu'Arras m'a montré la sainte Chandelle apportée
par la Vierge, au douzieme siecle, à l'Evêque
Lambert, pour guérir une fievre qui dévoroit
son troupeau. On en avale quelques gouttes, la
guérison suit, & le remede est intarissable. Chaque lieu se vante d'une protection particuliere
du Ciel. À Douai, une Hostie tombée se releva
jadis, & Jesus-Christ reparut au berceau sur
l'Autel, homme fait sur la Croix, & ressuscité
sur l'arc-en-ciel qui la couronne : à Tournay,
S. Martin redonna la vie à un mort. Tous les
Princes portent leur offrande à l'image miraculeuse de Hall. Henri VIII, peu avant de se séparer
de l'Eglise, gratifia cette Vierge d'un Soleil de
vermeil d'un poids immense : les Protestants

ARRAS.

même ont recours à l'étole de S. Hubert contre la rage : sans la diminuer, on en tire sans cesse des fils qu'on insere dans la peau, comme pour inoculer la petite vérole, le mal se guérit ainsi sans retour. A Tongres, S. Materne Evêque, mort en 128, âgé de cent quinze ans, est cru fils de la veuve de Naïm, ressuscité par Jesus-Christ. Les miracles de Lille, grande & belle ville, ne me reviennent point à la mémoire ; notre chemin ne nous y conduisoit pas pour nous rendre ici ; mais nous y fîmes un voyage dans la guerre précédente, en allant voir le camp de Dunkerque. Je vous parlai alors du port de cette ville & des marais de S. Omer.

Dans un amas d'eaux qui de tous côtés s'y rendent, se trouvent des isles flottantes : on les tire par une corde à son gré comme des bateaux ; l'arrangement qu'on leur donne, le beau verd qui les couvre, la quantité de bestiaux qui y pâturent, forment un spectacle que je me rappelle ici volontiers. Nous comptions retourner incessamment à Paris ; mais la goutte de mon compagnon de voyage nous enchaînera quelque temps ; pour la chasser plus vîte, je l'exorcise ainsi :

Quitte nos toits, goutte maudite,
La sagesse y fixe sa cour.

Va, redoutable parasite,
Ronger l'opulent qui t'irrite
Par le vin, le luxe, & l'amour.
Ce ne fut point au sein d'un Scythe,
Mais bien au lit d'un Sybarite,
Que jadis tu reçus le jour.
Que viens-tu faire en ce séjour ?
L'exercice, un repas d'Hermite,
En chassent l'humeur qui t'excite ;
L'étude en bannit à son tour,
L'ennui qui rend par-tout visite.
L'amitié fille du mérite
Ici nous charme, & nul détour
N'y masque un dehors hypocrite :
Sans voluptés & sans atour,
Le plaisir dans nos bois habite ;
Tu te méprends, goutte maudite,
Fuis de nos foyers sans retour.

Je tâche d'amuser votre solitude, & le plaisir de vous écrire enchante la mienne. Si je vous avois, j'oublierois qu'on peut être mieux que dans un coin du pays de Caux, où je gele souvent malgré l'été. Adieu. Puisse cette immense Lettre vous faire perdre sans regret un de ces moments que je voudrois passer avec vous !

QUATORZIEME

QUATORZIEME LETTRE.

A Dieppe, ce 30 Juillet 1750.

Pour achever de guérir la goutte, ma chere sœur, nous sommes venus passer quelques jours dans notre petit palais maritime. Notre amusement est d'en orner le jardin d'une statue de l'Amour; le loisir de la solitude me la fait chanter, & me donne l'envie de vous envoyer mes rimes. J'habille des ornements outrés de la poésie, une vérité que vous aimeriez peut-être mieux toute nue.

<blockquote>

Une Fée, au bord de nos mers,
Fit un réduit où la verdure
De Flore emprunte sa parure,
Et semble braver les hivers.
Dans les échos l'onde y murmure,
Les chants de l'habitant des airs
Y forment de brillants concerts;
Un mont où l'art sert la nature,
Y présente en architecture
Cent portiques d'arbrisseaux verts:
Oui, pour y charmer la sagesse,

</blockquote>

La Fée épuisa son adresse ;
Mais qui peut resister aux Dieux !
L'Amour enfin s'en rendit maître ;
Sous des myrtes, dans ces beaux lieux,
Son image vint à paroître :
Bientôt par de plus doux soupirs
Gémit la tendre tourterelle :
Tous les cœurs forment des desirs.
Tout prend une forme nouvelle ;
Les vents se changent en zéphyrs.
La rose naissante est plus belle,
L'air se réchauffe, & l'oranger
Ne s'y trouve plus étranger.
La bergere de ce bocage
Sourit, folâtre, & moins sauvage,
En est plus chere à son berger.
Que dans ces paisibles retraites
Leurs ardeurs toujours satisfaites
Se renouvellent sans changer !

Avant que de quitter le rivage que je vous décris, je viens de répondre au beau présent que Mylord Chesterfield m'a envoyé : ce sont les bustes des quatre plus grands Poëtes d'Angleterre, Mylton, Dryden, Pope, & Shakespear ; lisez mon remerciement, trop peu digne, par malheur, de son attention flatteuse.

A MYLORD CHESTERFIELD.

J'attendois mon retour ici, Mylord, pour vous rendre graces des dons précieux que vous eutes la bonté de m'annoncer en Hollande. La solitude, disois-je, me fournira des expressions dignes du sujet. J'espérois que vos grands hommes m'apprendroient à répondre à un de ceux qui les apprécie le mieux, & qui joint à leur mérite littéraire, celui d'homme d'état & de citoyen de toutes les Nations. Dans cette idée, je reprochai vivement à ces bustes célebres, d'avoir passé la mer sans le vôtre; je préférerois, leur dis-je, à la représentation de vous autres morts fameux, l'image de l'illustre vivant qui vous envoie. Ses traits me rappelleroient sans cesse ses marques de bienveillance, & l'espoir de jouir encore un jour des charmes de sa conversation. Mylton, avec des yeux éteints, qu'anime toujours une ame instruite du passé & de l'avenir (comme le sont ordinairement ces inspirés jusques dans l'empire des ombres), me répondit ainsi : (ses trois compagnons l'écoutoient avec respect)

Vous qui ternîtes mes merveilles,
De vos desirs immodérés

> Ne fatiguez plus mes oreilles.
> Les Grands, sous des lambris dorés,
> De Chesterfield ont la peinture;
> Mais ses traits par-tout révérés
> Ne sont point faits pour la parure
> Du toit simple où vous demeurez.

Je crus que le tort que j'avois fait à ce grand Poëte, lui dictoit ces vérités dures; mais je n'eus gueres plus de faveur des autres.

> Dryden en riant s'écria :
> Quoi! foible Muse, ta folie
> Est d'imaginer qu'un génie
> Dont la sagacité régla
> Les intérêts de sa patrie,
> Qui vient de bannir la manie
> Du vieux style (d) qu'elle adopta
> Pour calculer l'an qui varie;
> Qui, loin de la Cour qu'il orna,
> Chéri des arts qu'il protégea,
> Brille par sa philosophie,
> De tes desirs s'occupera!
> Rentre en toi-même & t'humilie.
> L'auteur d'Hamlet ajouta :

(d) Mylord Chesterfield a le plus contribué à la réformation du Calendrier Anglois.

Un sage m'envoie en Neustrie
Pour guider tes chants qu'il goûta.
Abandonnes-tu Calliope
Pour Melpomene? ah! crains déja
Qu'au trot ton Pégase ne chope;
Dans ce travail de Pénélope,
Evite Charybde & Scylla:
Fuis les Madrigaux d'Opéra
Et les sentences par syncope
Que jadis le bon goût siffla.
Sur les enclumes du Cyclope
Refais tes vers que chez Procope
Le juste censeur critiqua:
Sous la fable qui l'enveloppe,
Qu'au dénouement ton plan galope:
Aux noirceurs de Catilina
Préfere la tendre Mérope,
Rodogune, Alzire & Cinna.
Dans l'albâtre qui s'anima,
Sous une figure d'Esope,
Une autre voix m'apostropha.
Tout est bien, dit le fameux Pope,
Et sans desirer au-delà,
Jouis des faveurs de Stanhope (e):
Ta vanité s'en nourrira.

(e) Nom de la maison de Mylord Chesterfield.

Je crus fur leur parole, Mylord, que de demander votre portrait, étoit trop ofer. Je me borne donc à vous faire mes très-humbles remerciements ; & pour publier ma vénération pour vos préfents & pour les grands Auteurs qu'ils repréfentent, je les deftine à l'ornement de ma petite bibliotheque de Paris. Mon empreffement pour m'y rendre, n'empêche pas que mes fentiments ne s'accordent avec les vôtres, Mylord, quand vous daignez me fouhaiter à Londres ou à Greenwich. L'envie d'y retourner m'occupe fouvent, & me donne l'efpoir de vous y affurer de nouveau de ma refpectueufe reconnoiffance, &c.

La premiere lettre que vous m'écrirez, adreffez-la-moi à Forges. En nous en retournant à Paris, j'y boirai des eaux pour me rafraîchir & paffer en campagne le refte de l'automne.

QUINZIEME LETTRE.

De la seconde Saison de Forges, 1750.

Nous puisons depuis huit jours aux sources FORGES. de la santé, ma chere sœur; la foule n'y est pas si grande que dans la premiere saison. Par politesse, plus que par curiosité, chacun s'empresse à me faire des questions sur mon voyage, & n'écoute gueres la réponse: ainsi va le monde. Souvent le lendemain les mêmes personnes me font les mêmes demandes. J'y fais même réponse, qu'on a peut-être peine à croire; l'ignorance rend les hommes trop crédules, ou trop peu; & quand on leur raconte des choses fort éloignées de leurs usages, ils en doutent presque toujours.

Où leur confiance paroît plus aveugle, c'est dans les louanges & les remedes qu'au hazard on leur prodigue. Le premier de ces antidotes calme les foiblesses d'esprit nées de la vanité; l'autre, les maux du corps par l'espoir de les guérir.

Comme les maladies infinies qu'enfante l'intempérance, amenent de toutes parts du monde aux eaux, & que nul n'a le courage d'y chercher le vrai remede dans la fobriété & le travail, tous préferent de fe foumettre au caprice des Médecins qui y regnent fouverainement. Leur peu de connoiffance d'une machine à régler, dont ils ne peuvent examiner le dérangement que quand la mort en arrête les reffores; leurs diverfes opinions fur les moyens de retarder notre fin, & de remettre l'équilibre dans les liqueurs, font que j'ai peine à fuivre exactement leurs ordonnances. Ainfi je bois l'onde minérale fans la préparation ufitée des faignées & des purgations, & m'en trouve bien. Je dine beaucoup avec des mets fimples chez moi, rarement chez les autres, où les convives auffi nombreux que les plats, animent trop l'appétit. La compagnie eft également agréable & moins dangereufe à la promenade. Là, pour en mériter la bienveillance, je marche & danfe même tant qu'on veut : voilà mon régime. Celui de nos Dames eft tel qu'à Paris; ces belles font auffi embarraffées de tuer le temps dans l'inaction, & auffi foigneufes de leur parure, même les dévotes. La feule différence apparente eft que celles-ci font fans rouge, veulent une chere plus recherchée, des fieges plus commodes, & vont tous les jours à la Meffe; mais leur intérieur peut être très-différent des mondaines, & je n'en doute pas : il est plus facile de devenir réellement ce qu'on veut paroître, que de porter un masque qui laisse toujours appercevoir les taches qu'il cherche à dissimuler. La vérité assure tout ce qu'on éleve sur ses fondements solides ; les impostures au contraire cherchent à se soutenir l'une par l'autre, & tout l'édifice s'écroule : revenons à nos eaux minérales, peut-être aussi salutaires, mais moins agréables que celles des pays étrangers. Les Dames Angloises trouvent mille amusements à Bath & à Thumbridge, & des logements bâtis exprès pour les recevoir ; comédies, bals, cafés, musique, tout y rassemble non seulement les infirmes, mais encore les gens qui cherchent à perdre leur santé dans les plaisirs. Forges en offre rarement, est mal situé, les maisons y sont étroites & peu commodes : enfin, ce sont les habitations des bourgeois du lieu un peu étendues pour les louer aux étrangers. Mais vous me demandez la vie qu'on y mene : vos remerciements flatteurs sur mes longs récits & mon loisir, me permettent d'emprunter le style des Muses pour vous satisfaire.

O vous ! dont le tendre suffrage
Anime aujourd'hui mon pinceau :

Puisse-t-il vous rendre l'image
Des passe-temps de ce hameau !
Pour y suivre la loi commune,
Sans soif on y boit beaucoup d'eau ;
Par une visite importune
Chacun se rend un compliment
Qu'au même instant le cœur dément.
Malgré cette fausse apparence,
On se plairoit en ce séjour,
Si la fâcheuse médisance
N'y flattoit l'envie à son tour.
Nos buveurs d'eau, comme à la Cour,
Se critiquent sans se connoître,
S'abordent, & pour entretien
Se parlent & ne disent rien.
Tels que les habitants du cloître,
Vivent ensemble sans s'aimer,
Partent souvent sans s'estimer ;
Mais de la médaille tournée
Considérons le beau côté ;
Voyez quelle diversité
Abrege en ces lieux la journée !
Pour occuper la matinée,
Chacun boit sans nécessité ;
Le jeu, la danse, la gaieté,
Y remplissent l'après-dînée.
Sous des toits où la vanité

A l'utile se voit bornée,
Par le goût & la propreté
La bonne chere est raffinée ;
La table en sa simplicité,
Par l'exercice assaisonnée,
Sans art se change en volupté.
Ainsi le laboureur gîté
Sous sa cabane environnée
De l'orge qu'il a moissonnée,
Las du fardeau qu'il a porté,
Savoure un repas apprêté
Par la Baucis que l'hymenée
Réunit à sa destinée :
La faim, dans sa frugalité,
Rend son ame plus fortunée
Que le festin le plus vanté
N'enchante un Crésus dégoûté.

 A Forges, la nature ornée
Par sa noble rusticité,
Charme une femme importunée
Du faste & de l'oisiveté ;
Pour y trouver la liberté,
Une Abbesse d'ennui fanée,
Y vient sans besoin chaque année ;
Les Grands déchus d'autorité
S'y plongent dans l'obscurité.
Ici la jeunesse effrénée

Par les plaisirs est amenée :
L'amour y conduit la beauté,
Et la vieillesse surannée
En vain y cherche la santé.

Dès que je serai dans la capitale, ma chere sœur, je vous promets de ne vous plus accabler de mes vers. Vous vous êtes peut-être repentie de m'en avoir demandé. Les nouvelles intarissables du pays où je vais, ou plutôt les expressions de mon amitié, si je ne craignois de vous en fatiguer, suffisent pour remplir mes lettres. Adieu.

LETTRES
SUR
L'ITALIE.

SEIZIEME LETTRE.

De Turin, ce 25 Avril 1757.

Vous defirez, ma chere fœur, un récit de mon voyage d'Italie, tel que je vous en fis un, il y a sept ans, de celui d'Angleterre. Je fus toujours esclave de ma parole ; mais la tâche est plus longue & plus difficile ; des curieux de tout genre parlent de ce beau pays ; qu'ajouterois-je à leurs recherches ? Si je me borne à vous faire mon histoire, notre amitié vous la rendra intéressante; mais vous ennuierez ceux à qui vous voulez lire mes lettres. Il est vrai que la manie de parler souvent de soi, traitée de vanité en toute autre occasion, ne doit point l'être dans une correspondance dont le seul but est de se communiquer l'une à l'autre les choses qui nous concernent & nous affectent le plus. Tâchons donc, en vous instruisant de ce qui me regarde, de vous amuser des merveilles dont je serai le plus frappée. Cent personnes regardent le même objet & l'envisagent sous divers points de vue: puisse ma maniere de voir, ajouter quelqu'agrément à vos lectures sur les lieux que je suis en train de parcourir !

La derniere fête de Pâque, mon mari & moi, nous partîmes déja fatigués des préparatifs du voyage, blâmés de ceux qui nous connoissent une santé délicate, fâchés de quitter nos amis & la maison agréable que nous habitons, pleins du desir de voir des choses nouvelles, & malgré l'inquiétude des dangers de la route, fort empressés de partir. Vous connoissez ces mouvements contradictoires. Dans ce tumulte de nos idées & des embarras de Paris, nous le traversâmes en silence. A peine avions-nous passé la porte, que le vent, la grêle, la neige, nous inondent jusques dans notre carrosse à l'Italienne. On nous l'avoit garanti bon pour mille lieues ; nous crûmes du moins que si les charnieres joignoient mal, le train ne romproit pas si-tôt. Dès la premiere poste une petite roue casse, deux heures se passent à la raccommoder ; quel début de voyage ! Du temps des augures nous serions retournés sur nos pas ; mais, dans notre prétendu siecle philosophique, nous gagnâmes bravement Fontainebleau ; il fallut y rester pour y faire faire des roues : jamais jours ne me parurent si longs, ne me contrarierent tant, que les deux que nous passâmes en un lieu dont la situation & le majestueux désordre m'auroient, dans toute autre circonstance, arrêtée agréablement. Pour me désennuyer, je m'entretins avec un vieillard, qui m'apprit que dès Louis le Jeune, ce château étoit le rendez-vous de chasse des Rois : S. Louis s'y retiroit pour prier, & François I pour exercer son amour des beaux arts ; il y fit venir de Bologne le Primatice, éleve de Jules Romain, pour travailler à l'embellir, & le renvoya à Rome modéler le Laocoon, la Colonne Trajane, &c. Ce Monarque vouloit la mettre en marbre à Fontainebleau. Par son ordre la statue équestre de Marc-Aurele fut imitée de celle du Capitole, & placée dans la Cour des Fontaines, construite

FONTAI-NEBLEAU.

par Philibert de Lorme: Pillon, sculpteur de la belle Fontaine des Innocents, l'orna de bustes sous Charles IX. Fréminet, sous Louis XIII, peignit la voûte de la Chapelle. Henri IV forma le canal. Chaque Prince s'empressa de décorer ce charmant séjour; leurs différents desseins en font la belle irrégularité. Je m'y promenai long-temps, attendant toujours le moment de partir, & le maître de la poste m'assurant toujours qu'il lui étoit défendu de désigner la meilleure route pour gagner Lyon. Nous préférâmes, sans savoir pourquoi, celle de Bourgogne, & la trouvâmes

DIJON. bonne. Elle n'a rien de remarquable que Dijon, bien bâti, bien peuplé, patrie des Bossuet, Crébillon, Buffon, de Brosse. Les vignobles qui abreuvent délicieusement toute l'Europe, enrichissent le pays jusqu'à Mâcon, où les paysannes sont joliment vêtues; mais la route est mal ferrée, & le chemin de Moulins vaudroit peut-être mieux l'hiver; celui de Bourgogne n'entre

LYON. point à Lyon par une belle porte. De longues rues étroites conduisent au brillant quartier de la ville; nous y restâmes trop peu pour en parler; j'en remets la description à mon retour. Nous y prîmes des voiturins, suivant l'usage; la poste deviendroit inutile dans des sentiers rudes & montueux. Une bonne chaussée nous conduisit pourtant

jusqu'aux

jusqu'aux Alpes. Nous dînâmes au Pont Beauvoisin, limite du Dauphiné & de la Savoie, où j'appris à table, qu'on y garde cent ans des fromages de lait de chevre, estimés au point d'être destinés aux noces; que le pain s'y cuit pour six mois, ou même pour un an; que l'habitant des vallées, quoiqu'affligé de goîtres, comme ceux des hauteurs, les traite, avec mépris, de montagnards, & ne s'allie point avec eux.

Après avoir franchi les bornes de la France, LES ALPES. on parcourt, au bord d'un précipice où mugit un torrent serré entre deux rochers, un chemin étroit, taillé sous le roc. Un garde-fou, tantôt de pierre, tantôt de bois, souvent rompu, fait pour tranquilliser les Princesses qu'on conduit à Turin, y rassure un peu les yeux effrayés. Près de Chambery, le Duc Charles Emmanuel fit couper dans le rocher, une voûte de quatre-vingts pieds de haut, d'un quart de lieue de long, où d'espace en espace deux voitures peuvent passer: une inscription faite en 1679, éternise le bienfait de ce Prince. Les bonnes actions des Rois se gravent sur l'airain, les nôtres sur le sable; notre gloire en est plus grande, nous faisons le bien sans espoir de récompense; mais s'agit-il de raisonner? nous voyageons.

En sortant de ce détroit, où les cavernes qu'on rencontre, ressemblent à l'habitation des Gorgones, nous trouvâmes des cascades qui tombent de cent pieds de rochers en rochers, & forment des torrents qu'on traverse sans cesse sur des ponts tremblants. On suit ainsi, haut & bas, sur des bords escarpés & pierreux, le cours des eaux qui d'abord creusa ces chemins. Le château de Chambery, où demeuroient les anciens Ducs de Savoie, n'a rien de remarquable. Montmélian est une forteresse détruite : nous y dinâmes & vinmes coucher à Aigue-Belle par une descente étroite & rapide. Nous passons ordinairement à pied ces pas dangereux. La dureté des routes m'avoit rompu la tête. La fatigue m'obligea de rester un jour dans ce mauvais gîte, dont la perspective est une haute montagne couverte de chaumieres basses, où l'on passe l'hiver sous la neige. La vallée serrée n'offroit à la vue, au milieu de la riviere, qu'un rocher énorme, sec, isolé & tombé des monts.

Nous fûmes de là à S. Jean de Maurienne. On y trouve un pont ; un cruel chemin de cailloux mene ensuite à S. Michel, où l'Ambassadeur de Sardaigne envoyé en Espagne, eut la bonté de m'avertir de me faire porter trois lieues avant le Mont Cenis. Cet avis me fut fort utile.

M. Du Boccage se repentit de sa bravoure d'avoir resté en carrosse; mes porteurs plus vîtes que son voiturin, m'emporterent sur une chaise à bras par monts & par vaux, seule avec un laquais à cheval, inondée d'un orage, étouffée d'un rhume, & dans une crainte, un chagrin tels que vous l'imaginez bien. Que j'ai d'obligation à mes montagnards! ils pouvoient me mener où ils auroient voulu; leur bonne foi me conduisit à Lanebourg, où j'attendis une heure mon compagnon de voyage avec une mortelle inquiétude. Il avoit, ainsi que moi, franchi le cruel pas du Termignon. Nous soupâmes bien avec de mauvais mets, & dormîmes mieux sur un lit de fer, qu'un oisif sur le duvet. Pendant notre sommeil, on démontoit nos voitures pour les faire passer, à dos de mulet, le Mont Cenis, que nous escaladâmes dès le matin en porteurs. J'en pris six pour me rassurer. Malgré la neige où ils enfonçoient jusqu'à la moitié des jambes, je trouvai qu'on m'avoit exagéré le péril du passage; mais quoiqu'avertie, ne redoutant pas assez le froid qui y regne en tout temps, j'étois trop peu vêtue, le verglas me coupoit le visage, & mon enrouement m'empêchoit de me faire entendre de mes porteurs; sans les Moines charitables qui réchauffent les passants au haut du

LANEBOURG.

MONT CENIS.

Mont, je serois morte. Un lac voisin m'eût offert de bonnes truites, s'il n'avoit été gelé; mais j'étois trop malade pour les regretter; à peine eus-je assez de courage pour m'applaudir de n'avoir point à passer une montagne que je vis s'élever comme un colosse sur les épaules de celle que nous franchissions. Je m'empaillai le mieux que je pus pour gagner la vallée. Que vis-je au fond de l'abîme incommensurable que je cotoyois? Un torrent noir & bourbeux s'y précipite en mugissant, & blanchit d'écume les rochers qui lui font obstacle. Je ne doutai plus que ce ne fût le Cocyte; la longueur des échelles que je parcourois, mes porteurs qui ressembloient assez à des démons, me confirmerent dans l'opinion que je descendois aux enfers; chacun craint même que le peu de terrein qui le porte sur ces bords escarpés, ne s'écroule & ne l'y précipite: les secousses de la chaise m'avoient donné la migraine, mes yeux éblouis de la neige & de la rapidité de l'eau, en considérant ce gouffre, croyoient y voir mille spectres errants. On ne peut se faire une juste idée des hautes montagnes, qu'on ne les ait parcourues. Les points de vue terribles & charmants qu'on y rencontre, sont faits pour nourrir l'imagination des Poëtes; mais leurs tableaux n'en peuvent rendre la réalité, & me dégoûtent de vous la crayonner. La description des Alpes de l'ingénieux Haller, digne de les peindre, tombe plus sur la félicité des habitants de la Suisse sa patrie, que sur le tableau de cent rochers dont la cime couverte d'une neige éternelle arrête les nues, les force à se dissoudre & à creuser des abîmes où les eaux rassemblées courent de toutes parts fertiliser les plaines. Que dire après les Poëtes latins dont ces Monts frappoient sans cesse la vue?... Mais j'ai tant fait de vers! vous ne me pardonneriez pas de n'en point griffonner sur un si beau sujet. Essayons.

Ces rochers entassés, de loin, semblent aux yeux
Un monde de géants prêts d'envahir les cieux.
Autant que l'eau du Styx descend au sombre abîme,
Les Alpes, vers l'Olympe, osent porter leur cime.
Phébus y brille en vain, l'été qui suit ses pas,
N'a jamais sur ces Monts amolli les frimats.
Ils ombragent la terre, ils portent les nuages;
Leur sein battu des vents enfante les orages;
Un éternel hiver y regne, & les saisons
Refusent aux humains d'y mûrir les moissons.
Il est pourtant des prés où les fleurs, la verdure,
En ces sauvages lieux étalent leur parure.
Là, le bruit des torrents fait mugir les échos;

Dans des gouffres leur cours précipite les eaux ;
Et cet amas d'objets dont l'aspect épouvante,
Par d'horribles beautés fixe l'œil qu'il enchante.
Que de desseins confus peint ce tableau frappant !
On l'admire en silence, & notre esprit rampant
En vain de ce chaos veut connoître la source ;
Il s'éleve, s'abat, revient, poursuit sa course ;
Le passé, qu'il parcourt, semble créer ces monts,
L'avenir se présente, & les change en vallons ;
Là, s'entr'ouvre un abîme ; un volcan qui s'allume,
Ici sort des rochers, les brise ou les consume ;
Tour à tour, l'eau du ciel, la foudre & les hivers,
Des champs les plus féconds font d'arides déserts :
Errant dans ces débris, las d'en chercher la cause,
Sur la terre & ses fruits, l'œil en paix se repose,
Et ce charme des sens nous dit être borné ;
L'homme fait pour jouir, pour savoir n'est point né.

L'envie de vous décrire le labyrinthe des Alpes,
(dont je ne vous donne qu'une foible esquisse)
TURIN. me fait oublier d'arriver à Turin. On passe par
Rivoli, maison de plaisance, où Victor Amédée,
après son abdication, finit tristement ses jours.
De ce beau château, une avenue d'ormes de sept
milles de long, de cent pieds de large, conduit
à la ville, régulièrement bâtie & bien fortifiée.
Sur les côteaux voisins, les maisons de campagne

dominent le Pô, qui baigne les remparts plantés d'arbres. J'admirai cette promenade en arrivant; & mon mal de tête me permit le soir même de voir notre aimable Ambassadeur, le Chevalier Chauvelin, que je connoissois anciennement. Depuis trois jours que je suis ici, j'ai le bonheur de ne le point quitter, ni le Marquis Caraccioli, Plénipotentiaire de Naples, dont la plaisanterie sérieuse a beaucoup d'agrément. Je l'avois fort goûté à Paris, & l'instant où l'on se retrouve loin des lieux où l'on s'est vu, a bien des charmes. Je vous parlerai en abregé de ceux de cette ville.

Le palais du Roi a peu d'apparence; mais l'intérieur est fort orné. Les quatre éléments de l'Albane décorent la chambre du lit. On vante dans les cabinets la femme hydropique de Girardou, beaucoup de bons tableaux flamands, & d'excellentes mignatures. La façade du palais du Duc de Chablais, est d'une élégante architecture, la vaste salle d'Opéra d'une bonne coupe, & la cour de l'Université bien bâtie. Le Roi veut y faire fleurir les Arts. Il a pour Antiquaire un homme de mérite, nommé Bartoli, qui cultive aussi la poésie. Croiriez-vous que les premiers vers dont on m'a honorée à mon entrée en Italie, sont en Anglois, de Mylord Barnewel;

si je n'ose vous traduire mes louanges, j'ose vous les envoyer en original.

Amongst the honours, Wondring Europe pays
To Milton father of immortal lays;
If owght can touch his happy soul below
It is the glory he receiv'd from you.
Now Brittain With you Should divide his crown:
For had you not, to make his beauties Known
In your soft linguage turn'd his noble theme,
Her greatest Bard had got but half his fame.

Je compte revenir à Turin, & vous en parler plus au long à la fin de mon voyage; notre Ambassadeur a eu la bonté de me faire promettre d'y passer quinze jours. Son mérite, son caractere, contribuent également à l'y faire adorer. Hier, au cours où je vis beaucoup de brillants carrosses & de jolies Dames, une d'elles, pour lui faire plaisir, jetta des vers dans sa voiture où j'étois: il s'empressa de les lire, & les prit pour un impromptu; point du tout : c'étoit un compliment que M. de Voltaire eut la galanterie de m'envoyer, il y a dix ans, avec sa Sémiramis. Comment se trouve-t-il ici ? je n'en sais rien, je ne vous l'ai point donné, ni à personne : puisqu'il est connu, je m'en glorifie; le voici :

J'avois fait un vœu téméraire
De chanter un jour à la fois,
Les graces, l'esprit, l'art de plaire,
Le talent d'unir sous ses loix
Les Dieux du Pinde & de Cythere.
Sur cet objet fixant mon choix,
Je cherchois ce rare assemblage,
Nul autre ne put me toucher ;
Mais je vis hier Du Boccage,
Et je n'ai plus rien à chercher.

DIX-SEPTIEME LETTRE.

A Venise, deux jours avant le Carnaval de l'Ascension 1757.

APrès avoir quitté Turin, ma chere sœur, nous passâmes sept bacs & des champs ombragés, fertiles, & souvent couverts d'eau. Le ris qui y croît, veut un terrein humide : on l'asseche par des fossés qui bordent le chemin jusqu'à Milan, MILAN. dont vous trouverez par-tout la description. La Cathédrale est d'un beau gothique, revêtue en dehors & en dedans, de marbre du pays, décorée de six dômes, de trois cents soixante colonnes, & de quatre mille statues, la plupart de bonne

main. Pour marque de la beauté de celle de
S. Barthelemi, on y grava ces mots:

Non me Praxiteles, sed Marcus finxit Agrati.

Je les traduis ainsi:

Marc-Agrati me fit, non le Grec Praxiteles.

Le temps noircit ces chefs-d'œuvres à mesure qu'on travaille depuis trois cents ans, à grands frais, à finir ce vaste édifice. Les clous du cheval qui servit aux triomphes de Constantin, en ornent la voûte; on les descend & les remonte en pompe une fois l'an. Les souterrains conservent le richissime tombeau de S. Charles, patron de l'Eglise. Il est un autre trésor dans la bibliotheque Ambroisienne, donné au public par le Cardinal Borromée, neveu de S. Charles; c'est un savant manuscrit, écrit de la main gauche de Léonard de Vinci, peintre & génie universel, mort entre les bras de François I.

Cette grande ville suit plus qu'aucune d'Italie, dit-on, l'usage de nos amusements. J'ai le bonheur d'y être recommandée à la Comtesse Simonetti, protectrice de tout ce qui vient de Paris, qui y fait faire ses habits, en parle bien la langue, en a toute la politesse, & eut celle de nous prêter sa loge à la comédie. Sa magnificence parut dans la maniere dont elle étoit éclairée & pourvue de rafraîchissements. Cette Dame eut la bonté de me mener au cours, où, pour la premiere fois, je vis se promener sans se mouvoir; nous arrêtâmes devant une Eglise dans une place. Notre immobilité m'étonna: je pris la liberté de demander ce que nous attendions, ainsi que les autres carrosses arrêtés. Nous prenons le frais, me dit-on, à la maniere de presque tout le pays. Nous voulûmes deviner la source d'un tel usage, & imaginâmes que jadis la contrainte des Italiennes le fit naître. Le prétexte de chercher l'air, donnoit occasion de parler par la portiere aux Chevaliers galants qu'on n'auroit pu voir chez soi; & quoiqu'à présent la liberté y soit entiere, la mode née de la contrainte subsiste encore: notre conversation sur ce chapitre fut longue. Ma bienfaisante conductrice, non contente de m'instruire des mœurs du pays, de m'admettre à sa table, à son cercle, voulut encore que nous allassions coucher, en partant, à son château de Vaprio, où nous fîmes trop *VAPRIO.* bonne chere, & jouîmes de la plus charmante situation. Une orangerie en terrasses qui s'étend le long du château, y regne sur un canal navigable pour tout le commerce de Milan; & trente pieds au deſſous, choſe rare, coule l'Adda, riviere qui n'eſt ſéparée du canal ſupérieur, que par un mur de douze pieds d'épaiſſeur. Au bord de l'autre rive, s'élevent deux villages pleins de jolies maiſons: au-delà une riche plaine, des bois & de riants côteaux menent en cercle l'œil aux Alpes, dont le ſommet couvert de neige entre-mêlée de nuages, forme dans le lointain le plus admirable tableau.

En quittant cette belle demeure, nous trouvâmes un chemin dur, excepté trois lieues que le noble Erizzo, à préſent Ambaſſadeur à Paris, fit accommoder pendant ſon gouvernement de Bergame, ancienne ville, abondante en foires & en arlequins. Enſuite une route pierreuſe nous conduiſit à Breſſe, que l'érudit Cardinal Quirini ſon précédent Evêque, orna d'une magnifique Egliſe, où l'on travaille encore. Il commença par y faire ſculpter ſon tombeau dans l'enceinte & ſon buſte ſur la porte. L'envie de briller dans ce monde, la crainte de ſouffrir dans l'autre, multiplient ainſi mutuellement par-tout les pieuſes fondations.

BRESSE.

De cette ville fortifiée & aſſez conſidérable par ſa nobleſſe & ſon commerce, nous marchâmes vers Vérone, sur une chaussée encore fort dure. Les charrettes extrêmement basses, attelées de six ou huit bœufs, semblent s'y perdre dans la boue. Les Vénitiens, soigneux conservateurs de leurs loix, n'en ont apparemment pas pour l'entretien de leurs chemins & des rues de leurs villes. Celle que nous allons parcourir mériteroit pourtant d'être mieux pavée. On y voit de beaux palais, & des antiquités fort remarquables, sur-tout l'amphithéatre bâti sous Auguste; excepté le premier gradin enfoncé dans terre par le laps du temps, l'intérieur est entier. Le Marquis Maffei, en homme de goût, en a réparé les quarante-quatre degrés, larges de vingt-cinq pouces sur dix-huit. Je les parcourus jusqu'au sommet ; mon imagination plaçoit quarante-cinq mille personnes sur ces sieges de marbre faits pour les contenir, remplissoit l'arene de bêtes féroces, & s'en formoit le plus beau spectacle. Quelquefois on le réalise en y rassemblant le peuple par des jeux. Que ne me suis-je trouvée à ces fêtes ! voici des vers de Claudien sur cet amphithéatre, que je me suis amusée à mettre en François.

Un lion arraché des bois qui l'ont vu naître,
Sur l'arene est conduit ; dès qu'il vient à paroître,

Aux cris du peuple, il fuit, on l'attaque, il combat,
Contre un trait qui l'atteint, le monstre se débat,
Et loin de redouter la foule qui l'étonne,
Méprise les sifflets dont le cirque résonne.

La patrie du Marquis Maffei retrace par-tout ses doctes soins; il a fait incruster sur les murs du théatre académique, plusieurs marbres antiques, chargés d'inscriptions, & quantité de bas-reliefs. Son buste de marbre, très-ressemblant, en couronne la porte, & brille dans la place de l'hôtel de ville; maniere flatteuse d'honorer les hommes célebres que nous négligeons trop. Les têtes de Corneille, Moliere, la Fontaine, Bossuet, Colbert, Turenne, &c. ne rappelle-roient-elles pas des idées plus agréables que les magots & les porcelaines Saxonnes ou Chinoises qui remplissent à grands frais nos maisons? M. Zenobrio, Gouverneur de Vérone, pour me montrer d'un coup d'œil tout le pays, eut la bonté de me conduire au château S. Pierre, bâti sur les ruines d'un ancien théatre, d'où se découvre l'Adige, qui traverse la ville, & baigne la plaine féconde. Nous voulûmes voir de près la Cathédrale, sombre & étroite, où sur le tombeau du Pape Luce III. on lit cette inscription: *OSSA LUCII.*

Mon amour pour les courtes épitaphes me l'a fait transcrire; on m'en a dit deux de la maison Altieri, sublimes, me semble, par leur briéveté. Sur un tombeau d'homme, *nihil*. Sur celui de sa femme, *umbra*. Celle des Scaligers, jadis Seigneurs du lieu, & dont les savants Scaligers morts en France & en Hollande, se disent issus, est à Santa Maria Antica. Vous saurez que Vitruve, Fracastor, Cornelius Nepos, Pline le naturaliste, le galant Catulle & l'Empereur Domitien, sont de cette ville. Je ne vous parle point des tableaux des meilleurs maîtres de l'école Lombarde, & des cabinets curieux qu'elle possede, les livres vous en instruiront; mais vous voulez voyager avec moi, passons à Vicence. Tout y annonce la patrie du fameux Palladio, mort en 1580; les plus beaux bâtiments qui restent de ses desseins, sont un arc de triomphe & une salle en demi-cirque, formée sur la description que Vitruve donne de ces sortes de théatres. Chose incroyable! Pline dit que Scaurus en fit faire deux à Rome, en bois, qui tournoient sur un pivot, se rejoignoient à volonté, & formoient un cirque pour la course des chars. On nous proposa d'aller au théatre olympique; le Palladio qui l'inventa, lui donna ce nom d'une Académie dont il étoit fondateur; j'avois oui parler de toutes les merveilles de

VICENCE.

l'Italie, jamais de celle-ci. Je crus trouver une enceinte où les jeunes gens se disputoient le prix des jeux d'exercice ; quelle agréable surprise ! j'entre dans un spectacle des Romains. Sur le théatre, cinq rues ornées de cabanes & de palais, aboutissent à une place de la plus belle architecture, où se rendent les Acteurs. Au pied de cette avant-scene est l'orchestre, où jadis présidoient les Consuls & les Vestales. Autour de ce rez-de-chaussée s'élevent en demi-cercle, seize gradins couronnés d'une balustrade où regnent trente statues plus hautes que nature, le tout couleur de marbre blanc. L'espace qu'elles laissent entr'elles, & la colonnade qui les environne, nous permit d'en faire le tour, & d'y contempler la décoration du théatre, en colonnes, en bas reliefs de stuc, représentant les travaux d'Hercule, & dans les niches, les statues des Académiciens qui le bâtirent à leurs dépens. Là, nous redescendîmes pour en parcourir avec soin les différentes rues, où les Daves, les Chremès arrivant sur la scene, pouvoient parler sans se voir. Alors je compris comment leurs très-longs *à parte* ne blessoient point la vraisemblance. Pour concevoir aussi par quel art les Acteurs se faisoient entendre dans des lieux si vastes, nous visitâmes les recoins où la voix

venoit

venoit retentir. Cette salle précieuse dont j'emporte le plan, servit d'abord à représenter, à grands frais, les traductions des Tragédies grecques; à présent elle n'est d'usage que pour les bals & les foires fameuses dans toutes les villes de la Lombardie. Je voudrois avoir été présente lorsqu'on a essayé d'y jouer la Comédie, & regrette bien de ne l'avoir point fait éclairer, (pour en voir l'effet à notre retour) tandis que le Marquis Capra, qui nous conduisoit, nous mena prendre des rafraîchissements à sa maison de campagne. Ce château charmant, où sont les portraits de Scammozzi & du Palladio qui l'a construit, servit de modele à celui de Marli, de Navarre & de Burlingtown, dont je vous ai parlé dans mon voyage de Londres.

Pour rendre hommage au génie du Palladio, avant de quitter Vicence, nous nous arrêtâmes vis-à-vis le petit palais de sa construction, où il logeoit, & sortimes de cette ville par des campagnes plantées en échiquier comme tout le pays. Les vignes montent sur les arbres & courent de l'un à l'autre en guirlandes. La terre labourée sous cet ombrage n'en est que plus fertile : ce jardin nous conduisit à Padoue, fameuse par son Université, son étendue, ses

PADOUE.

rues bordées de portiques, son jardin de botanique, & l'immense voûte de son hôtel de ville, où sont les sarcophages de son fondateur Antenor, de Tite-Live né sur ces bords, & de la Marquise Dobizzi, qui, plus chaste que Lucrece & Suzanne, préféra la mort à l'adultere avant d'en être coupable. Les Contarini, nobles Vénitiens, que nous avions connus à Paris, & que nous rencontrâmes par hazard, nous montrerent toutes ces belles choses, & nous apprirent que le tombeau de Pétrarque est à Arqua, près de Padoue. Le Timave des anciens, aujourd'hui

LA BRENTE.

la Brente, environne cette ville, & nous transporta jusqu'à Venise dans des bateaux fort commodes, par un canal aussi charmant que celui d'Amsterdam à Utrecht; moins orné de charmilles taillées au croissant, mais bordé de maisons de campagne plus vastes, d'une plus belle architecture, de statues bien meilleures, & de bosquets mieux dessinés, sur-tout chez les nobles Pisani & Loredano. Après nous être promenés dans ces superbes habitations, nous reprîmes notre esquif. Mon compagnon de voyage

VENISE.

apperçut près de Venise plusieurs gondoles noires, & crut que c'étoit un convoi : des lampes attachées en dedans, qu'il prit pour un bénitier, lui confirmoient cette opinion; mais en avançant, nous vîmes que toutes les gondoles portent cette sombre couleur. L'amas d'isles que nous découvrîmes, se sépara insensiblement à nos yeux attentifs, comme les nuages d'une décoration, & nous laissa voir une ville flottante, où nous entrâmes par un large canal orné de palais enchantés, sur-tout ceux de Grimani, Pisani, Foscarini, Morosini, Cornaro, & cent autres. Tout le monde sait la description que Sannazar fait de cette belle & singuliere ville sans fortifications, imprenable par sa situation, peuplée aujourd'hui de 150000 ames, & qui l'étoit beaucoup plus jadis, & plus riche.

Viderat Adriacis Venetam Neptunus in undis
    Stare urbem, & toti ponere jura mari.
Nunc mihi Tarpeïas quantumvis Jupiter arces
    Objice, & illa tui mœnia Martis, ait.
Si Pelago Tiberim præfers, urbem aspice utramque;
    Illam homines dices, hanc posuisse Deos.

Nous logeons à l'hôtel d'Angleterre, dont le maître François nous fait bonne chere à grands frais, à cause du Carnaval de l'Ascension qui commence demain. Dans d'autres temps, on vit ici à bon marché. Les gondoles ne coûtent que six livres par jour. Ce sont de légers bateaux qui, pour paſſer facilement ſous quatre cents ponts qui coupent plus de cent canaux, ſont bas, pointus, & gliſſent comme des poiſſons. Un gondolier à l'avant, un à l'arriere debout, armés d'un long aviron, ſe dégagent d'une foule de gondoles qu'ils traverſent ſans les froiſſer L'uſage des carroſſes eſt pourtant plus commode & plus prompt. Je préférerois auſſi l'habitation d'un fonds ſolide, à une ville bâtie ſur pilotis, qui ſemble toujours ſubmergée. D'un côté des maiſons, les canaux ne ſont point bordés, comme dans les villes de la Hollande, de larges trottoirs, l'eau vient juſqu'aux portes; de l'autre côté, dans chaque logement, on peut ſe ſauver par des rues très-étroites, pavées de larges pierres qui communiquent par-tout. Ma premiere lettre vous en dira davantage.

DIX-HUITIEME LETTRE.

A Venise, ce 1 Juin 1757.

Vous me demandiez, ma chere sœur, comment je ferois pour me présenter dans des lieux où je suis inconnue.

La politesse en Italie, comme à Londres, & même en Hollande, est de prévenir les étrangers sur les visites; les amis des personnes auxquelles ils sont recommandés, s'en font sur-tout un devoir: nous avons le bonheur de l'être à Mesdames Condoliner & Cornaro, nobles Vénitiennes. Celle-ci, dans les charmes d'un nouvel hymen, m'a fait présent des poésies imprimées pour sa noce. Dans tout le pays, la mode ordonne aux versificateurs de la connoissance des mariés, de rimer un sonnet ou un épithalame en leur honneur. Ce genre m'étoit inconnu: il a fallu débuter & louer sans connoître. Voici cet impromptu fait à loisir à Paris. J'étois avertie de l'usage & du mariage.

    Au pied d'un fertile côteau
    Où la Naïade de la Seine,

LETTRES

De la Renommée est l'écho,
Quel bruit retentit dans la plaine!
J'apprends qu'au rivage du Pô,
Une beauté qu'amour enchaîne,
Lui promet un succès nouveau.
Venise en prépare la fête,
L'hymen armé de son flambeau,
De guirlandes pare sa tête.
Ce Dieu charmé de sa conquête,
Joint Condolmer à Cornaro.
De ces noms fameux dans l'histoire
Je n'osois célébrer la gloire;
Par l'ordre d'Apollon mes chants percent les cieux.
Il veut du Pénée à la Loire,
De ces heureux amants consacrer la mémoire.
De leurs ancêtres glorieux
Ils ont les vertus & les graces:
L'un, éleve du Dieu des Thraces,
Sur le trône de Chypre (*a*) eut jadis des aïeux.
Venus adorée en ces lieux,
En faveur de cette alliance,
Du Héros que je chante a couronné les feux.
La Nymphe qui fixe ses vœux,
Aux talents unit la naissance:
Un Pontife (*b*) du même sang,

(*a*) Une Reine de Chypre qui donna cette Isle aux Venitiens, étoit de la maison Cornaro.

(*b*) Le Pape Eugene IV, de la maison de Condolmer.

De l'Éternel obtint pour elle
Qu'un époux digne de son rang
Lui seroit à jamais fidele.
Pour leur hymen que le Dieu Pan
Invente une danse nouvelle :
Muses, qu'implore l'Eridan,
Célébrez leur flamme immortelle.

J'offris ces vers & quelques bagatelles pari- **CARNA-**
siennes dont les Dames étrangeres daignent faire **VAL DE**
cas, à la jeune mariée, & à sa très-jeune mere, **L'ASCEN-**
qui veulent bien m'honorer de leurs conseils, & **SION.**
se charger de me conduire. Leurs faveurs m'attirent, comme vous le pensez bien, beaucoup
plus de marques de bienveillance que je n'osois
en espérer. Ces Dames nous menerent dans une
des galeres de la République, à la fête du
Bucentaure, nom qu'avoit la premiere qui servit
au mariage de Venise avec la mer, établi par
le Pape Alexandre III. Un Marinier monté dans
la tour pour observer le ciel, répond, dit-on,
sur sa tête de ce vaisseau vaste & magnifique
que monte le Doge ; jugez s'il est attentif à le
faire rentrer au moindre nuage. Imaginez-vous
des rivages bordés d'une foule de peuple dont
les cris percent les cieux, la mer couverte de
gondoles & de felouques remplies de musique,

le bruit des canons des châteaux & des vaisseaux, cent banderoles déployées, & dans le lointain, malgré le soleil qui brilloit sur les toits de la ville, la cime des montagnes du Tirol couvertes de neige ; voilà le tableau qui charmoit nos regards à midi le jour de l'Ascension. L'habit de masque qu'on prend pour cette cérémonie, ne se quitte que quinze jours après, & se porte plusieurs fois l'an. Les femmes élégantes brodent à grands frais de la même couleur le long manteau noir de cette mascarade. La plus belle dentelle noire fait l'espece de camail qui, sous un chapeau noir emplumé, couvre leurs épaules & leur tête. Sous cet attirail on garde sa robe ordinaire, sa parure, son panier, & même de gros bouquets. Malgré tant de recherches, ce déguisement me paroît triste, incommode, & manque de variété. Hommes & femmes ont un pareil manteau, camail, chapeau, tout en noir avec le masque blanc, de façon que dans leurs gondoles noires, couchés, (comme ils le sont souvent) vous devinez à quoi ils ressemblent. Nul ne se montre en public dans les temps de Carnaval sans cet ajustement. Il est à la vérité permis de défaire le masque & le coqueluchon au spectacle & dans les assemblées ; mais cet habit se porte si souvent, qu'on devroit bien en imaginer un plus joli.

Dans les visites & les cérémonies, les hommes font en perruques & robes fort amples, par conséquent fort incommodes, & les Dames en noir, qu'elles relevent par beaucoup de pierreries & de dentelles. J'en vis l'autre jour un grand nombre rassemblées & parées pour une profession de la fille d'un Sénateur, dans un des Couvents destinés à la noblesse. La moitié du Sénat assista à ce sacrifice. L'extérieur & l'intérieur de l'Eglise étoient très-ornés ; mais rien n'égale la perspective de la galerie par où la victime vint à la grille. Elle étoit longue, voûtée & terminée réellement par la mer ; les murs des deux côtés peints en rouge, bordés de vrais orangers entremêlés de statues de carton, imitant parfaitement l'albâtre, formoient la plus étonnante décoration. L'épouse sacrée, couronnée de fleurs, soutenue par deux meres vénérables, s'avança à pas lents sur un tapis bleu parsemé de roses, prononça ses vœux dans les mains d'un Prélat, au son de mille instruments, & remonta au parloir. Toutes les Dames furent l'y saluer deux à deux ; Madame Loredano, sœur du Doge, seule en habit de couleur, pour m'honorer, comme étrangere, me fit la faveur de m'y conduire. On y servit des rafraîchissements de toute espece. Ces cérémonies coûtent jusqu'à trente mille ducats. Les soins pris ici pour réprimer le luxe n'arrêtent point ces vaines dépenses. Les filles sans espoir d'être bien mariées, prennent volontiers le voile. Le Couvent ne les gêne point à l'excès. Elles ont tous les soirs des assemblées à la grille, & leur vêtement releve la beauté, loin de l'éteindre. Madame Michaëli, que j'ai eu le bonheur de connoître, m'a donné sous cet habit l'idée des figures célestes. Je n'ai rien vu de plus beau, de plus touchant, de plus aimable. Chacun s'empresse à lui faire sa cour au parloir. Les Ministres étrangers y sont admis. La politique du pays défend aux Nobles de se rencontrer avec eux ; chose embarrassante pour les personnes qui, comme nous, ont l'honneur de fréquenter les uns & les autres. Le Comte Rosemberg, Ambassadeur de Vienne, & le Nonce Branciforte, qui apporta à Paris, de la part du Pape, les langes du Duc de Bourgogne, nous ont donné un magnifique dîner. En revanche, l'Abbé de Villefont, chargé des affaires de France, a réuni à ces deux Ambassadeurs, un des Princes Corsini qui ont voyagé avec fruit par toute l'Europe, les très-belles Marquises Saint Prié de Turin, & Corsi de Florence, attirées par le Carnaval, & nous, chétifs voyageurs, pour nous donner une fête charmante. Le lieu répondoit à ses soins. Ses salles à manger, dont l'une sert aux viandes, l'autre au fruit, la troisieme au café, sont entre un jardin qui y conduit, & la mer qui bat au pied des croisées. Nous fûmes après le repas à des hôpitaux fameux par leurs concerts séraphiques, composés de filles: voix, instruments, tout est féminin & divin; leurs accords doux & perçants font retentir la voûte & charment les oreilles. Une grille voilée les dérobe aux regards curieux, & donne à leurs chants encore plus de ressemblance à la mélodie des Anges.

Les Eglises Vénitiennes sont superbes. Tous les voyageurs vous en donneront la description & celle des tableaux des meilleurs maîtres qui les décorent. A Santa Maria dell'Horto, on admire le tombeau des Contarini. Dans l'Eglise dite Dei Frati, est celui de Titien. A S. Luc fut enterré l'Arétin né à Arezzo. J'ai tâché de vous traduire ainsi son épitaphe:

Condit Aretini cineres lapis iste sepultos,
  Mortales atro qui sale perfricuit.
Intactus Deus est illi; causamque rogatus,
  Hanc dedit: Ille, inquit, non mihi notus erat.

  L'Arétin repose en ce lieu,
  De chacun il fit la satyre;

Mais ne connoiſſant point de Dieu,
De Dieu ſeul il ne put médire.

Comme j'aime la poéſie, chacun a la bonté de prendre ce langage pour me flatter, & cherche l'occaſion de m'en faire entendre. Vous avez connu à Paris Joſeph Farſetti, noble Vénitien, homme de Lettres. Son couſin du même nom, du même goût, nous donna hier à dîner avec Goldoni, célebre Auteur comique, & la Comteſſe Gozzi, qui a mis Térence en langue vulgaire, & s'eſt donné la peine de traduire & d'imprimer ma Tragédie des Amazones en vers Italiens. Voici mon remerciement :

>Pour chanter les filles de Mars,
>Melpomene monta ma lyre;
>Sur mes foibles ſons la ſatyre
>Vainement lanceroit ſes dards.
>Aux rivages Adriatiques
>Une Amazone d'Hélicon
>Éterniſe en vers italiques
>Mes guerrieres du Thermodon.
>Son talent chéri d'Apollon
>Rend mes chants dignes du Parnaſſe,
>Et conduit au ſacré vallon
>Mes héroïnes de la Thrace.

Quel prix peut payer tes faveurs,
Muse, qui vers le Pô m'appelles?
Les honneurs dûs aux immortelles,
De l'encens, des vœux & des fleurs.

Le mari de cette Sappho qui traduit actuellement mon Paradis Terrestre, & M. Quirini, qui, comme moi, a pris Colomb pour son héros, a passé dix ans à mettre son voyage en dix chants, & va mettre au jour son Poëme comme je viens d'y mettre le mien, étoient de nos convives. Ce rapport singulier nous lia de conversation pendant un agréable & long repas. Après le café, (dont on boit toute la journée à Venise) M. Landini, Auteur du Temple de la Philosophie en vers Martelliens (c), Improvisateur des meilleurs de Toscane, pays où il y en a le plus, prit sa mandoline, & sur des tons peu variés, suivant leur usage, chanta sur tel sujet qu'on proposa, des vers souvent heureux. Ce talent, pour nous inconnu, nous étonne : je ne sais si notre langue s'y prêteroit, l'Italienne est plus abondante & moins gênée. J'étois dans la maison des Muses. Si la mélodie y ravit nos oreilles, la peinture, la sculpture, n'y ravirent pas moins nos yeux.

IMPROVISATEURS.

(c) Ou Alexandrins. Martelli fut le premier inventeur de ces vers Italiens de quatorze syllabes.

Le maître de ces merveilles a une collection de tableaux choisis, & transporte sur le Golfe Adriatique toutes les belles statues de l'Arne & du Tibre. Benoît XIV lui permet d'en tirer les moules, à condition qu'à chaque figure qu'il modélera en plâtre, il en enverra une copie à l'Institut de Bologne, patrie du Pape. Cette superbe collection, qui coûte cinquante mille écus à M. Farsetti, lui forme la plus curieuse galerie qu'on puisse rassembler. A l'amour du bel antique, il joint le goût des ornements modernes ; il a long-temps vécu en France, & fait en imiter la distribution intérieure des appartements dans ses entre-sols qui regnent sur un large canal. Là, cent gondoles ou bateaux représentés dans les glaces, en font des tableaux mouvants. Tandis que ces miroirs rendent les images vivantes, les chefs-d'œuvres des Raphaëls, des Titiens, dans l'étage supérieur, fixent le passé sous leurs traits. Sur le même rivage, M. Smith, Anglois fort riche, s'est fait une agréable habitation, toute dans le goût de sa Nation, jusqu'aux tables & ferrures des portes ; mais ce qu'il n'a point tiré de Londres, est son grand nombre d'excellents tableaux, de livres en langues savantes, & de raretés de toute espece. Quoique les nobles Vénitiens aient de superbes palais, richement ornés à la maniere de nos peres, ils les habitent peu, y donnent rarement à manger, & s'ils en usoient autrement, déplairoient à la République: leur liberté est fort gênée; pour en jouir, ils se retirent dans des casins simplement meublés, & formés à peu près comme ce que nous appellons une petite maison. Les maris, les femmes, en ont de séparés, quelquefois plus d'un, &, selon leur usage, y vont sans autre suite que leurs gondoliers. Les Dames y joignent nécessairement pour appui un cavalier servant ou sigisbé. Le Chevalier de Malthe Sagramoso, aimable, instruit, grand voyageur, que j'avois connu en Hollande & à Paris, a bien voulu m'en servir. La premiere fois qu'il me fit l'honneur de m'accompagner dans mes visites, il me vit inquiete d'avoir oublié des billets; devineriez-vous que je lui en trouvai d'imprimés en poche! C'est un article de ma fonction, me dit-il, je dois aussi vous mener prendre des glaces au café, & faire un tour le soir à la place S. Marc, ou sur le grand canal, qui, dans les chaleurs, est une promenade fort agréable.

Les Dames vont ainsi seules avec leurs chevaliers, restes des anciens paladins: les déguisemens sont uniformes: les gondoles, toutes d'environ 30 pieds sur 5 de large, & de la

CASINS.

même couleur, se ferment quand on le veut ; la clef de la petite maison est dans la poche ; une lanterne de Religieuse, qu'on allume dans l'escalier de la maison bourgeoise, dont une partie compose le casin, y conduit. On entre, on s'y repose, en compagnie ou tête à tête, à son gré, sans que personne en médise. J'ai vu plusieurs de ces retraites familieres, & dis, avec vérité, aux Dames qui me font la grace de m'y admettre, qu'on leur vante à tort notre liberté, la leur la surpasse infiniment. Quand je lis dans Milton, que les Vénitiennes vivent dans la plus grande contrainte, je vois qu'en cent ans les mœurs changent totalement. On m'assure qu'ici une jeune mariée ou autre qui s'ennuie à l'Opéra, après minuit, propose à son sigisbé un plaisir piquant pour quiconque va toujours par eau ; c'est de courir une poste. Aussi-tôt ils montent en gondole, font six milles pour gagner la terre, courent une poste en chaise, prennent du café, retournent à leur bateau qui les ramene au jour à la ville. L'habitude de la liberté y modere, sans doute, l'empressement d'en jouir. L'effort est d'autant plus grand, qu'on y voit beaucoup de jolies personnes plus blanches qu'en France. J'attribue ce beau teint aux rues étroites, où nul soleil, nulle

poussiere

poussiere n'entrent, puisque toutes sortes de voitures, chevaux & mules, en sont bannis. Les Dames voguent à l'ombre dans leurs gondoles, & sortent peu le jour. Leurs assemblées de jeu ne commencent l'été qu'à dix heures ; avant de s'y rendre, on se promene sur la place S. Marc, magnifiquement bâtie, environnée d'arcades, & longue de trois cents pas, sur cent cinquante de large. La foire qui la coupe actuellement en rues, m'empêche d'en bien voir l'espace ; mais la décoration des boutiques illuminées, & la quantité de masques qui les remplissent, forment un rare coup d'œil. D'un côté sont marionnettes, danseurs de corde, joueurs de gobelets ; de l'autre, des diseurs de bonne aventure, qui sur un petit théâtre couvert d'instruments astronomiques, prononcent des oracles à travers un long tuyau qui les rend dans l'oreille du curieux épouvanté de leurs prédictions : les charlatans qui m'étonnent le plus, sont des conteurs d'histoires, entourés d'auditeurs, sans vendre d'onguent. Le sujet est ordinairement un Moine amoureux, un mari dupé à la maniere de Bocace. Ce goût regne encore chez les Italiens. On y retrouve aussi un jeu dont parle Claudien. Ils forment une tour d'hommes montés sur les épaules les uns des autres. Un enfant qui en

Place S. Marc.

fait la cime, pour détruire cet édifice, faute en bas dans les bras de son pere qui le reçoit; le reste de la pile défile de même aux acclamations des spectateurs.

Les Vénitiens n'ont ni jeux de boules, ni promenade à pied ou à cheval, ni chasse, ni trop de goût pour le vin. L'amour, les farces, les joûtes sur l'eau font leurs passe-temps. Le peuple chez eux connoît mieux leurs meilleurs poëtes, que les nôtres ne sont connus du vulgaire. Un gondolier commence un couplet de l'Arioste ou du Tasse; son compagnon chante le second, le voisin reprend, & ainsi de suite jusqu'à ce que la mémoire leur manque.

Ces vers se débitent sur des modes monotones, mais les chansonnettes & les instruments des petites villageoises joliment vétues, qui reçoivent aux portes ce qu'on veut leur donner, forment des accords charmants. Si les gens du pays y deviennent peu sensibles par l'habitude, cette nouveauté ravit les étrangers. Ils le sont moins d'abord des beautés de l'Opéra Italien. Ceux de ce Carnaval-ci n'ont point de réputation. Je vous en parlerai quand nous en verrons de meilleurs. Je suis actuellement plus propre à écouter de la musique qu'à suivre une conversation. Mon enrouement depuis les Alpes, joint au manque d'usage de la langue, me rend inintelligible. Peu de personnes parlent ici facilement le François, & toutes ont la politesse de me questionner; jugez de mon embarras. Je partirai sans pouvoir répondre. Je reçois une lettre du Cardinal Passionei, qui daigne me rappeller ma promesse d'être à Rome pour le feu d'artifice de la S. Pierre : nous n'y manquerons pas. S'il me revient quelque chose d'oublié, vous le saurez par ma prochaine lettre.

DIX-NEUVIEME LETTRE.

De Bologne, ce 9 Juin 1757.

J'Ai encore à vous entretenir, ma chere sœur, de la Place S. Marc de Venise. L'Eglise du même nom bâtie en croix grecque au X siecle, en tient une des faces, est couverte de cinq dômes, & porte à son frontispice quatre chevaux de bronze dorés, faits par Licippe, donnés à Néron par Tiridate, & dont on décora l'arc de triomphe de cet Empereur, qu'on voit gravé sur quelques-unes de ses médailles. Constantin en enrichit l'hippodrome de Constantinople; & les

Vénitiens, pendant un temps maîtres de cette capitale, les destinerent à parer leur Cathédrale, ainsi que les cinq portes d'airain qui en ferment l'entrée, enlevées à la mosquée de Ste Sophie, & quelques colonnes d'albâtre prises, dit-on, du temple de Salomon. Dans cette Basilique, décorée depuis la voûte jusqu'au pavé, de mosaïques anciennes, brille un grand nombre de statues apportées d'Athenes. La contre-table est d'or massif, enrichi de pierreries ; mais le trésor m'a paru au dessous des louanges qu'on lui donne. Le palais est rempli d'excellents tableaux de l'école du Pays ; la salle du Grand Conseil a 173 pieds sur 150 ; là sont les portraits des Doges. La bibliotheque, dont celle de Pétrarque fait partie, excepté les Epîtres de Cicéron, écrites de la main de Pétrarque, qui sont dans la bibliotheque Medicis, où elles furent portées par Nicolas Nicoli, à la fin du XIV siecle, conserve quantité de manuscrits grecs donnés par le Cardinal Bessarion né à Nicée.

Après nous avoir montré ces raretés, on nous fit remarquer dans les galeries certains musles effrayants pour les citoyens. Il est permis d'y jeter dans un tronc des dépositions contre ceux que l'on veut perdre. Les Inquisiteurs d'Etat en gardent la clef, & s'en servent s'ils le jugent à propos. Le revenu de l'Etat est de 20 millions. Du Sénat, composé de tous les Nobles, se *LE SÉNAT.* forme un Conseil de cent-vingt Sénateurs qui décident de la paix & de la guerre; on en tire aussi le College des vingt-six pour recevoir les Ambassadeurs étrangers, & rapporter leurs demandes au Sénat. Le Patriarche préside au Comité spirituel, où se terminent les affaires de Religion. L'élite de ces Conseils, nommée le Conseil des dix, décide de tout sans appel, peut même déposer le Doge; mais difficilement en fourniroit-il l'occasion. On l'observe de près, il ne peut aller en campagne sans la permission des Conseillers d'État; en quittant le palais de S. Marc, il perd son rang, & le reprend en y rentrant. Son pouvoir n'est qu'en apparence; ses honoraires ne montent qu'à soixante mille livres, & les frais de sa réception joints à ceux de son enterrement qu'il paie d'avance, vont à cinquante mille écus. Il a deux voix au Conseil, & porte dans les cérémonies robe & manteau doublés d'hermine, avec un bonnet cornu à la Phrygienne. Son palais jouit de la vue de la mer, & regne sur le Broglio, où (de peur d'être suspects par des assemblées particulieres) les Nobles traitent toutes leurs affaires. Cette seconde place tient à la premiere par un angle.

LA TOUR.   Nous eûmes la curiosité de monter sur la tour de S. Marc, irréguliérement située devant l'Eglise, & haute de plus de trois cents pieds. Sa grosseur contient un escalier en limaçon, d'une structure si commode, qu'un cheval y peut monter. De là, comme du Thabor, tout se découvre ; non seulement Venise, les ports & les isles nombreuses de sa dépendance ; mais la Lombardie, les montagnes de l'Istrie, l'endroit où les Alpes enfantent l'Apennin, la plage où le Pô vomit ses eaux dans la mer.

L'ARCE-NAL.   J'oublie de vous parler de l'Arcenal, isle de vingt stades en circuit, gardée par des dogues, des murs flanqués de tours, qu'un noble Vénitien observe nuit & jour, & des barques armées qui veillent sans cesse autour. Un puits d'eau douce, si vive qu'on la dit à l'épreuve du poison, désaltere dans cette enceinte, deux mille ouvriers distribués par métiers en cinquante chambres, où la plupart naissent & meurent sans en sortir. Ils maintiennent toujours en état des armes pour les troupes & les agrèts nécessaires à une multitude de vaisseaux enfermés chacun sous une arcade où l'eau de la mer les baigne. Nous escaladâmes un des plus gros mis à sec. Du bas de la quille au haut du gouvernail, imaginez-vous atteindre par un escalier postiche au faîte d'une maison assez longue pour qu'on ait peine à se reconnoître d'un bout à l'autre. Messieurs & Dames Condolmer & Cornaro, qui, selon l'usage très-poli du pays, prenoient la peine de nous accompagner dans ces escalades, aux assemblées, aux spectacles, à la Messe, & par-tout depuis trois semaines, voulurent encore traverser la mer pour nous conduire le jour de notre départ jusqu'à Chiozza, à deux milles de Venise, *CHIOZZA.* bourg dont les salines enrichissent la République. Dans la victoire qu'elle y remporta en 1380, elle se servit pour la premiere fois d'armes à feu. Là, nos obligeants conducteurs nous donnerent un magnifique dîner, & bonne compagnie. Les nobles Farsetti, le Chevalier Sacramozo, dont je vous ai parlé, en étoient, ainsi que l'Abbé Chiari, qui me favorisa dans la route de vers à ma louange, & du don de ses comédies, romans & lettres philosophiques, dans le goût de Pope. Cet émule de Goldoni, comme lui, cherche avec succès à ennoblir la comédie Italienne : tous deux veulent en bannir les bouffonneries & les masques, usage pris des Grecs & des Romains. Comment des peuples aussi délicats les souffroient-ils sur leur théatre ! je permets de s'en servir à représenter des diables, des Satyres ou des Cyclopes, dont le modele manque dans la nature; mais que ces visages de carton ne privent pas nos yeux du jeu des passions humaines. Que nous ferions bien aussi de les ôter à nos danseurs ! mais cette digression m'éloigne fort de mon dîner de Chiozza, que je quittai avec peine pour m'embarquer.

On nous avoit conseillé d'aller par eau à Ferrare. Nos aimables convives nous suivirent long-temps de l'œil sur le rivage, & daignerent m'honorer de quelques larmes que je leur rendis sincérement au centuple. Pour combler leurs bontés, ils nous marquerent nos logements dans des châteaux de leurs amis sur la route. Le lendemain il plut du matin au soir. La fraîcheur de l'eau du ciel & des rivieres, nous obligea d'être toujours au fond du bateau, d'y mourir d'ennui, & quelquefois de peur. Nos voitures étoient en avant dans une barque où la nôtre étoit attachée pour éviter que la corde ne nous fît trop pencher ; mais le débordement du Pô nous éloignoit si fort des chevaux, que, malgré tant de précaution, nous voguions souvent sur le côté. Le proverbe a raison, *n'aille point par eau qui peut aller par terre.* Sans le mauvais temps, la vue des isles & des rivages m'auroit pourtant rappellé bien agréablement la fable de Phaéton. Beaucoup de peupliers à

Pô.

longs bras y retracent l'ingénieuse métamorphose de ses sœurs.

Nous n'avons resté qu'un jour à Ferrare. Il *FERRARE.* suffit pour voir les restes de grandeur de cette ville, jadis florissante sous ses Ducs, à présent déserte & mal pavée. La quantité de Prêtres, Moines & Religieuses, doit nécessairement appauvrir & dépeupler ces beaux climats. Cependant plus notre Religion auroit de sectateurs, plus Dieu seroit révéré, disois-je au Comte Varano, d'une ancienne maison du pays, qui me fit l'honneur de me donner ses Tragédies estimées, & de me mener à la Cathédrale. Gregorio Geraldi (dont les Mémoires servirent à faire le Calendrier Grégorien) y est enterré. Nous fûmes aussi aux Bénédictins, rendre hommage au tombeau de l'Arioste, dont voici l'épitaphe. Elle est par-tout ; mais je vous épargne la peine de la chercher.

Notus & Hesperiis jacet hic Ariostus & Indis,
  Cui Musa æternum nomen Hetrusca dedit.
Seu Satyram in vitio exacuit, seu comica lusit,
  Seu cecinit grandi bella ducesque tubâ.
Ter summus vates cui summi in vertice Pindi,
  Ter geminâ licuit cingere fronde comas.

Les cendres du Dante né à Florence, reposent

à Ravenne, jadis port de mer au-delà du Rubicon (*d*), & demeure des anciens Empereurs d'Occident. Ce poëte, du parti des Gibelins, y fut exilé par les Guelphes. Le Cardinal Bembo, Vénitien, répara & orna son tombeau de cette nouvelle épitaphe.

Exiguâ tumuli Dantis hìc forte jacebas,
  Squallenti nulli cognite penè sita.
At nunc marmoreo subnixus conderis arcu,
  Omnibus & cultu splendidiore nites.
Nimirum Bembus Musis incensus Hetruscis,
  Hoc tibi, quem primis hæc coluére, dedit.

BOLOGNE. Nous arrivâmes le 6 à Bologne, avec grand empressement de revoir le Comte Algarotti, que nous avions connu dans les deux voyages qu'il a faits à Paris. Il a depuis visité les Cours du Nord. Vous avez beaucoup entendu parler de ses ouvrages & de la faveur méritée où il fut long-temps chez le Roi de Prusse. Sa santé l'oblige de le quitter pour quelques années. Il les passe agréablement ici, où il est fort recherché, & m'est d'un grand secours. Jugez combien nous avions de questions à nous faire ! Nos

(*d*) A présent le Pisatello.

conversations sont très-vives. Notre surprise sur l'agréable & ingénieuse fécondité de M. de Voltaire en est un point. Je lui ai fait part d'une lettre que j'en ai reçue, sur ce que je lui écrivis à Lyon, en Italien, que les noces du Doge avec la mer dont j'étois priée, m'empêchoient d'aller le voir aux Délices; voici sa réponse :

„ Vous qui régnez sur le Parnasse,
„ Allez au Capitole, allez, rapportez-nous
„ Les myrtes de Pétrarque & les lauriers du Tasse:
„ Si tous deux revivoient, ils chanteroient pour vous,
„ Et voyant vos beaux yeux & votre poésie,
„ Tous deux mourroient à vos genoux,
„ Ou d'amour ou de jalousie.

„ Dunque, ô Signora, doppo che'ella avrà
„ veduto il cornuto sposo del Mar Adriatico,
„ vedrà il padre della Chieza, sarà coronata nel
„ campidoglio dalle mani del' buon Benedetto.
„ Ella dovrebbe ritornare per la via di Genevra
„ & trionfare tra gli Eretici quando avrà rice-
„ vuto la Corona poëtica dei Santi Catolici;
„ ma il suo viaggio è tutto per la gloria, e nel
„ suo gran volo ella trascorre nostri lieti benche
„ umili tetti. Il zio e la nipote bacciano affettuo-

„ zamente la mano che a scritto tante belle
„ cose e si raccommandano alla sua benignità
„ con ogni ossequio.

„ Good journey Mylton's Daughter, Camoen's
„ Sister. Comptez, Madame, que nous ne vous
„ pardonnerons jamais de n'avoir point pris la
„ route de Geneve.

M. Algarotti trouve que notre Homere écrit parfaitement la langue du Tasse. Nous sommes de plus en plus dans l'opinion qu'il a deux ou trois ames à son service. Une seule ne peut suffire à tant d'objets. Un grand Roi, ami de ce grand poëte, après un grand festin que le Comte nous donna, fit aussi hier le sujet de nos étonnements. Il me montra les ouvrages imprimés de cet ingénieux Souverain, non moins habile dans les combats, qu'à les décrire dans son Poëme sur cet art meurtrier, dédié à son frere.

Je crains pour l'Europe que la guerre présente ne le fasse autant redouter que ses divers talents le font admirer; mais, *Buon Re degli altri è Re di se stesso.* Ses Epîtres familieres fourmillent de telles judicieuses réflexions, souvent présentées sous un jour nouveau; nos bons poëtes s'en feroient grand honneur. Il est bien singulier qu'un étranger, Monarque sans premier Ministre, écrive ainsi en vers françois, si difficiles & si longs à bien faire. S'il blesse quelquefois la Grammaire, c'est la faute de notre langue trop scrupuleuse. Le choix qu'il en fait pour écrire, nous fait tant d'honneur, que je desire vivement que ce recueil paroisse. Il ne l'a donné qu'à ses favoris, qui le garderont sans doute exactement. Je ne voudrois pas que le Comte me le confiât; ce n'est pas non plus son intention, il auroit trop de peur qu'on n'en prît une copie. Nous le lisons ensemble tous les soirs. Il m'a aussi montré quelques jolis Sonnets Italiens, & une belle Ode Angloise sur la Mort, par Mylady Worthley Montaigu, que nous avons eu le bonheur d'entretenir plus d'une fois à Venise, où elle fixe son séjour. Vous savez qu'au retour de son ambassade de Constantinople, sa bravoure la détermina à donner la petite vérole à son fils unique : tous ses compatriotes l'imiterent. M. de la Condamine, fameux par son savoir, ses voyages, & son zele opiniâtre pour le bien public, nous exhorte à profiter des dons de cette Dame célebre. La France doit à notre Abbé Yart (e) de bonnes traductions de plusieurs de ses ouvra-

___
(e) De l'Académie de Rouen, traducteur des meilleurs morceaux de littérature angloise.

ges. J'ai pris la liberté de la questionner sur les amusements de sa retraite ; & comme toutes les langues lui sont familieres, nous pensions que tant d'Auteurs latins rangés dans sa bibliotheque, l'occupoient souvent ; " Non, me dit-elle, Muse, „ le temps m'a appris que tous les systêmes méta- „ physiques, même les faits historiques donnés „ pour vérités, ne le sont gueres ; ainsi je m'amuse „ des plus agréables mensonges, je ne lis plus „ que des Romans : malgré ces frivolités & mon „ opposition aux loix de Rome, admirez, regardez „ le portrait du Pape régnant au nombre des „ hommes choisis, peints dans mon cabinet „. J'y vis aussi celui de Mylord Bolinbrook, fort connu d'elle, ainsi que ses ouvrages, qui lui paroissent d'un penseur érudit, mais prolixe. Les caresses dont cette Lady m'honora, finirent par m'assurer que dix ans de trop arrêtoient son envie de m'accompagner jusqu'à Naples, dont la situation la charme. Constantinople lui semble aussi une demeure très-agréable, pour quiconque, me dit-elle, avec un souris malin, peut se passer de l'Opéra & des Tuileries ; mais retournons à mon charmant diner de Bologne, où je vis le Comte Casali, Professeur en mathématique de l'Institut, & le savant Zanotti, Secretaire perpétuel de ce Musée. Cet autre Fontenelle conserve dans un âge avancé, beaucoup de gaieté & de politesse. Entre nos plus aimables convives étoit la niece de l'Archevêque, la Marquise Scappi, qui joint les agrémens de l'esprit à ceux de la figure. Cette belle eut la bonté de me prendre sous sa protection, de me mener de la promenade à la comédie, où, par son ordre, on joua la Paméla du Moliere Italien Goldoni, dont nous fûmes fort contens. Le lendemain, elle me permit de l'accompagner à l'assemblée. C'est un appartement que la noblesse paie & charge un homme d'entretenir. Les rafraîchissemens qu'il fournit, suffisent sans doute à la dépense des cartes & des bougies. Dans les villes du second ordre d'Italie, ce *Rendez-vous* public fait passer le soir en compagnie sans l'embarras de la recevoir. Les étrangers présentés par un des abonnés y sont admis. Nous n'y fûmes point hier, j'étois lasse : nous passâmes le jour à visiter les tableaux de la belle Eglise de S. Petrone, & la longue Méridienne de Cassini, enchâssée dans le pavé. L'après-midi nous vîmes l'Institut, où l'on m'a fait la grace de m'admettre; ma gloire est grande; il n'y a que trois femmes, la studieuse Laura Bassi qui y professe la physique, dont elle donne des cours publics en latin ; la fameuse Géometre Agnési, retirée dans un Couvent

Rendez-vous publics.

L'Académie de l'Institut.

à Milan, & l'illustre Princesse Collombrano, Napolitaine. La Marquise du Châtelet, aussi digne d'en être que je le suis peu, étoit de cette Académie des Sciences, fondée par Théodose le jeune, la plus ancienne, la plus riche de l'Europe. Charlemagne & d'autres Princes l'embellirent. Ce Pape-ci, pour honorer sa patrie, ajoute encore des volumes aux quarante mille de la bibliotheque, &, selon ses intentions, M. Farsetti orne une des galeries de l'élite des statues antiques, modélées en plâtre, dont je vous ai parlé. Les bâtiments en sont beaux, spacieux, & rassemblent les divers instruments d'Artillerie, Astronomie, Histoire naturelle, Plans de fortifications, dans un ordre admirable; chaque étude a une chambre séparée, dont le nom est sur la porte; des Professeurs de toute espece y donnent sans cesse des leçons publiques. Nous assistâmes à un de ces doctes exercices, & la Signora Bassi nous fit ensuite, avec beaucoup de précision & de politesse, des expériences sur l'irritabilité.

Vous voyez ma journée bien remplie. Ce matin nous avons suivi les belles processions du S. Sacrement, qui attirent nombre d'étrangers; le Légat & l'Archevêque, tous deux Cardinaux, y assistent en pompe. Les galeries larges & élevées

CORPUS DEI.

qui

qui regnent ici des deux côtés des rues, font la décoration de cette cérémonie. Entre chaque pilaſtre de ces portiques, des gazes en guirlandes & de vrais orangers entre-mêlés de ſtatues ingénieuſement imitées en carton, font le plus raviſſant coup d'œil. Des tapis ſemés de fleurs couvrent le pavé, & décorent les fenêtres garnies de Dames. La nobleſſe, ainſi que les riches particuliers étalent ſur les murs leurs meilleurs tableaux. La célebre Ecole de cette ville en a paré les Temples, dont la ſtructure répond à cette magnificence. Si les palais des nobles annoncent leur richeſſe, la piété prodigue des bourgeois brille ſur-tout dans un portique de trois milles de long, élevé à leurs frais pour aller en pélerinage à couvert, de la ville à S. Luc ſur l'Apennin. Nous ne manquâmes pas d'y monter: de-là, toutes les richeſſes de la campagne ſe découvrent. Cette ſuperbe dévotion n'empêche point les dépenſes profanes. Des ruines du palais des Bentivoglio, autrefois Souverains de Bologne, on bâtit actuellement aux dépens des citoyens, ſur les deſſeins de Bibiena, une ſalle d'Opéra en pierres, à cinq rangs de loges ; l'attention eſt portée au point d'y conſtruire à côté, des logements pour les acteurs étrangers, & des remiſes pour mettre les carroſſes à l'abri.

Cette ville, dont un grand territoire dépend, a sous le titre de République, toujours un Ambassadeur à Rome.

Les spectacles renaissent ici tous les ans dans l'octave du S. Sacrement. Les Dames se parent en son honneur. La foule que la fête rassemble y trouve des plaisirs qui l'attachent à la Religion. Que croyez-vous de plus utile, de la faire craindre ou de la faire aimer ? J'ai grande envie d'être à Rome pour recevoir vos réponses à mes questions; en attendant, suivant vos desirs, je vous écris, non des lettres, mais des volumes, & pars demain pour Florence.

VINGTIEME LETTRE.

De Florence, ce 18 Juin 1757.

Des visites à rendre, à recevoir, ma foible santé, & mille choses à voir, ma chere sœur, m'ont empêchée de vous écrire à mon arrivée ici.

En sortant de Bologne, nous quittâmes aussi-tôt la campagne abondante qui l'environne. Il faut, pour entrer en Toscane, passer les monts qui coupent l'Italie depuis la Lombardie jusqu'au bout de la Botte.

Un fils des Alpes regne en ces fertiles lieux,
L'Apennin est son nom ; son front qui touche aux cieux, *APEN-NINS.*
Pompe dans l'air les eaux dont la plaine est nourrie ;
En vingt États ses bras partagent l'Italie.
Son dos courbé vers Pise y forme des côteaux ;
Près d'Ancone, à ses pieds, il arrête les flots,
Et les torrents nombreux dont ses flancs sont la source,
Aux deux mers qu'il remplit précipitent leur course.

Malgré cette pompeuse description, la chaussée à moitié dépavée, qui court sur le dos de ces montagnes, est fort pénible à passer. Mais *il Giogo*, précipice que les voyageurs les plus fermes redoutoient, ne sert plus de barriere au Grand Duché. L'Empereur a fait couper un chemin escarpé (*f*), mais facile, qui conduit jusqu'à Florence, dont *FLORENCE* l'abord charme la vue. Nous descendîmes un Dimanche les côteaux couverts de maisons, de bois & de verdure qui l'entourent. Quel fut notre étonnement de les voir habités par des Nymphes ! De jolies filles, couvertes de petits chapeaux de paille, ornés de fleurs, colliers, bracelets, taille bien coupée ; enfin, l'habillement

---

(*f*) Les Bolonnois viennent d'en faire de même, ainsi le passage de l'Apennin devient plus aisé.

de nos villageoises d'Opéra est le fidele tableau des paysannes de ces contrées. On m'assure qu'elles parlent aussi bien qu'elles marchent, surtout aux environs de Sienne : que leurs réponses sont si justes, qu'un Académicien de la Crusca n'y pourroit changer une syllabe. J'attribue ce raffinement de mœurs & de langage, passé peu à peu dans ce pays jusqu'aux chaumieres, à une longue pratique des loix & des arts. Bien avant d'illustrer Rome, ils éclairoient l'Etrurie : après la prise de Constantinople, les Grecs réfugiés en Italie les rapporterent à Florence. Les Médicis les y fixerent par les chefs-d'œuvres antiques & modernes qu'ils rassemblerent dans leur palais.

GALERIES. Deux galeries de quatre cents pieds, jointes par un angle, & parées d'un double rang de statues ou de bustes antiques, y menent à nombre de chambres remplies de tout ce que l'œil curieux & savant ne se lasse point d'admirer. L'une présente deux cents portraits de Peintres, faits de leurs mains, & de beaucoup d'hommes illustres en tout genre ; l'autre, les porcelaines les plus rares, les vases étrusques les mieux conservés, les idoles égyptiennes les plus singulieres. Le Marquis Veruti, bon connoisseur, & l'habile Médecin Cocchi, nous montrerent le riche cabinet des médailles & des camées dont ce dernier est conservateur. De là nous passâmes aux salles d'histoire naturelle. Je répéterois en vain le détail qu'en font les voyageurs ; mais puis-je me taire sur la Tribune ? C'est un sallon octogone de vingt pieds de diametre, éclairé par la seule lanterne d'un dôme revêtu de nacre. Le pavé est de marbre en marqueterie, les murs sont tapissés de tableaux exquis & d'armoires, de glaces ; au travers desquelles brille l'émail des pierres précieuses : comme une tête de Tibere d'une turquoise grosse comme un œuf, une Domitia de crystal de roche, Adrien d'une calcédoine blanche, des petites figures de bronze antique du plus beau travail, des vases d'agate, lapis, crystal de roche, garnis d'or & de diamants : le sallon a pour meubles un globe céleste dont les astres sont de rubis, une grande table de pierres fines incrustées l'une dans l'autre, & ces six statues grecques où l'effort de l'art s'est épuisé : deux Lutteurs qui se terrassent ; un Paysan qui fait semblant d'aiguiser sa serpe en écoutant la conspiration de Catilina ; le Faune qui danse ; deux Vénus de six pieds de haut, charmantes, si elles n'étoient éclipsées par celle de Médicis, un peu plus petite, mais douée de ce je ne sais quoi qui fixe les regards les moins attentifs. Je rends ainsi en françois des vers faits pour mettre sous cette célebre statue : on me les a expliqués ; car j'ignore le grec, dont je suis fort fâchée : que n'ai-je dix ans de moins, je l'apprendrois ! Mais écoutons Vénus.

Γυμνὴν οἶδε Πάρις με κ̓ Αγχίσης κ̓ Ἄδωνις,
Τὲς τρεῖς οἶδα μόνες. Πραξιτέλης δὲ ποθεν.

Je l'avoue, Anchise & Paris,
Sans voile, me virent jadis ;
Mais pour peindre ma beauté nue,
Où Praxiteles l'a-t-il vue ?

Ce prodige de l'art, trouvé à Tivoli, fut apporté à Florence sous le pontificat d'Innocent XI. Le magnifique sallon qui le renferme n'a qu'un seul fauteuil ; je m'en emparai, m'arrêtai deux heures vis-à-vis ces antiques, & me trouvois en si bonne compagnie, si vivante à mes yeux, que je ne pouvois la quitter. Nous y retournâmes le lendemain ; le Comte Lorenzy, homme d'esprit, Ministre du Roi près du Grand Duc, & sa femme aimable & jeune, eurent la politesse de nous y accompagner, & après notre seconde visite à la Vénus grecque, nous menerent à la maison de campagne d'une des plus jolies modernes, la Marquise Capponi, qui en fait bien les honneurs. Nous admirâmes de sa terrasse les riches environs de Florence, & nous promenâmes à l'ombre de ses cédras. Ceux de ce pays sont renommés pour l'odeur & la grosseur. Les plantes qui portent les parfums, pour nous embaumer de près, ne doivent peut-être point s'élever ; celles-là seroient-elles du nombre ? Nous n'en voyons ici qu'à basses tiges ; les berceaux qu'elles forment auroient plus de grace s'ils avoient plus de hauteur ; mais par réflexion je trouve qu'on en jouiroit moins : nos grands orangers que nous admirons tant, portent aux cieux leurs exhalaisons odoriférantes, & nous privent du plaisir de cueillir facilement leurs fruits ; leur caisse reste seule à notre portée, & forme un vilain aspect. Les Italiens mettent ces arbres dans de vastes pots de terre, & ne les laissent monter qu'en arbrisseaux. Ces amateurs de voûtes élevées dans leurs appartements, semblent les abaisser trop dans les jardins. Je me gardai de faire cette espèce de critique à la maîtresse de la maison qui avoit la bonté de me la montrer ; mais je lui demandai la permission de visiter aussi son habitation de la ville. Nous la trouvâmes conforme aux descriptions que nous en avions lues, ainsi que le Palais Corsini, digne de loger les neveux du feu

CÉDRAS.

ORAN-
GERS.

Pape né à Florence. Le bon goût du maître & les tableaux des bons Peintres y brillent. Au haut du grand escalier regne un sallon immense, orné de colonnes & de statues antiques. Le plafond peint est entouré d'une galerie commode pour entendre la musique : le reste des appartements répond à la beauté de cette piece. Le vaste palais de la noble maison Strozzi, fait par Scamozzi, me plait par son extérieur étrusque. Ces pierres coupées en forme brute, rappellent bien la premiere habitation des hommes, un roc taillé pour s'y nicher ; la solidité s'y joint à l'agrément ; le Luxembourg, un peu dans ce goût, vous donne le modele du Palais Pitti, la derniere demeure des Médicis. On y trouve encore la collection de tableaux la plus complette ; mais les jardins, comptés long-temps parmi les merveilles du monde, sont si délabrés, qu'on y marche avec peine. Ils ne paroissent propres qu'à faire penser au peu de durée des ouvrages humains.

Palais Pitti.

L'obscurité du soir y nourrissoit hier mes pensées morales : un phénomene nouveau pour mon ignorance, vint m'en distraire. Un essaim de mouches luisantes voltigeoient dans les bosquets. Je les pris pour une illumination ambulante. J'approchai, les lampions me fuyoient.

Je n'avois jamais rencontré que deux ou trois de ces brillants insectes à la fois. Leur multitude me charma & m'étonna, *parva leves capiunt animos*. La fatigue m'arracha à cette promenade pour un souper frugal, comme je les aime; ensuite mon lit dur me parut excellent. A mon réveil, j'ai reçu dans une lettre du Comte Algarotti, des patentes de la célèbre Académie de Padoue, qui daigne me compter parmi ses Membres. Je tâchois de proportionner ma réponse à la grandeur du bienfait, quand cette sérieuse occupation a été interrompue par la visite du Chevalier Adami, bon Antiquaire, & du Docteur Lami, homme de goût, d'esprit, & l'Auteur d'un Journal fort estimé. Nous avons regretté ensemble l'Abbé Buondelmonte, mort depuis peu, dont je connoissois les poésies. Ces Savants m'ont fait le plaisir de m'apprendre que la meilleure traduction italienne d'Anacréon est de notre Regnier Desmarets, & qu'une de leurs plus jolies pieces de vers est de Ménage. : la voici telle que je l'ai retenue; je ne sais si ma mémoire est bien fidelle.

   O maraviglia strana !
   Eh chi lo crederia ?
   A te pur sola dissi,

A te pur sola scrissi
Il mio amoroso affanno,
A tutt' i altri lo celai,
E pur tutti lo sanno
Tu sola non lo sai.

J'essaie de la traduire ainsi :

O merveille étonnante !
Qui le croira, belle Amaranthe :
A toi seule je dis,
A toi seule j'écris
L'amour dont tu me dévores.
Je cache à tout autre mes vœux ;
Chacun pourtant connoît mes feux,
Toi seule les ignores.

Après avoir admiré ce tendre Madrigal, nous passâmes en revue nos Poëtes & les Ultramontains, sur-tout le Tasse mon héros, & l'Arioste, à qui les Italiens (pour l'invention & la maniere d'écrire) donnent la préférence ; ils l'accordent aussi avec plus de justice à Corneille sur Racine ; mais si notre langue leur étoit aussi familiere que la leur, ce dernier, comme plus correct, perdroit peut-être moins de leurs suffrages. Tous deux, dans leur genre, ont un feu toujours modéré par la raison; mais les modernes de tout pays sont, me semble, trop épris de la chaleur du style & de la nouveauté des idées répandues sans dessein ni suite. Ce charme de l'*Orlando furioso*, cet assemblage informe de beautés décousues, ressemblent pourtant souvent au délire. La plus vive éloquence momentanée ne se rencontre-t-elle pas quelquefois dans des têtes très-dérangées ? Loin d'y captiver notre hommage, l'unité de sentiments dans les diverses situations, & le jugement, furent toujours les marques honorables de l'humanité, & la source de toutes les vertus. Ce vrai mérite est aujourd'hui peu considéré, & je ne vois rien à espérer des systêmes chimériques, ni de l'enthousiasme que notre siecle applaudit; quiconque, pour se rendre célebre, étale de grands talents nullement utiles au public, par-là même en mérite le mépris. J'estime avec les anciens, les hommes & leurs qualités brillantes, à proportion qu'ils en montrent plus ou moins de solides dans leur conduite & leurs écrits. Les merveilles de l'art que les auteurs les plus fameux, tels que le Pere de Cinna, joignent au bon sens, m'enchantent alors, & me font de ces heureux génies, des divinités; mais sans cette base, les ornements séducteurs, les raisonnements spécieux, dispersés comme des nuages éblouissants, tombent & s'éclipsent l'un par l'autre à mes yeux, qui leur cherchent en vain un appui : non que je voulusse ne donner un prix qu'aux ouvrages sérieux ; la raison veut rire ; mais un esprit bien réglé demande un but, un ensemble, même dans les objets d'amusement. Cette longue conversation me fait remettre à un autre jour à vous parler encore des beaux lieux d'où je vous écris.

VINGT-UNIEME LETTRE.

De Sienne, ce 25 Juin 1757.

Avant de vous rien dire de cette ville, ma chere sœur, achevons de vous décrire les monuments que j'ai admirés à Florence.

FLORENCE

Dans la riche Eglise de Sainte Croix, est le tombeau de Michel-Ange, né à Arezzo, mort nonagénaire en 1564. Les arts où il excelloit, Peinture, Sculpture, Architecture, y sont personnifiés. On doit à ce Virtuose la magnifique chapelle des Nicolini, qui décore ce monastere. Le cloître conserve les cendres précieuses de

Galilée, dont M. Nelli va nous donner les lettres, & des ouvrages curieux, non encore imprimés. Pic de la Mirandole est enterré à S. Marc; Bocace, à Santa Maria della novella. La plus belle des chapelles sépulcrales du monde, sera celle des Médicis à Saint Laurent. L'art & les pierres précieuses y brillent de toutes parts. Depuis un siecle & demi que le Duc Ferdinand assigna six cents mille livres de revenu pour la construire, on y a déja dépensé quatre-vingt-dix millions sur les desseins de Michel-Ange. La Bibliotheque de cette Eglise est vantée par le grand nombre de manuscrits. On y voit entr'autres un Virgile transcrit du temps de Théodose, & la description de toute la Chirurgie des Grecs, ornée de figures peintes sur velin.

Saint Laurent.

Nous destinions notre journée aux Eglises. Après un grand diné chez Monseigneur Borromée, Nonce Apostolique, avec l'Abbé Nicolini, homme de qualité, lettré, & de bonne compagnie, nous fûmes à la Cathédrale gothique, mais vaste & magnifique. L'intérieur & l'extérieur de marbre de diverses couleurs semblent revêtus de porcelaines : de là, peut-être, lui vient le nom de Notre-Dame delli fiori : je trouve ce mélange très-agréable. Le dôme octogone frappe les yeux par sa hauteur & la diversité des peintures. Cent

Cathédrale.

vingt degrés y conduisent. On tourne tout autour en dehors, en dedans, par de triples galeries. La boule dorée du dôme qui couvre le cœur, a sept pieds de diametre, & la tour revêtue à l'extérieur par compartiments de marbre rouge, blanc, & noir, s'éleve de cent quatre-vingts pieds. La façade de cette Cathédrale n'est point finie, non plus que celle de plusieurs Eglises d'Italie, dont le dessein trop vaste nuit à l'exécution. Vis-à-vis du portail est le baptistere, aussi de diverses couleurs. Ce fut, dit-on, un Temple de Mars. Ses triples portes d'airain, d'un travail parfait, coûterent cinquante ans de travail à Gibert Florentin. Michel-Ange les trouvoit dignes d'être les portes du ciel, le Baptême en donne la clef: n'est-ce pas un paradis anticipé?

S'il est permis de passer du sacré au profane, je vous dirai que nous n'avons point trouvé de grand Opéra à Florence, mais d'excellents bouffons. Ce genre de musique plus nouveau, est par conséquent fort à la mode en Italie. J'ai trop peu resté dans la belle ville dont je vous parle, pour la bien connoître; mais nous comptons y revenir à notre retour. La situation en est heureuse, & le terrein fertile en fruits, en gens célebres de tout genre, tels que le Cimabué, restaurateur de la peinture en Italie; Améric

Vespuce, dont le nouveau Monde tire son nom ; Strozzi, fameux capitaine ; le politique Machiavel, Pétrarque, Dante, Bocace, poëtes illustres ; les peintres les plus renommés, & les meilleurs sculpteurs naquirent à Florence. Les habitants en sont industrieux & spirituels, les femmes jolies, les rues bien pavées de larges pierres ; les places, jardins, fontaines, églises, palais superbement ornés. Outre les bibliotheques publiques, il en est de riches chez les particuliers, telles que celles de Messieurs Marucelli & autres, où les étrangers sont bien reçus. La semence étrusque des arts refleurit sans cesse en Toscane. Avant de quitter ce beau Duché, nous pensâmes périr à Poggibonzi. Les éclairs éblouissoient les postillons, la grêle qui coupoit les traits des chevaux, obscurcissoit nos glaces, nous obligeoit à les tenir fermées, & nous déroboit même le précipice que nous savions être à nos côtés ; dans l'impossibilité d'arrêter de peur de reculer, nous avancions avec une peine extrême contre le vent. A force de craindre, je ne craignis plus rien, mes idées se confondirent ; mais la tête de nos conducteurs accoutumée aux orages, garda son équilibre, & nous tira du mauvais pas. Enfin, nous arrivâmes à Sienne, où j'ai trouvé pour Gouverneur l'Abbé Franquini, qui, après avoir séjourné vingt ans à Paris, comme Ministre

POGGI-BONZI.

SIENNE.

du Grand Duc, en étoit parti depuis vingt ans. Notre premiere entrevue fut plaisante. Après nos faux compliments réciproques sur le peu de changement de nos figures, il s'empresse de me demander des nouvelles de tous les gens que nous avions connus ensemble. Une triste vérité me force de répondre: cet agréable que vous voyiez jadis par-tout, est dans sa chambre, rongé de goutte; cette femme qui écoutoit avec tant de graces, & entendoit à demi mot, est sourde; cet homme d'esprit est en enfance; ce vieillard, mort d'apoplexie; ce jeune homme, de la petite vérole; cette nymphe est d'une taille énorme & fort laide: voilà la conversation consolante des personnes qui se perdent long-temps de vue: *Flos levis, umbra fugax, bulla caduca sumus.* Pour nous distraire de ces tristes vérités, l'Abbé nous mena voir sa Cathédrale. C'est un vaste bijou. La décoration en couleur de catafalque, loin de déplaire, en fait le charme. Le dedans, le dehors, sont revêtus de marbre blanc & noir par bandes, assorti avec tant de symmétrie, que les yeux en sont éblouis & non fatigués. On y monte par un large degré de marbre, qui du fond de la place se joint à la façade, & l'embellit encore. Le pavé de l'Eglise, où quelques morceaux de la Bible sont dessinés, est un

ouvrage

ouvrage précieux pour l'exécution. Dans la bibliothèque de cette Cathédrale brillent les voyages de Pie II, peints à fresque sur l'admirable dessein de Raphaël, & les livres de chant enrichis de miniatures merveilleuses. Les moines du XIII & du XIV siecle excelloient dans ce genre de patience industrieuse. Leurs loisirs à présent ne produisent rien pour ce monde, c'est dans l'autre que nous en attendons l'utilité.

La place de l'hôtel de ville de Sienne est vaste, bâtie d'une maniere uniforme, un peu creusée en amphithéatre, de façon qu'une fontaine abondante & saine, posée au centre, peut, en l'inondant, en faire une naumachie: mais pensez combien le soir j'ai besoin de repos. Aprés avoir vu hier les choses que je vous décris, la fatigue me mit au lit; aujourd'hui l'Abbé si fort à la mode à Paris il y a vingt ans, m'a donné à dîner à Sienne avec le jadis fameux Senesino, qui s'y repose depuis long-temps, jouissant encore, quoique septuagénaire, d'une voix forte, expressive & légere. Il a bien voulu nous faire part du reste de ses talents, & nous donner même un air à boire, chose rare en ce pays, où nul ne chante que l'amour. S'il n'est pas payé pour le célébrer, en récompense son gozier lui a valu une fort jolie maison, qu'il a fait bâtir & meubler toute à l'Angloise, des guinées sans nombre qu'il a rapportées de Londres. Je lui demandai aussi du thé à l'Angloise. C'est peut-être au-delà des monts, (où ce breuvage n'est point en vogue) le seul homme qui pût m'en donner de bon. Il s'est assuré des rentes, & une belle demeure dans sa terre; mais son unique héritier le fait enrager: toujours un *mais* au moins empoisonne le bonheur ; en voici, dit-on, la raison. Jadis régnoit au ciel le Plaisir, fils du Jour & de la Vertu. La Peine née de la Nuit & du Vice, occupoit l'enfer. La moyenne région étoit peuplée de créatures douées de bonnes & mauvaises qualités. Jupiter, touché du sort incertain des humains, en voyant une partie de trop pervers pour mériter aucun bonheur, d'autres trop estimables pour leur infortune, ordonna que le Plaisir & la Peine vinssent habiter la terre. Dès que ces enfants des ténèbres & de la lumiere arriverent parmi nous, l'un, suivant l'ordre suprême, voulut s'emparer des bons, l'autre des vicieux ; mais dans l'examen des objets, loin de trouver des êtres décidés, (tels qu'ils en voyoient dans leurs diverses demeures) ils ne rencontrerent aucun mortel exempt d'un mélange de bien & de mal, & de là s'attribuerent un droit égal sur chaque individu. Pour terminer une dispute infinie, & soumettre mutuellement tous les cœurs, tous deux s'unirent d'un lien indissoluble, de façon que le Plaisir est sans cesse précédé ou suivi de la Peine, & la Peine se trouve toujours adoucie ou causée par le Plaisir. Je sens cette vérité, j'ai eu grand plaisir à vous conter cette fable, le mal de tête me prend à présent d'avoir trop écrit. Vous attribuez avec raison une grande partie de ma mauvaise santé à ma vie trop occupée. Presque dès mon enfance j'ai voulu être instruite & propre aux devoirs & aux dissipations de la société : c'est le moyen de n'être ni l'un ni l'autre. Le monde & l'étude demandent chacun une personne toute entiere; à peine mes forces pouvoient suffire à l'un des deux. Vous savez mieux user des vôtres, & vous livrer totalement à vos amis, dont l'heureux tour de votre esprit fait l'amusement : mon activité veut cent choses à la fois, & craint follement plus l'ennui que la maladie ou la fatigue. Je suis pourtant paresseuse aussi; enfin je n'y conçois rien ; mais qui est-ce qui conçoit son être ? les deux personnes les plus opposées le sont souvent moins que les deux volontés au moins qui nous tiraillent intérieurement. J'ai si peu le pouvoir de les accorder, que le thé dont je viens de vous parler, me rappelle que je n'ai même pu me défaire de l'usage nuisible d'en prendre au moins tous les matins. Je ferois en vain remarquer à mes neveux combien la moindre mauvaise habitude est dangereuse ; *les sottises des peres*, dit le sage Fontenelle, *sont en pure perte pour leur postérité*. Ainsi je me tais & vais me reposer. Nous verrons bientôt Saint Pierre de Rome & plusieurs de vos lettres ; jugez de mon impatience d'arriver à la ville par excellence.

VINGT-DEUXIEME LETTRE.

De Rome, ce 5 Juillet 1757.

MA joie est extrême, ma chere sœur ; je suis aux lieux où j'ai tant desiré d'être, & vous me mandez que vous êtes contente de votre santé, de celle de ma mere & de votre fils fait Cornette de Carabiniers, avec promesse de passer bientôt à la Lieutenance. On m'en écrit beaucoup de bien de l'armée : j'espere que nous serons satisfaites de sa conduite : j'en parle comme vous-même, je n'ai d'autre sœur que vous, vos deux fils sont mes seuls enfants. Quel malheur que l'aîné ne puisse servir aussi ! Vous me dites à regret que sa vue trop foible l'en rend incapable & de tout emploi. L'esprit qu'il a ne lui sert donc qu'à se plaindre de son sort d'une maniere plus intéressante. J'ai passé une heure à lire sa lettre, les vôtres & celles de mes amis de Paris qui me regrettent; s'ils me trompent, je leur ai encore grande obligation de me dire ce qui peut le plus toucher mon cœur. Pour mon amour propre, il doit être bien flatté des bontés dont on m'a comblée dans toute ma route, & de l'accueil dont on m'honore ici. Avant de m'en vanter avec vous, je veux vous dire depuis mon dernier récit mes peines & mes plaisirs.

Que Radicofani est une cruelle montagne à passer! La dureté des pierres me faisoit descendre de carrosse, m'empêchoit d'aller à pied, & m'auroit fait trembler si j'avois été à cheval. De là j'ai passé Montefiascone, capitale des Falisques, & côtoyé le lac Bolsene, où Amalazonte, fameuse Reine des Gots, & les magnifiques Farneses eurent leurs tombeaux.

RADICOFANI.

LAC BOLSENE.

Cette route est coupée de torrents aussi fatigants à passer que les monts. Comment les Souverains de ces contrées, si superbes dans leurs demeures, ne le sont-ils pas assez pour en faciliter l'accès à la foule des voyageurs qui viennent depuis mille ans les admirer! Princes, cardinaux, pélerins, curieux de toute espece, traversent sans cesse ces pénibles chemins; & sans pitié on les laisse impraticables. Rome est cependant une belle qui n'a pas besoin que les difficultés pour la joindre relevent le prix de ses attraits. Les routes qui l'environnent, il est vrai, sont mieux tenues, & ses charmes font oublier les peines. Je ne regrettai plus les miennes à l'aspect du dôme de Saint Pierre. Nous l'apperçûmes de loin; mais bientôt une colline m'en déroba la vue; ma peur qu'il ne m'échappât vous auroit fait rire. Mon Dieu! que l'agrément de votre esprit en auroit mis dans mon voyage! Enfin, ma joie revint en revoyant les toits désirés. Nous marchons toujours livre & carte en main (g). J'entrerai donc dans la sainte Cité, disois-je! voici le même Pont Milvius, à présent Ponte Mole, où un signe céleste annonça à Constantin son triomphe sur Maxence. Nous sommes dans le pays des miracles & des merveilles, (l'amour pour l'antiquité les embellit encore) de façon que je dévorai des yeux un obélisque que j'apperçus plein d'hiéroglyphes, gravés moitié en creux, moitié en relief, dans une petite moulure, pour empêcher le temps de ronger les faits historiques

PONTE MOLE.

(g) Les voyageurs doivent aussi se munir de l'almanach de chaque ville.

que ces caracteres conservent ; vaines précautions ! ils subsistent ; mais leur signification est effacée de la mémoire des hommes. Le monument qui me donne cette réflexion, trouvé dans un cirque entre les monts Palatin & Aventin, fut dédié au soleil en Egypte, apporté à Rome par Auguste, & consacré au Christ sous Sixte V. qui en fit l'ornement d'une fontaine à la place du Peuple par où on arrive. Le bassin de la fontaine est d'une baze de colonne de six pieds de diametre, des thermes Néroniens. Vignole fit sur les desseins de Michel-Ange, la décoration majestueuse de la porte dite Porta Flaminia, du temps des Romains ; mais à cause d'un bois de peupliers, jadis voisin du tombeau d'Auguste, on la nomme à présent porte du Peuple ; deux beaux portails d'Eglise y font face, & laissent voir entr'eux trois rues à choisir ; l'une va à la place d'Espagne, l'autre au Tibre ; la troisieme longue d'un mille, au fauxbourg, en a encore un pour arriver dans la ville au palais S. Marc. J'aurois voulu les parcourir toutes trois à la fois ; nous en suivîmes une, où mon enthousiasme espéroit trouver quelque monument rare. Dans l'étonnement de n'y voir que des maisons ordinaires, nous fimes plusieurs détours avant d'arriver à la douane, dont la façade ornée de hautes

PLACE DU PEUPLE.

DOUANE.

colonnes corinthiennes, dégradées par le temps, ravit ma curiosité. Le postillon m'assura qu'elles restoient d'un temple de Mars ou d'Antonin; je crus y entrer; mais la cour ne m'offrit rien qu'un bâtiment moderne, où l'on me fit long-temps griller au soleil de midi pour me fouiller. Après mille impatiences, nous gagnâmes la place d'Espagne, où, par une chaleur excessive, nous attendîmes encore une heure pour trouver un hôtel garni, que nous aurions dû faire prendre d'avance. La faute fut réparée : nous en découvrîmes un passable ; nous nous reposâmes volontiers, & y reçûmes peu de temps après, un message des Princes Corsini que j'avois l'honneur de connoître dès Paris, où leur savoir & leur conduite les firent distinguer. Apprenez mon bonheur; ils avoient engagé la Princesse leur mere & leur sœur la Duchesse de Bracciano, à me prendre sous leur protection. Ma joie fut égale à ma reconnoissance. Ces Dames me favoriserent au point de me promettre de me mener le lendemain aux feux de la Saint Pierre. Plus d'incertitude alors sur mon sort avec de telles conductrices : je savois que leur goût pour les Lettres leur en donnoit pour la langue Françoise, & qu'en tout genre leur mérite égaloit leur naissance. Vous le voyez, le Ciel récompense mon pélerinage par l'utile & l'agréable. Prévoir un mal en augmente la peine ; les biens inattendus, au contraire, en deviennent plus sensibles.

Le Cardinal Passionei, qui m'avoit déja honorée d'un commerce littéraire, ne tarda pas non plus à me donner pour marques de son souvenir, l'invitation de voir le lendemain dans son Palais, la cérémonie de la haquenée, avec les Princesses Corsini. Les bontés de cette maison chérie dans Rome & de l'Éminence, m'attirerent bientôt les visites & la bienveillance de toute la noblesse. Je suivis mes illustres patrons vis-à-vis le pont Saint Ange, où nous vîmes le feu qui commence par une gerbe de mille fusées, prend cent couleurs, cent formes, & finit par une girandole étoilée, qui de la nuit fait le jour. Ce spectacle bruyant recommence le lendemain ; on y joint l'illumination de la coupole & de la colonnade de Saint Pierre, dont l'effet merveilleux ne peut s'imiter. Il n'est point d'autres lieux au monde où un dôme qui touche aux cieux, voie à ses pieds trois cents colonnes sur quatre rangs assez espacés pour laisser au milieu passer les carrosses. Le vaste cercle qu'enferment ces portiques, est orné de deux fontaines jaillissantes aux nues par un large tuyau : des bassins de granit à triple rang les reçoivent en mousse dans leur chûte.

FEUX DE LA S. PIERRE.

COLONNADE DE S. PIERRE.

La Reine de Suede, perſuadée que tant d'eaux ſe perdoient en ſon honneur, demanda, par ménagement, de les arrêter. Sa ſurpriſe fut grande : « Madame, lui dit-on, ces caſcades vont ainſi » jour & nuit ». Un obéliſque d'une ſeule piece de granit, les ſépare à diſtance égale, & marque le milieu de la place, bâtie par Alexandre VII. Ce monument ſoutenu ſur quatre lions de bronze, fait ſous Séſoſtris, apporté d'Egypte ſous Caligula, & tiré du cirque de Néron, a de hauteur cent vingt pieds, peſe neuf cents mille, ſe conſerve entier depuis quatre mille ans, & pour épargner aux antiquaires la peine de deviner, eſt ſans hiéroglyphes. Le navire qui l'apporta étoit ſi grand, que quatre hommes à peine en pouvoient embraſſer le mât. L'Empereur Claude le fit enfoncer dans le port d'Oſtie, & ſervir de fondement à une tour. Tout le monde connoît la machine immenſe du Chevalier Fontana, pour mettre en place l'obéliſque, à l'aide de 800 hommes & de 160 chevaux. La maniere dont les Romains élevoient de tels morceaux & des colonnes très-peſantes, ſans un grand eſpace autour pour les échafauds, eſt apparemment perdue; mais quittons les anciens pour admirer

S. Pierre. la colonnade moderne de Saint Pierre, ſi vaſte, que la voix ne peut porter d'un côté à l'autre,

& couverte d'une baluſtrade ſur laquelle regnent cent trente-huit ſtatues. Cet aſpect m'étonna encore plus que la façade du temple haut & large d'environ quatre cents pieds. Le portique qui le précede, ſoutenu ſur d'immenſes colonnes de marbre antique, feroit ſeul la plus longue & la plus magnifique Egliſe de Paris. Aux deux bouts ſont les ſtatues équeſtres de Conſtantin & Charlemagne, dans des niches ſous des pavillons, où la perſpective embellit encore ces chefs-d'œuvres du Bernin. Je vous omets la deſcription faite & refaite des beautés ſans nombre de cette baſilique établie par Conſtantin ſur les fondements du cirque de Néron, rebâtie par le Bramante ſous Jules II, & par Michel-Ange ſous Paul III. Dorures, bronzes, marbres, peintures & ſculptures, y ſont prodigués avec art. Quatre cents cinquante milliers de bronze pris des ornements du Panthéon, font les colonnes torſes de l'autel iſolé qui s'éleve ſous le dôme. Il en fallut deux cents milliers au Cavalier Bernin pour les quatre Peres de l'Egliſe qui décorent au fond de l'édifice la chaire de Saint Pierre, & cent quarante mille écus Romains pour l'acheter. L'écu Romain vaut cinq livres. La ſacriſtie, eſpece de rotonde, fut un temple d'Apollon. Un vaſe de porphyre qui ſervit aux bains des Conſuls, & de ſépulchre à

Othon, sert à présent de fonts baptismaux: les Anges de huit pieds, supports des bénitiers aux premiers piliers de la nef, ne paroissent de la porte que des enfants ; jugez de la grandeur du reste.

>Ephese, Babylone, Athenes,
>De vos temples soyez moins vaines :
>Pour une foule d'Immortels,
>Si par vos soins & vos largesses
>Vous eûtes par-tout tant d'autels,
>Saint Pierre, où brillent nos richesses,
>(Sous cent voûtes au même lieu)
>En montre autant pour un seul Dieu.

Parmi les magnifiques tombeaux des Papes, il y en a trois de femmes: la Comtesse Mathilde, grande bienfaictrice de l'Eglise, la fameuse Reine de Suede, & la pieuse Reine d'Angleterre, femme de Jacques III, actuellement à Rome.

Les prodiges de Saint Pierre me font oublier le feu que le Roi de Naples fait aussi tirer pour les vigiles de ce Saint, vis-à-vis son palais Farnese, d'où nous l'avons vu. Le Prince Colonne son Connétable héréditaire, qui le même jour présente la haquenée au Pape, fait magnifiquement les honneurs de la fête, & les deux fontaines

[marginal note: PALAIS FARNESE.]

jailliſſantes de la Place contribuent à la décoration de l'artifice. Les jattes magnifiques de granit qui les reçoivent, ont vingt-cinq palmes de long, & viennent des bains de Septime Severe. La plupart de ces baſſins ſervoient aux thermes des Empereurs. Avant de monter aux appartements du palais, nous rendîmes nos devoirs à l'Hercule Farneſe (*h*), à la Flore, fameuſe par ſes draperies, & aux autres ſtatues des portiques qui environnent la cour. Les ſalles, les galeries, (où les Caraches ont peint à freſque les Métamorphoſes d'Ovide, au plafond & ſur les murs) raſſemblent entre mille chefs-d'œuvres de ſculpture & peinture, la Vénus aux belles feſſes, & dix-huit têtes de Philoſophes, trouvées aux thermes de Dioclétien; à peine s'en trouveroit-il autant de vivantes en Europe.

J'ai contemplé ce matin ces raretés que nous n'avions qu'apperçues le ſoir. Le Farneſe qui commença ce Palais étant Cardinal, devenu Pape, le fit achever par Michel-Ange. La façade de cent quatre-vingts pieds, haute de quatre-vingt-dix, eſt conſtruite des pierres du Coliſée, dont on a

---

(*h*) Michel-Ange en a fait les deux jambes qui manquoient, & qui depuis ont été retrouvées. La maiſon Borgheſe les poſſède; malgré la beauté des modernes qui fait négliger de reſtituer les anciennes, quand j'appris cette anecdote, je regrettai qu'on n'eût pas remis les véritables, celles du ſculpteur Glicon.

bâti Saint Laurent & la Chancellerie. On en répara aussi les murs de la ville, restés les mêmes depuis Bélisaire. Paul III transporta les statues de cet amphithéatre aux jardins Farnese. Innocent VIII rompit l'arc Gordien pour en faire une Eglise; Alexandre VII, la pyramide de Scipion pour paver les rues. Saint Etienne fut un temple de Faune, celui de Vesta est nommé la vierge du soleil; Saint Barthelemi dans l'isle du Tibre (1), où les malades ont encore recours, appartint à Esculape; Saint Blaise à Neptune. Vous le voyez, la dévotion en détruisit autant que la barbarie. Les Empereurs Chrétiens même les faisoient abattre. Revenons au palais Farnese. Le fameux taureau de ce nom est hors de son enceinte, sous une cabane, à l'abri de la pluie. Si sa masse énorme ne le garantissoit pas du vol, il mériteroit d'avoir une garde. D'un seul bloc sortent ces sept figures, hautes comme nature; Dircé qu'Amphion & Zétus, pour venger la mort de leur mere Antiope, attachent par sa chevelure aux cornes de l'animal furieux qu'ils tâchent de précipiter du haut d'un rocher; une femme, son enfant & son chien, regardent ce

---

(1) Cette isle étoit jadis revêtue de pierres, taillées en vaisseau, un obélisque en faisoit le mât, & le Temple du Dieu d'Epidaure, en dôme, étoit le château de pouppe.

spectacle immobile, dont le génie des artistes
Appollonius & Tauricus animent les traits. Ce
morceau précieux, tiré de Rhodes par Titus, la
Flore & l'Hercule Farnese, ornerent les bains de
Caracalla, ainsi que la chaire de porphyre qu'on
voit à S. Jean de Latran, dont le trou servoit
à écouler l'eau. Ces bains contenoient seize cents
sieges de marbre, & trois mille personnes s'y
baignoient à la fois. S'il est possible de faire
passer la mer à l'Hercule & au Taureau, je ne
sais comment le Roi de Naples n'en orne pas
ses palais. La grandeur de ceux qu'on voit ici,
& des monuments publics taillés sur la mesure
des anciens, surpassent tant mes idées, que si
les Romains n'avoient décrit les limites de leur
taille, je croirois être où fut jadis l'Empire des
Géants. Quoique les autres villes d'Italie m'eussent accoutumée aux grands édifices, ceux que je
vois m'étonnent & m'élevent l'ame : les pierres
mêmes ont, je le sens, du pouvoir sur l'imagination. Je ne vous donnerai le détail que des édifices très-nouveaux dont on a peu parlé, comme
de la fontaine de Trevi, qui me causa hier une
agréable surprise. Je passois à côté, nul voyageur
n'en fait mention, personne ne m'en avoit rien
dit, l'étonnement pensa me jeter du haut en
bas de mon carrosse. Je m'arrêtai pour admirer

*FONTAI-
NE DE
TREVI.*

la plus somptueuse décoration qu'on puisse faire de la mer. Sur un roc dont l'eau jaillit par vingt crevasses, s'éleve un vaste portique corinthien. Au centre est l'Océan sur son char orné de coquillages, & tiré par deux chevaux marins; l'un, symbole des tempêtes, dont l'onde écumante sort par les narines, & dont un Triton, le fouet en main, a peine à réprimer la fureur : l'autre, l'image du calme, vomit paisiblement la source qui l'abreuve, & laisse au Triton son conducteur, le temps de jouer de sa trompe. Toutes les figures irréguliérement grouppées dans un lac rempli par les flots qu'elles vomissent, font l'effet le plus majestueux, le plus ravissant qu'une imagination poétique puisse s'en former. Entre les statues allégoriques qui décorent le frontispice, regne Agrippa, qui fit venir cette eau excellente de huit milles de Rome, & la figure d'une Vierge qui découvrit cette source, d'où lui vient le nom d'*Aqua virgine*. Le Pape régnant a fait revêtir & environner de marbre les bords de cette merveilleuse fontaine, dont l'ingénieux Salvi, par l'ordre de Clément XII, fut l'Architecte. En voici trop pour aujourd'hui ; les forces me manquent plus que la matiere. Le tourment que je me donne me plaît & me maigrit. Adieu.

VINGT-TROISIEME LETTRE.

De Rome, ce 20 Juillet 1757.

Vous me demandez sur-tout, ma chere sœur, de vous instruire de ce qui m'est personnel, & des objets qui me frappent le plus : tâchons de vous contenter. Le peu que je vous décrirai des monuments publics que j'examine avec soin pour vous en rendre compte, & ce qu'on m'en dit (dont je ne garantis pas la précision), vous exciteront du moins à la chercher dans des Ecrivains plus exacts. Si par mes erreurs vous êtes trompée, je le serai avant vous. Je ne puis, vous le pensez bien, me livrer aux ornements mensongers, reprochés aux voyageurs ; trop de témoins seroient en état de me ramener à la vérité.

L'été vous a sans doute fait quitter notre bonne ville de Rouen, patrie des Corneilles, des Fontenelles, &c. pour vos champs moins féconds en grands hommes, mais peuplés de gens utiles. Le premier de vos cultivateurs qui sut en transporter le beurre & les œufs à Paris, il y a 40 ans, malgré les quarante lieues de distance, ne s'acquit-il pas dans son canton une célébrité limitée, mais durable ? La solitude de vos bois vous donnera le loisir de suivre de loin nos courses curieuses : celle que nous avons faite ce matin m'a charmée. J'ai vu ce Colisée capable de contenir quatre-vingt mille spectateurs, & dont la structure, dit Cassiodore, coûta un fleuve d'or. L'Empereur Tite y donna des spectacles qui durerent cent jours, & de l'endroit le plus élevé fit jeter aux spectateurs beaucoup de petites boules de bois, où étoient marqués pour l'un un vase d'or ou d'argent, pour l'autre un nombre d'esclaves ou d'attelages de chevaux, qu'un Officier avoit ordre de distribuer à ceux à qui l'adresse avoit fait attraper un lot.

COLISÉE.

Par l'évaluation des savants Pere Jacquier & Abbé Barthelemi, le seul tour extérieur de ce monument coûteroit aujourd'hui dix-sept millions de notre monnoie. Pompée fit le premier bâtir un théâtre de pierre, dont il reste quelques vestiges : avant lui, le bois seul servoit à les construire. L'amphithéatre que je vous décris, quatre fois plus grand que celui de Vérone, est moins entier dans l'intérieur; mais le dehors, sur-tout d'un côté, laisse très-bien distinguer les trois ordres d'architecture, surmontés d'un quatrieme en pilastres corinthiens, si élevé, que du pied de l'édifice, l'œil peut à peine atteindre au faîte.

Préoccupée de l'idée de la multitude qui du temps de Vespasien son fondateur, en remplissoit les gradins, & des statues de chaque province de l'Empire qui les ornoient; quel aspect causa ma surprise! autour de l'arene, à présent pavée, & par l'accroissement des terres, bien plus haute que l'ancienne, je vis douze Chapelles portatives, à peu près comme des guérites de sentinelles: les pélerins y viennent honorer le sang des martyrs massacrés en ces mêmes lieux, où dans leurs jeux les païens égorgeoient un nombre incroyable de bêtes féroces. Au lieu d'une statue de Rome, qui jadis armée d'une pomme d'or, régnoit sur la principale porte; un Hermite François, logé dans cet amas de ruines & de beautés surprenantes, le chapelet en main, en garde nuit & jour l'entrée. Il nous conduisit sur la premiere galerie. Les quatre-vingts arcades qui la forment ont chacune quatorze pieds d'ouverture. De là nous découvrîmes l'arc triomphal érigé en marbre pour la victoire de Constantin sur Maxence, & totalement réparé par le Pape Corsini, excepté le bas, encore caché sous des décombres accumulés. Le sol de Rome moderne a quinze & vingt pieds d'élévation sur l'ancien; ainsi les monuments qui restent de cette ruine du monde, tels que l'arc de Titus ou celui de

Arcs de Triomphe.

Campo Vaccino.

Sévere, moins ornés, moins conservés que celui de Constantin, ont leur base enterrée : c'est le sort de beaucoup d'autres dans le même quartier du *Forum Romanum*, à présent Campo Vaccino; champ couvert d'un côté des débris de l'ancien Capitole, & des ruines des temples de Jupiter tonnant, & de la Concorde. Malgré le temps qui les ronge, les mains barbares qui les renverserent, & les mains avares qui détruisirent ces édifices pour en élever à leur gloire, on admire encore les rangs de colonnes que le hasard a conservées. Celles du temple de Faustine & d'Antonin, font la façade d'une Eglise. Le vestibule du palais de Néron est la Chapelle de Sainte Françoise, où repose Grégoire XI, deuxieme Pape de la maison de Beaufort-Canillac, qui rapporta le saint Siege d'Avignon à Rome, après un séjour de soixante-dix ans. Les Bénédictins de cette Eglise conservent dans leur jardin les restes d'un temple d'Isis, & près de leur enceinte est le vaste temple de la Paix, bâti par Vespasien, que le temps a réduit à trois arcades. Quoique Campo Vaccino soit spacieux, je n'y vois point de place pour tous les monuments dont on dit qu'il étoit orné. Là s'entr'ouvrit le gouffre où Curtius se précipita pour obéir à l'oracle. Sa soif d'éterniser son nom-

sauva sa patrie. Le desir utile de vivre dans la mémoire, le plus beau de tous, convient surtout aux ames vertueuses. Les plus grands hommes de l'antiquité, loin de dissimuler leur amour pour la gloire, disoient avec enthousiasme : *faisons quelque chose pour la postérité, si nous voulons qu'elle fasse quelque chose pour nous.* La providence permet que les esprits médiocres n'aient que des desirs modérés de l'immortalité ; mais dans les génies distingués, l'espoir du succès engendre les faits héroïques, & les grandes actions font naître à leur tour les hautes espérances.

Le monument de la grandeur Romaine resté le plus entier, est le Panthéon, aujourd'hui la Rotonde, dédiée à autant de Saints qu'Agrippa son fondateur y fit encenser de Dieux. Nous nous sommes hâtés d'y adorer le seul Être qui mérite des autels. Ce miracle d'architecture a des murs de vingt-cinq pieds d'épaisseur, en a cent cinquante-huit de diametre, autant d'élévation. Cette forme parfaitement ronde, la plus usitée pour les temples anciens, me plaît beaucoup. Le jour n'y vient que par une large ouverture à la clef de la voûte, & s'y répand assez pour éclairer tous les objets sans éblouir la vue. Quarante-huit colonnes de marbre thébaïque en ornent

PAN-
THÉON.

l'intérieur; Annibal Carache & Raphaël d'Urbain y trouvent un tombeau digne de leurs talents. Le Cardinal Bembo fit au dernier cette épitaphe, que je n'ose traduire:

Hic situs est Raphaël, timuit quo sospite vinci
Rerum magna parens, quo moriente mori.

La voici en Italien:

Questo e Raphaël cui vivo vinta
Esser temeo natura, e morto estinta.

Les seize colonnes du portique, d'ordre corinthien, d'une seule piece de granit, s'élevent de quarante-huit pieds. Je regrette les statues que l'Empereur Constans en transporta à Constantinople, dont les niches existent. Que le dehors n'est-il encore isolé! Que le dedans n'offre-t-il encore les bronzes dont Urbain VIII orna Saint Pierre, & fit des canons pour le Château Saint-Ange! On en conserve dans cette Forteresse deux clous de même métal; un encadré au palais Barbetin, qu'un homme peut à peine soulever; le pere du Roi de Prusse acheta le quatrieme: les Strozzi, le cinquieme; celui des Gualtieri a passé à Mylord Carlisle. La porte, du même métal, fut prife par Genferic pour l'envoyer en Sicile, & périt en chemin. L'obélifque qui fait face au périftile, eft pris du temple de Sérapfis. La vieilleffe du Panthéon lui fied fi bien : je vois avec chagrin que le Pape régnant veuille en rajeunir l'intérieur. Sa Sainteté m'a gratifiée de médailles d'or, frappées à cette occafion, de chapelets de jafpe oriental, & d'indulgences, *in articulo mortis*. Pour combler ces dons précieux & la grace qu'il me fit l'an paffé, de recevoir la dédicace de ma Colombiade, ce docte Pontife m'a permis de lui baifer les pieds. Nulle femme n'entre dans le facré Palais ; c'eft à Sainte Marie Majeure que je lui ai rendu mes hommages au milieu de trente Cardinaux & de cinquante Prélats. Je me profternai en tremblant auprès de fa chaife à porteurs. En jugeant de fa fanté par fon air riant & fes difcours pleins de bonté, je le croirois dans le meilleur état ; mais les jambes lui manquent, & ne lui avoient pas permis de fortir depuis huit mois. La foule, empreffée de recevoir fa bénédiction, en étoit plus nombreufe, & mon embarras plus grand. Voici le portrait que les vertus de ce digne fucceffeur de Saint Pierre m'ont infpiré :

BENOIT XIV.

Un Pontife fans avarice,
Noble fans prodigalité,

Pour faire aimer la vérité,
Fait régner ici la justice;
Ennemi du faste & de l'or,
Du ciel il reçut en partage
Les dons & les ans de Nestor.
Sobre, savant, sincere & sage,
La paix qu'il aime est son trésor,
Du grand Benoît voici l'image.

Au sortir de l'Eglise, où je reçus ses riches présents, je m'empressai de les montrer au palais Corsini, & à notre Auditeur de Rote, l'Abbé de Canillac, que vous avez vu Grand-Vicaire à Rouen, aimé, considéré comme il l'est ici. Il y tient le plus grand état, & m'honore de sa bienveillance.

L'Ambassadeur, M. de Laon, n'est point encore arrivé. Son prédécesseur fort regretté, a laissé M. Boyer (*k*), chargé des affaires, comme trèscapable de s'en bien acquitter. Il est de bonne compagnie, obligeant & chéri dans cette Cour; les bontés dont le Pape daigne me favoriser, contribuent à m'en rendre le séjour charmant. Sa Sainteté m'a permis de visiter la riche Eglise souterreine de Saint Pierre, où les femmes n'en-

―――――――――――――――――――――
(*k*) A présent Ministre plénipotentiaire à Gènes.

trent qu'un jour dans l'an, excepté les mortes, car les cendres de plusieurs Reines y reposent. La statue de Saint Pierre, contre un pilier du dôme de l'Eglise supérieure, fut faite d'un Jupiter Olympien de bronze. Celle de la somptueuse Chapelle souterreine de cet Apôtre, est la figure d'un Consul Romain, auquel les modernes mirent en main les clefs du Paradis.

Après avoir descendu sous terre, nous voulûmes aller aux Cieux; par un chemin pénible, quoique bien tracé, nous parvînmes presque à la boule du dôme, & n'y entrâmes point, pour éviter quelques échelons difficiles; mais nos yeux eurent la satisfaction de parcourir toute l'étendue de pays qu'on découvre de quatre cents pieds d'élévation. Vous nous voyez tantôt habitant avec les Gnomes, tantôt avec les Sylphes. Je suis si lasse le soir de mes courses souterreines & aériennes, que pour vous en rendre un compte plus fidele, je prie M. du Boccage de m'en faire la note. La vie d'un curieux & la société sont difficiles à accorder; mais on profite plus à pratiquer les hommes, qu'à voir les statues. Ainsi, pour l'étude de l'antiquité, je ne néglige point le monde. L'ennuyeuse toilette prend aussi son heure. Les Dames me font l'honneur de me demander comment je trouve

DÔME DE S. PIERRE

leur parure. A merveille, leur dis-je avec vérité, mais non suivant vos desirs d'être à la Françoise, impossibles à remplir à trois cents lieues de Paris. Leurs joues sans rouge, comme presque dans toutes les villes d'Italie, en laissent mieux voir les diverses expressions de leur ame : pour me conformer à ce bon usage, j'en mets aussi peu qu'il m'est possible ; cette poussiere sur le visage ne conviendroit guere aux pays chauds, où on a souvent le mouchoir en main pour se l'essuyer.

AMUSE-MENTS.

Les Duchesses Corsini & Bracciano me font la faveur de me mener aux assemblées. Ce rendez-vous ne commence en tout temps que trois heures après le coucher du soleil ; à deux heures de nuit, suivant la maniere de compter du pays, c'est-à-dire, dans ce mois-ci, à onze heures de France. Pour passer le temps jusqu'à la fin du jour, on va d'abord adorer le saint Sacrement, toujours exposé dans une Eglise, avec illumination & musique ; ensuite à la promenade en carrosse, hors la porte du Peuple, où se trouve un grand concours d'équipages magnifiques, & de Dames richement parées. Comme le mouvement empêche d'y prendre bien le frais, plusieurs s'arrêtent dans une place vis-à-vis d'un café renommé pour les bonnes glaces.

On en prend ou non, & chacun retourne chez soi, se repose, ou reçoit ses amis particuliers. Enfin, les portes s'ouvrent pour l'assemblée nommée conversation. Une heure & demie suffit pour réunir le monde, & donner le temps de causer par pelotons. Le jeu suit ces entretiens, qu'avec la distraction des cartes on continue. Le menchiates très-composé, qui demande d'en tenir 97 à la fois dans la main, & le tricet, espece de brelan, y sont les jeux favoris; les Dames en forment à leur gré les parties, & les finissent sur les deux ou trois heures; ensuite la plupart passent la nuit dans une place, au son des voix & des mandolines, à peu près comme au Palais Royal dans les grandes chaleurs, excepté qu'au clair de la lune, l'air de Rome est plus doux, les Palais plus beaux, les rues plus remplies de gens qui dorment le jour, & se promenent la nuit habillés en bergers & bergeres. Le peuple assez laid, sérieux & mal vêtu le matin, prend dans l'obscurité un air de fête, de propreté & de gaieté. Quelques quartiers de la ville offrent toujours des guirlandes & des lampions artistement arrangés autour d'un Saint ou d'une Vierge qu'on honore par des chants, des pétards, & même de la danse. Chaque carrefour est garni de petites boutiques portatives, ornées de pampres, lampions & melons d'eau coupés. Le rouge intérieur de ces fruits, la verdure, les lumieres qui les accompagnent, les harangues du vendeur pour attirer les chalands, forment un riant spectacle, aussi difficile à imaginer qu'à décrire. La maniere dont les Marchands de fruits arrangent leurs boutiques à Rome, encore plus agréable qu'à Paris, forme dans les marchés, des amphithéatres émaillés de mille couleurs. Le peuple vêtu de blanc qui voltige autour, & dont la constance pour les promenades nocturnes, prouve le plaisir qu'ils y trouvent, me les fait comparer à des ombres heureuses. Quelquefois nous allons une demi-heure au clair de la lune à la colonnade de Saint Pierre. D'un côté, le Vatican s'éleve sur le mont voisin : les arbres qu'on voit de l'autre au travers des portiques, le bruit des fontaines jaillissantes, l'obélisque qui les sépare, la façade du Temple, tant de prodiges réels embellis par les illusions, les rêveries que la clarté des étoiles inspirent, forment un enchantement inexprimable. Mais les courses de nuit ne conviennent ni à ma foible santé, ni à l'obligation où nous sommes de nous lever matin, pour éviter la chaleur & satisfaire notre curiosité.

<small>PLACE S. PIERRE.</small>

Quand le jeu commence, c'est-à-dire, après

minuit, nous sortons de l'assemblée. Hier, elle étoit chez la Princesse Palestrine : la vérité, & non ses bontés, m'oblige à vous dire que la politesse noble de cette héritiere des Barberins, la rend bien digne d'en posséder le Palais, le plus beau de Rome après celui du Pape. A l'entrée est un obélisque renversé, trouvé dans l'hippodrome d'Aurélien. Je n'ai vu que le soir le plafond du grand sallon, chef-d'œuvre de Pierre de Cortone. Nous irons le matin l'admirer, ainsi que la bibliotheque, dont l'immense catalogue est imprimé, avec le détail des tableaux, bronzes & statues qui décorent les appartements. On y vante entre mille, un buste d'Urbain VIII, ressemblant, fait par un aveugle, un Osiris à tête d'épervier, tiré des ruines de son temple, ainsi que le petit obélisque de granit posé sur le dos d'un éléphant, que j'ai admiré vis-à-vis l'Eglise de la Minerve. Qu'on a de goût ici dans les monuments publics ! Ce grouppe me paroît si ingénieux, que je desirerois d'avoir un parc pour le mettre, & la permission de l'emporter. Vains souhaits d'une femme accoutumée aux fictions, & que vous priez de vous traduire quelques vers ultramontains. A peine ai-je le temps de vous écrire en prose ; mais comme je ne lis gueres ici qu'en italien, il m'est tombé ce matin sous les yeux

PALAIS BARBERIN.

une chansonnette de Métastaze, que j'ai mise en François dans ma jeunesse : je ne l'ai point jetée au feu, par la manie de croire toujours précieuses les inutilités qui nous coûtent à griffonner : pour vous satisfaire je vous l'envoie.

CHANSON-
NETTE DE
MÉTAS-
TAZE.

Ton changement, Nicé, m'a rendu mon repos;
Enfin donc je respire, & ne sens plus ma flâme;
Des liens enchanteurs qui causerent mes maux,
Les pitoyables Dieux ont affranchi mon ame.

Sous le nom du dépit, l'amour, pour me charmer,
Invente contre moi des ruses inutiles ;
Après tant de tourments, mes sens sont si tranquilles,
Que je puis, sans rougir, te voir & te nommer.

Je dors toute la nuit sans te revoir en songe,
Ton image, au réveil, ne vient plus me saisir;
Insensible aux malheurs où ta rigueur me plonge,
Je te vois à présent sans peine & sans plaisir.

Mon cœur sans palpiter entend vanter tes charmes,
Il sent ta perfidie, & n'en est plus blessé,
Je m'approche de toi sans être embarrassé ;
Tu lorgnes mon rival sans me causer d'alarmes.

J'apperçois d'un même œil tes regards soucieux
Et les traits séduisants de ton charmant sourire ;
Le chemin de mon ame est fermé pour tes yeux,
Ta bouche sur mes sens a perdu son empire.

L'humeur où je te vois ne me fait plus rêver ;
Les collines, les prés, sans toi peuvent me plaire ;
Désormais avec toi dans un bois solitaire,
Je conçois que l'ennui pourroit bien se trouver.

Vois ma sincérité, je te trouve encor belle ;
Mais sans vouloir blesser tes attraits séducteurs,
Tu ne me parois plus des beautés le modele,
J'apperçois des défauts dans tes appas trompeurs.

Quand je brisai mes fers, je l'avoue à ma honte,
Mon ame de mon corps étoit prête à sortir ;
Mais pour finir les maux que tu m'as fait sentir,
Il n'est point de périls que mon cœur ne surmonte.

Un jeune oiseau surpris dans des pieges adroits,
Sacrifie aisément un peu de son plumage,
Pour sortir des filets & jouir de ses droits ;
Cet accident le rend plus prudent & plus sage.

Je te dis si souvent que je ne t'aime plus,
Que peut-être tu crois que toujours je t'adore :

Non, Nicé ; mais après de grands dangers courus,
On trouve du plaisir à les conter encore.

Un guerrier languissant des maux qu'il a soufferts,
Se plait à son retour à remettre en mémoire
Les périls éclatants qu'il courut pour la gloire.
Un esclave affranchi cherche à montrer ses fers.

Si je dépeins mes maux, c'est pour me satisfaire ;
Peu sensible à l'effet que mes vers font sur toi,
Je ne m'informe point s'ils peuvent te déplaire,
Ni du ton que tu prends quand tu parles de moi.

Je quitte un cœur sans foi, tu perds un cœur sincere ;
Qui des deux risque plus à ce prompt changement ?
Nicé n'aura jamais d'aussi fidele amant ;
On retrouve par-tout une amante légere.

VINGT-QUATRIEME LETTRE.

De Rome, le 5 Août 1757.

JE rends graces à ma mere de ses craintes sur la fatigue & sur les ardeurs de l'été que j'endure. Rassurez-la, ma chere sœur, l'exercice me donne des forces, & la chaleur fond mes migraines. L'air de Rome m'est très-bon, vous nous y suivez de loin; que n'êtes-vous en effet de nos courses! Vous auriez vu hier avec nous ce mont redouté des païens, par les oracles du Dieu Vaticanus, *VATICAN.* qui a donné son nom au palais bâti par le Pape Simmaque, embelli par Sixte V. Les décrets qu'y rendent nos Pontifes, firent aussi long-temps trembler les Rois; à présent ils les reçoivent avec autant de respect & moins de crainte. Cet immense Vatican, peint par les grands maîtres, se dégrade, manque d'habitants. Les Papes l'ont démeublé & abandonné pour le palais du mont Quirinal, comme plus sain; mais la bibliothe- *BIBLIO-* que, au lieu de dépérir, rajeunit dans les mains *THEQUE.* de l'illustre amateur des Lettres qui la gouverne. Cette Eminence a daigné m'y conduire, & nous donner à dîner dans son appartement du Belvedere. Le nom vous en indique la belle situation. Pour éviter la chaleur, & y rester plus longtemps, nous nous y rendîmes dès l'aurore. Mon premier soin fut d'admirer les livres nombreux & les manuscrits que le temps, l'or & les soins ont rassemblés. Quoique je fusse prévenue sur l'étendue des galeries, la surprise que me causerent l'arrangement & les peintures des piliers qui soutiennent l'immense largeur de la voûte, s'exprima par mon silence involontaire. Je ne retrouvai la parole que pour demander à mon éminentissime conducteur, une rente pour passer ma vie en ce beau lieu. Mon enchantement lui plut d'autant plus, que je de lui dois en partie. Par son ordre, les armoires de bois sans ornement qui renfermoient les livres, tapissoient les murs, & les piliers où les voûtes s'appuient, sont peintes d'accord avec les plafonds, lambris & volets de fenêtres. Les tableaux qui décorent la salle, sont propres au lieu ; comme Moyse donnant le livre de la Loi aux Lévites ; Ptolomée accompagné de Démétrius & d'Aristée, qui forment la bibliothéque d'Alexandrie ; Auguste entre Horace & Virgile, dans celle qu'il érigea sur le mont Palatin, où par ses ordres fut placée la statue de Varron ; Adam, comme le plus docte des hommes ; ses fils, qui gravent sur une colonne ce qu'ils savoient d'astronomie ; Abraham, inventeur des lettres syriaques, & tous ceux qui passent pour avoir perfectionné les autres langues. Ces trésors littéraires ne sont point en vue comme à la bibliotheque du Roi. Pour les conserver, on les dérobe aux yeux. M. Assemani y prend soin des langues Orientales ; M. Bottari, de la pureté des langues Italienne & Latine. M. Giacomelli, Sous-Bibliothécaire, me fit don de sa belle traduction de l'Electre d'Euripide, & me montra, entre les seize mille manuscrits confiés à sa garde, un Pline avec la représentation de tous les animaux ; Térence, orné de son portrait & de masques comiques, écrit au cinquieme siecle ; une superbe édition du Tasse, dont le tombeau est à Saint Onulphe sur le Janicule ; un Virgile du temps de Septime Severe, sans points ni virgules ; son traducteur Annibal Caro & notre fameux Poussin reposent à Saint Laurent, jadis temple de Junon. S'il étoit impossible de tirer des doubles de ces merveilleux manuscrits, & que les Papes les possédassent seuls, comme les Médicis leur Venus, ou tel Souverain une médaille unique, combien le musée de sa Sainteté l'emporteroit-il sur tout autre ! Par bonheur on peut transcrire à l'infini les bons Auteurs sans les affoiblir. La copie vaut l'original, c'est un prodigieux avantage de la poésie sur les autres arts ses freres.

La bibliotheque Vaticane, enrichie de celle des Ducs d'Urbin & de la Reine Christine, possede nombre de vases étrusques & de médailles données par Clément XII. On y voit une colonne d'albâtre transparent, cannelée en ligne spirale de cinq palmes de circonférence, reste précieux d'un temple ovale dédié à Venus près des jardins de Saluste. Vous croiriez qu'une telle bibliotheque à sa disposition, dispense le Cardinal Passionei d'en avoir une, point du tout : la sienne est digne d'un Souverain. Il l'appelle sa femme, il n'en est point de plus fêtée. Son savoir curieux, insatiable, rassemble sans cesse en différentes langues, les meilleures éditions de France, d'Angleterre, de Hollande. Cinq grandes salles en sont tapissées du parquet au plafond, & ne peuvent plus loger cette récolte annuelle. Outre le choix des imprimés & manuscrits, la partie du palais Quirinal qui les contient, est dans une situation qui répond à la beauté des dedans. La demeure du Pape est à droite, l'aspect de la campagne en face, & le centre de la place présente les deux chevaux de marbre dont ce lieu prend le nom de Monte Cavallo. Tiridate, Roi d'Arménie, les donna à

Bibliotheque Passionei.

Néron, & Sixte V les tira de ce même mont où Constantin avoit ses thermes. Une gravure grecque les dit de Praxiteles & de Phidias : les savants en doutent & les admirent. Ce coup d'œil embellit la vue de la bibliotheque Passionei. L'appartement que l'Eminence habite le plus & connoît le mieux, est ce Musée, dont l'arrangement charme les regards. Des armoires n'en renferment point les trésors comme au Vatican : des tablettes les exposent à l'envie des curieux. Le maître qui les possede a tout lu & n'a rien oublié. Les mémoires heureuses m'étonnent toujours. La mienne est infidelle. J'oublierai de vous dire beaucoup de choses que mes Ciceroni (*l*) m'apprennent & m'apprendront ; mais ma digression vous a transportée au Quirinal, retournons au Vatican.

Après le dîner nous y vîmes les prodiges de la Cour du Belvedere, enfermés dans des niches que forme le mur. Des portes les couvrent. On les ouvre. L'œil apperçoit le bel Antinoüs, favori d'Adrien, une Venus sortant du bain, trouvée sous l'Eglise des Saints Pierre & Marcellin, le Laocoon tiré des ruines du Palais de Titus (*m*),

BELVEDERE.

(*l*) Nom qu'on donne aux personnes qui montrent Rome aux Etrangers.
(*m*) Le beau Méléagre du palais Picchini vient du même lieu. La statue de Pompée, aux pieds de laquelle César fut assassiné, est au palais Spada, dans le même quartier.

chef-d'œuvre, dit Pline, dont Antenodore & Polydore ornerent les bains de cet Empereur; l'Apollon par excellence, découvert ~~dans la vigne Adrienne près de Tivoli~~ *a nettuno*, & fait, je crois, par un Génie. Les humains ont peine à former le marbre à leur image, comment auroient-ils donné à cette statue l'expression céleste? L'art montre au même lieu une cuve de granit de soixante pieds de tour, & le Tibre & le Nil en bazalte (*n*); le même Pline dit que Vespasien plaça ce fleuve d'Egypte dans le temple de la Paix. Les enfants qui jouent autour en marquent les divers accroissements: sous Adrien, il monta à seize coudées, l'année en fut d'autant plus abondante. Pour conserver la mémoire de ce débordement, la ville d'Alexandrie en frappa une médaille. Ces fleuves trouvés près de la Minerve, sont imités par Coustou aux Tuileries. Un si beau jardin auroit-il un jour le sort de celui du Vatican, fort renommé dans l'autre siecle, à présent en ruine? Les Papes qui ne l'habitent plus, le négligent. On y voit encore une petite mer, où vogue une galere armée; l'eau que jettent impétueusement ses agrêts & ses canons, en imite le bruit; & le haut rocher artificiel, où le navire est prêt d'échouer, fournit

---

(*n*) Marbre noir d'Ethiopie ou de la Thébaïde.

de toutes parts des sources abondantes. Du Vatican par une longue galerie couverte, les Papes, dans une émeute, peuvent chercher leur sûreté au mausolée d'Adrien; jadis orné de trois ordres de colonnes entre-mêlées de sept cents statues, le tout de marbre; on en a fait une forteresse, où sont les prisonniers d'Etat, l'arcenal & les quatre millions d'écus que le Pape Sixte V y déposa, avec une Bulle qui ordonne de n'y toucher que dans le besoin le plus pressant. Le Pape Grégoire vit jadis au sommet de l'édifice, une figure céleste qui annonçoit la cessation de la peste; aussi-tôt, au lieu d'une pomme de pin d'airain, où reposoient les cendres d'Adrien, ce Pape y mit un Ange, nomma cette large tour Château Saint-Ange, & donna le même nom au pont voisin, dit Ælien. Des balustrades de fer, faites en cordes tressées par nœuds, y servent de parapets, soutiennent les statues des Saints Pierre & Paul, & dix Anges de marbre des meilleurs Sculpteurs. J'ai monté sur ce Château Saint-Ange, d'où l'œil découvre toute la campagne & les édifices de la ville. Le magnifique aspect de Rome donne aussi beaucoup d'éclat aux fêtes publiques. L'inondation de la place Navonne nous en fournit une dimanche qui surpassa mon attente. Avant de vous la décrire, voici l'esquisse du lieu.

CHÂTEAU SAINT-ANGE.

PLACE NAVONNE

Au centre du quarré long d'un cirque détruit, le cavalier Bernin forma une fontaine; le Danube, le Nil, le Gange, & Rio de la Plata, figures de marbre gigantesques, appuyées aux quatre angles d'un rocher, versent de leurs urnes des torrents d'eau; le Nil voile sa tête, un beau lion sort d'une caverne pour boire à la fontaine, un cheval s'y désaltere; & de l'autre côté, des reptiles rampent sur les cailloux, des bouillons d'eau rejaillissent de toutes parts sur les pointes du rocher qui, quoique percé à jour, porte sur sa cime un obélisque de granit du cirque de Caracalla (*o*). Deux fontaines jaillissantes moins hautes & de la main de Michel-Ange, accompagnent à distance égale celle du centre; les plus superbes Eglises & Palais entourent la place.

SAINTE AGNÈS. Le portail de Sainte Agnès en est le principal ornement; l'intérieur de l'Eglise répond au dehors: marbres, bronzes, dorures, en couvrent de toutes parts les murs aussi artistement travaillés qu'une tabatiere. Les contre-tables, au lieu d'être peintes, sont des tableaux sculptés en marbre, où la

(*o*) On les voit encore sur les monnoies de cet Empereur; six chars pouvoient y courir de front. Près de la porte saint Sebastien la circonférence en reste marquée par le débris des portiques & par un mur à hauteur d'appui, élevé au milieu, nommé épine, autour duquel, pour remporter le prix, il falloit tourner sept fois sans toucher la borne, & renverser le char de son adversaire.

dégradation des couleurs se fait sentir. Les jours qu'on y expose le Saint Sacrement, la multitude des cierges, un soleil de diamants sur l'autel d'argent massif, obligent les yeux éblouis à se fermer, & la musique rend enfin cette petite maison de Dieu, propre à donner un avant-goût de sa demeure céleste. Les Pamphiles l'ont enrichie à leurs frais, & bâtie près de leur palais pour y servir de chapelle. Les lieux les plus profanes sont ici somptueusement sanctifiés. La chapelle souterreine de l'Eglise servit de retraite aux courtisannes païennes ; là, Sainte Agnès fut condamnée à perdre sa virginité. Je ne sais si c'est à l'imitation des anciens qu'on fait à présent une naumachie du cirque agonal, nommé place Navonne: mais tous les dimanches de ce mois-ci, les trois fontaines lâchées dans ce quarré long & creux, en font en une heure un lac qui ne va pas tout-à-fait jusqu'aux maisons : l'espace qui reste à remplir, l'est de quatre ou cinq rangs de peuple. Tous les carrosses forment un cours dans l'eau autour des fontaines ; les fenêtres ornées de tapis, où les Dames qui craignent l'eau en voiture, se promenent des yeux, & montrent leur parure, embellissent le spectacle : pour le rendre plus varié, l'autre jour on y lâcha un cerf poursuivi de chiens : un bout de la place à sec, où les marionnettes, marchands, charlatans, annoncent leurs drogues, les cris de joie du peuple, même la voix des prédicateurs qui les ramenent à la modération chrétienne ; tout ce bifarre affemblage, agréable aux gens du pays, puifqu'ils le renouvellent chaque année, eft d'une nouveauté bien piquante pour un étranger.

>Cette image des jeux Romains,
>Faits pour plaire à la multitude,
>Enchante l'efprit des humains
>Dont la mode antique eft l'étude.

Je voudrois rimer fur un fi beau fujet ; mais le fommeil affoupit mes idées, & pourroit vous gagner par mes longs détails. Adieu.

VINGT-CINQUIEME LETTRE.

De Rome, ce 22 Août 1757.

CAPITOLE. Vous vous plaignez de ce que je ne vous parle point du Capitole, ma chere fœur ; j'y fus hier exprès pour vous en dire un mot, vous chercherez le refte dans votre cabinet de livres. Vous

vous étonnerez qu'il n'y refte de l'antique forteresse, du fameux temple de Jupiter Capitolin, & de cinquante autres dont les Auteurs font mention, qu'une prifon du temps de Tullus-Hoftilius, à préfent une chapelle. Le premier des Goths qui faccagea Rome, fut Alaric fous Honorius; le deuxieme, Genferic, Roi des Vandales. Théodoric, l'an 500, la prit & la ruina. Totilla, cinquante ans après, brûla le Capitole, la moitié de la ville, & la rendit déferte. Les combattants mutiloient les ftatues pour en lancer les bras, les têtes, en guife de pierres. Dans les fiecles barbares, on brifoit le plus bel édifice pour faire avec les débris les fondements d'une cabane.

Le nouveau Capitole bâti par Michel-Ange, a pour fondements l'ancien. Au pied du vafte efcalier qui y conduit, la rampe porte deux fontaines fournies par des fphynx, pris des bains d'Agrippa, & deux chevaux de marbre trouvés près du Tibre, tenus par Caftor & Pollux, la couronnent. Sur la baluftrade qui ferme la cour, vis-à-vis le Palais, regnent les trophées de Marius; l'urne qui terminoit jadis le maufolée de Trajan, la colonne qui marquoit le premier mille de la Via Appia, & les fils de Conftantin en marbre. La ftatue équeftre de Marc-Aurele en bronze doré, déterrée près de saint Jean de Latran, où fut la maison de son aïeul Verus, marque le centre de la place. Jugez de la perfection de cette statue. Quand Carle-Marate la voyoit, il s'arrêtoit, & en repassant disoit au cheval : *Quoi ! tu restes encore à la même place ? Que ne marches-tu ? Oublies-tu que tu es en vie ?* Deux fleuves de marbre, une statue de Rome en porphyre, ornent une fontaine appuyée contre l'escalier à double rampe de ce Palais, où demeure le Sénateur; il a une jurisdiction sur la police de la ville, & l'autre partie en est attribuée au Gouverneur de Rome, aujourd'hui le Cardinal Monti, frere du Marquis Monti, Colonel en France d'un Régiment Italien : le Comte de Bielk, dont vous avez vu la femme à Paris; ce Suédois, homme de mérite, depuis son abjuration du Luthéranisme, jouit du titre de Sénateur.

On doit louer le Pape Corsini d'avoir rassemblé & mis en ordre dans les bâtiments des côtés de la cour, les plus précieux restes de l'antiquité. Les savants Ficoroni & Locatelli en ont fait le détail, ainsi que M. Botari dans son *Museum Capitolinum.* Benoît XIV continua cette collection divisée dans plusieurs pieces, dont une contient les figures égyptiennes tirées des jardins de Saluste, l'autre les urnes, tombeaux, bustes de Philosophes & d'Empereurs depuis César jusqu'à Constantin. Les colonnes & statues rares, telles que le gladiateur mourant, Ciceron avec sa verrue, & la louve qui allaita Rémus & Romulus, marquée du coup de foudre dont parlent les Catilinaires, ornent en airain une des galeries. On grave actuellement les tables chronologiques des Consuls Romains en marbre, trouvées dans des ruines, & incrustées sur ces murs. On y voit aussi plusieurs bas-reliefs propres à instruire du cérémonial des anciens sacrifices, & le plan de Rome antique du temps de Septime Severe, dessiné sur vingt tables de marbre, recouvrées sous le temple de Romulus, aujourd'hui des Saints Côme & Damien. La statue de Marforio, dite ainsi du champ de Mars d'où elle sort, orne une fontaine dans la cour de l'aile droite dont je viens de vous parler. Celle de Pasquin, très-mutilée, sert de borne dans un carrefour de la ville, & prit son nom d'un tailleur bouffon du quartier. Autrefois les libelles s'affichoient près de ces statues ; quoique l'usage en soit perdu, le titre de pasquinades reste à ces sortes de satyres. L'aile gauche du Capitole conserve les merveilles des grands peintres. On voit sous le portique d'en bas, la mesure des liquides & du pied des anciens, dont M. de la Condamine a rapporté le moule au Cabinet du Roi. Sous ce même portique sont deux pieds & une main d'un colosse d'Apollon, haut de trente coudées, représenté près du temple de la Paix sur le revers d'une médaille de Vespasien. Ne vous étonnez pas, le colosse de Néron qui donna le nom au colossée ou colisée, avoit cent vingt pieds. Les fiers Romains, pour se grandir autant qu'il étoit possible, étendoient leurs formes, s'en donnoient même une sans borne en se déifiant. Le Christianisme nous rend plus humbles; mais nos raisonneurs modernes abusent de notre abaissement, ils veulent nous réduire à la condition des bêtes: je ne sais ce qu'ils y gagnent; la philosophie de Ciceron au contraire éleve l'ame & la console. Sur ce même mont où ce Consul Romain charmoit le Sénat par son éloquence, est un couvent de mille Moines mendians, & leur Eglise faite d'un temple de Jupiter, avoit un portique qui servoit de salle de festin aux triomphateurs. On y monte par les cent larges degrés de marbre blanc qui conduisoient sur le Quirinal au temple de Quirinus, d'où le quatorzieme siecle les vit arracher.

THÉATRE DE MARCELLUS. En descendant du Capitole, les restes du théatre de Marcellus, bâti par Balbus, s'offrent à la vue; il sert d'enceinte au palais du Cardinal des

Ursins. Cette Eminence possede une habitation, un nom, un rang illustre; & sa figure, sa jeunesse, ses richesses, le mettent en état d'en jouir. J'ai pris la liberté de lui dire que nul n'est plus heureux. Il regne sur l'Eglise sans le lien des Ordres, tient au monde par les plus doux nœuds, deux enfants charmants consolent son veuvage; son fils se distingue dans ses études; sa fille, mariée à un Prince de Piombino, dès l'âge de quatorze ans, composoit & récitoit aux arcades des poésies qu'on applaudiroit quand elle ne seroit ni si jolie ni si grande Dame. Cette jeune Duchesse d'Arcé, dont je reçois mille marques de bonté, parce que je griffonne des vers, faisoit ces jour-ci l'ornement d'une belle fête que l'Abbé de Canillac donnoit dans une maison de plaisance des Farneses, dont il jouit sur le Janicule. De là nous vîmes le feu annuel du château Saint-Ange pour le couronnement du Pape. A la Saint Pierre, il nous charma de près; de loin sur la montagne, il nous ravit: je ne sais d'où je l'aimerois le mieux; mais du lieu que je vous décris, Rome se découvre de la maniere la plus enchanteresse. Nous arrivâmes d'assez bonne heure pour l'admirer de jour. Le superbe sallon où nous étions, forme un angle d'où les fenêtres présentent divers aspects rendus dans les glaces. On

CASIN FARNESE.

voit d'un côté, la campagne & les Apennins, dont quelques cimes dans le lointain conservent même en été leurs frimats ; de l'autre, la ville est sous les yeux au point d'y distinguer les passants. Nulle situation ne présente une vue si merveilleuse, non seulement par la magnificence des dômes, obélisques, colonnes, palais, mais par la maniere dont ces édifices sont distribués. Les sept ou neuf monticules qui les soutiennent, en les déployant par amphithéatre, en accroissent l'étendue. Les pins des jardins d'une maison semblent sortir des toits de l'autre. Tout se voit, rien ne se nuit, la variété en fait le charme. L'objet le plus prochain du sallon où nous étions, est une fontaine que Paul V tira du lac Bracciano, en suivant & réparant dans l'espace de douze lieues, l'aqueduc de Jules César. Cinq arcades de marbre en arc de triomphe, laissent voir la verdure, & vomissent autant de fleuves dans un lac factice, dont l'eau se perd sous terre & ressort dans les places publiques par vingt fontaines. Nous les voyions briller le soir à la lueur des fusées. Le Tibre nous rendoit aussi l'image des feux qui s'élançoient au ciel, & la lumiere naturelle de chaque lampe de la ville, formoit une illumination irréguliere & enchanteresse. Je ne vous parle que de plaisirs,

&

Fontaine Montorio.

& vous passe sous silence la fatigue, la chaleur qui me dessechent, & les cousins qui me rongent. Notre Auditeur de Rote a la bonté de chercher à m'en délivrer en nous offrant un logement dans son magnifique palais. Nous avons peine à accepter sa proposition obligeante; je crains de le gêner & de me gêner: il veut absolument me tirer de l'exposition brûlante du soleil couchant; si nous y consentons, ce ne sera qu'au retour de Naples, où nous irons le mois prochain.

Avant que je ferme ma lettre, écoutez un mot d'une Eglise des Chartreux que j'ai vue ce matin. Une galerie des bains de Dioclétien servit à la former. Les mêmes colonnes de vingt-trois palmes (*p*) en circonférence, du plus fin granit, les mêmes murs qui soutenoient ces lieux profanes, portent aux cieux cette voûte sacrée. Les originaux des grands Peintres mis à Saint Pierre en mosaïque (*q*), en font le seul

LES CHARTREUX.

(*p*) Le palme Romain a dix pouces.
(*q*) Cet art de les éterniser est si parfait ici, qu'il faut presque toucher au tableau pour s'appercevoir qu'il est fait de parcelles d'émail coloré, incrusté dans un mastic contenu dans un cadre de pierre. Une chambre immense près de la sacristie de S. Pierre, renferme cent tiroirs pleins de ces cubes imperceptibles, rangés par nuances dans un ordre admirable: plus les pieces sont petites, plus le travail est long & parfait. J'excitois l'autre jour le meilleur artiste en ce genre, à venir à Paris. Il pense qu'il n'y trouveroit pas assez d'entreprises publiques, & que son temps se paie trop cher pour les particuliers. Les anciens se servoient avec succès de petites pierres naturelles, tirées des montagnes, telles que dans la fameuse mosaïque de Palestrine, dont l'Abbé Barthelemy nous promet la description; mais seroit-il

ornement. Les belles proportions, la noble simplicité, un majestueux silence, des jours qui laissent aux regards le temps de se fixer (r), l'amour de l'antique qui s'est emparé de mon imagination, m'ont enchantée au point de préférer ce vaste temple à la magnificence de Saint Pierre, dont je trouve l'intérieur trop orné. Je ne parle pas de la colonnade, le saint lieu que je vante, n'a rien de pareil qui le précede. Le reste des thermes dont les fondements existent, dont plusieurs murs entiers font ceux du couvent & d'une place, forment un quarré terminé par quatre rotondes; l'une sert d'Eglise aux moines de saint Bernard, l'autre de grenier public, la troisieme est à moitié détruite; la quatrieme, tout-à-fait. Ces bains contenoient trois mille sieges de marbre pour le peuple, dans des salles où les eaux, la peinture, la sculpture, s'empressoient de fixer les regards. Là, les Empereurs rassembloient tous leurs amusements: hippodromes, théatres, bibliotheques, jeux d'exercice, &c. Quoique Rome soit bien vaste, comment tant

possible que ces fragments de marbre rendissent aussi bien que l'émail ces ombres & les couleurs, au point d'imiter, à s'y méprendre, les plus délicates figures de Raphaël, peut-être aussi durables en mosaïque, que les statues d'airain.

(r Jadis l'obscurité des temples y ne suspendre des lampes aussi inutiles dans les nôtres où brille le soleil, que la consommation excessive de la cire qui s'y fait journellement.

d'édifices de pur agrément y trouvoient-ils place ? On y comptoit deux cents temples ; il est vrai qu'aujourd'hui le nombre des Eglises va presqu'au double, & que les anciens n'en eurent jamais d'aussi spacieux que Saint Pierre, Saint Paul, & nombre d'autres. Les fontaines, les places, occupent aussi un grand terrein. Rome moderne a peut-être autant de beautés que l'antique : voici des vers bien faits à ce sujet.

Qui miseranda videt veteris vestigia Romæ,
Hic poterit meritò dicere, Roma fuit.
Et qui celsa novæ spectat palatia Romæ,
Hic poterit meritò dicere, Roma viget.

Cette reine des villes n'est pas moins curieuse à voir en dessous qu'en dessus : le labyrinthe souterrein des cloaques & des conduits d'eau que je ne parcours que sur la carte, en forme une que je vous porterai avec celle des bains de Dioclétien, que quarante mille chrétiens furent quarante ans à faire. Cet Empereur avoit aussi un palais à Spalatro en Dalmatie au troisieme siecle, dont on voit encore de beaux restes, & qui fit ses délices quand il se retira à Salone, lieu de sa naissance, & abandonna volontairement l'Empire pour planter lui-même ses choux.

CLOAQUES

Je reprends la plume, il me prend envie de vous traduire ces vers latins.

> Qui voit les superbes débris
> De Rome antique qu'on déplore,
> Peut dire, Rome fut jadis :
> Qui voit les marbres, les lambris,
> Dont l'art aujourd'hui la décore,
> Peut dire, Rome vit encore.

VINGT-SIXIEME LETTRE.

De Rome, ce 7 Septembre 1757.

J'Aime fort la vie qu'on mene ici, ma chere sœur, on se nourrit moins, & moins ensemble : les indigestions en sont plus rares.

Per mangiar assai, convien mangiar poco.

RAFRAI-
CHISSE-
MENTS.

Il faut un estomac de fer pour la multitude & la bonté des soupers de Paris. Les plus forts y succombent. L'ennui qui regne dans ces repas que la vanité prépare, nous fait manger pour se dissiper, & les mets salutaires deviennent, par leur grande diversité, des poisons. La largeur de la table regle le nombre des convives, & défend à ceux qui ne sont point invités, de faire des visites à l'heure du souper. Les étrangers ici sont mieux reçus & plus amusés. Les divers rafraîchissements servis aux assemblées, flattent le goût sans détruire la santé, & suffisent pour quiconque en desire ; ainsi la quantité de monde n'incommode point : une table à jouer, un fauteuil de plus, en font les frais. Dans ces cercles nombreux, il est plus aisé de choisir une conversation particuliere : les Dames y montrent en détail & à plus d'yeux, leurs charmes & leur parure, les hommes discernent mieux celles qui méritent la pomme. Les longues enfilades romaines laissent toujours de l'espace pour la multitude. La Princesse Borghese possede un palais digne de ces assemblées, & montre bien qu'elle est dans l'usage d'y recevoir élégamment les personnes qu'on lui présente. Cent colonnes de granit soutiennent les portiques dont sa cour est environnée. On compte dans ses appartements deux mille originaux des bons peintres.

PALAIS.

Les palais Ruspoli, où brille le plus vaste escalier de marbre, & nombre de statues ; Bracciano, enrichi du cabinet des médailles de la Reine Christine (ʃ),

_____
(ʃ) M. le Régent en a acheté les tableaux, venant aussi de la Reine de Suede.

& Corsini, où cette Majesté demeuroit, ne sont pas moins propres à rassembler beaucoup de monde. Le dernier au-delà du Tibre, est fort embelli depuis la mort de l'héroïne du nord. Le goût, la magnificence des meubles, répondent à l'immensité du logement. Le Cardinal occupe l'appartement où couchoit cette Reine. Son savant Bibliothécaire, & sa bibliotheque de trente mille volumes, (qu'il rend publique) sont bons à connoître. Outre la quantité de rares manuscrits grecs & latins, on y voit des ouvrages chinois imprimés à Pekin; l'histoire des Califes; deux recueils de chansons galantes, d'une grande délicatesse; un Lexicon Turc-Arabe, imprimé à Constantinople. La préface loue l'Empereur Achmet III, de ce qu'aux sollicitations du Visir Ibrahim, autorisé du Mufti, Sa Hautesse déclara aux Musulmans l'Imprimerie non contraire à leur Religion. La collection des estampes Corsini est de trois cents volumes choisis. Les vastes jardins du palais tiennent du goût françois: un cirque de gazon où l'Académie des Arcades s'assemble quelquefois, y forme un agréable spectacle, & renouvelle l'antique usage de chanter ses vers en plein air, en public: il n'y manque que l'accompagnement de la flûte.

Académie des Arcades.

Vous croiriez que ces promenades suffisent à

ces Princes, non: ils ont à peu de distance une charmante habitation de campagne, & tant d'autres plus éloignées. Pour voir d'un coup d'œil toutes ces belles maisons de plaisance, nous avons monté de bon matin sur la colonne Trajane par cent quatre-vingt-cinq degrés de marbre assez faciles, qui tournent en limaçon dans l'intérieur. Par l'ordre du Sénat, Apollodore en décora le milieu du marché de Trajan, environna la place d'arcades, d'arcs de triomphe, & renferma les cendres de ce Pere du peuple dans une grosse boule d'airain, dont il couronna le monument. Vingt toises en font la hauteur formée de vingt-trois blocs de marbre posés l'un sur l'autre horizontalement, & dont les bas-reliefs représentent les victoires de l'Empereur contre les Daces. Nos Pontifes ont ôté la statue de ce Maître du monde, pour y mettre Saint Pierre, qui subjugua les nations d'une autre maniere. Saint Paul est dans la place Colonne, sur une colonne encore plus haute, & de la même forme: Marc Aurele en fit le mausolée de son pere Antonin. Je la vois chaque jour avec un nouveau plaisir, un nouvel étonnement. Que notre imagination est loin d'une telle élévation! Mon idée des Romains s'est bien accrue par la vue de leurs édifices. Quoiqu'on lise sur

COLONNE TRAJANE.

COLONNE ANTONINE.

le piedeſtal, *Columnam hanc omni impietate expurgatam ſanƈto Apoſtolo Paulo vel Petro*. Les belles actions profanes des Empereurs, ſculptées en lignes ſpirales autour de leurs monuments, rappellent toujours qu'ils furent érigés en leur gloire. Les obéliſques égyptiens ſont auſſi couronnés d'une croix; mais les hiéroglyphes ſubſiſtent en l'honneur d'Iſis & d'Oſiris. Le plus haut eſt celui qui fait face à Saint Jean de Latran (*t*). Il a cent huit pieds, fut tiré du grand cirque (*u*) par Sixte V, conſacré au ſoleil en Egypte, & tranſporté à Rome par Conſtantin.

OBÉLISQUES.

Devant la ſuperbe Baſilique de Sainte Marie Majeure, bâtie ſur un temple de Lucine, s'élève une colonne cannelée, de quatre braſſes de groſſeur, priſe par Paul V au fameux temple de la Paix, & purgée du paganiſme par une ſtatue de la Vierge qui la termine. Un des deux obéliſques qui ornoient la porte du mauſolée d'Auguſte, fut auſſi érigé vis-à-vis l'autre portail par les ſoins de Sixte V, à qui Rome moderne doit une grande partie de ſa ſplendeur. Ce tombeau eſt une groſſe tour qui ſubſiſte encore en partie

SAINTE MARIE MAJEURE.

MAUSOLÉE D'AUGUSTE.

(*t*) Antique & riche Egliſe, où ſous une magnifique chapelle, repoſe le Pape Corſini dans une urne de porphyre, ſépulture d'Agrippa, priſe ſous le portique du Panthéon.

(*u*) Fait par Tarquin, entouré de portiques par Auguſte pour contenir plus de vingt mille ſpectateurs.

près de la porte du Peuple. La figure de bronze d'Auguste terminoit les statues des Héros & des Dieux dont étoient ornés les cinq ordres de portiques de deux cents cinquante coudées qui l'environnoient. Au dessus s'élevoient des avenues d'arbres, promenade ordinaire à la noblesse Romaine au bord du Tibre, hors de la ville, avant l'enceinte faite sous Aurélien, ainsi que le champ de Mars qui s'étendoit jusqu'au mont Capitolin. J'ai monté sur les débris de deux ordres de ces portiques, plantés à présent d'orangers au lieu de cyprès.

Mon ame tend vers les cieux, la curiosité me porte toujours sur les pyramides, & visite avec peine les souterreins. Nous voulûmes l'autre jour parcourir les Catacombes à Saint Sébastien : quarante milles en circuit d'allées étroites, sombres, humides, & bordées de tombeaux incrustés dans le mur ; quelle triste promenade ! Je revins bientôt sur mes pas ; même les sept salles, réservoirs des bains de Titus, especes de celliers bien bâtis en enfilade, m'ont plus refroidie que charmée. Sur le mont Palatin, je m'arrête volontiers dans le vestibule des Empereurs aux jardins Farnese, pour considérer Agrippine assise d'une maniere qui inspire vraiment le repos ; & ne puis me résoudre à voir dans les caves quelques figures à fresque.

CATACOMBES.

JARDINS FARNESE.

qui s'y conservent. Je crains le froid des voûtes souterreines du Palais de Titus, si bien peintes, que Raphaël en imita les grotesques. genre bas, que je laisserois sans regret se perdre sous ces ruines. Je ne me suis point ensevelie non plus sous le tombeau de Sextius, de marbre parien, élevé de cent pieds par hauts degrés en pyramide d'Egypte, dans la forme la plus durable ; une chambre intérieure de douze pieds y montre encore des desseins parfaitement colorés, & deux petites colonnes corinthiennes accompagnent ce mausolée bien conservé, près de la porte qui mene à Ostie. Nous l'avons admiré en allant à Saint Paul, Eglise bâtie par Constantin. Cinq nefs la divisent par cent quatorze colonnes d'Egypte, prises du tombeau d'Adrien ou des bains d'Antonin. Il reste de ces thermes des salles entieres, hautes, vastes, nombreuses, mais peu éclairées, soit que les débris empêchent de découvrir par où le jour y venoit, ou que les anciens voulussent y jouir d'une douce obscurité. Quelques-uns pensent que ces lieux prenoient du jour par des soupiraux comme nos caves, ou d'en haut par des pierres percées de petits trous propres à donner assez de lumiere, & à n'admettre ni l'eau ni les insectes. Le verre étoit rare jadis, & le talc ne laisse point voir les objets extérieurs ; ainsi l'on perdoit peu à ne pas multiplier les croisées des maisons, dont l'extrême épaisseur rendoit les appartements plus paisibles, & les garantissoit du froid & du chaud. Les Romains perpétuerent leur mémoire non seulement par la fermeté de leurs actions, mais encore par la solidité de leurs murs. La matiere en étoit si bonne, que dans les fouilles qu'on fait pour arracher à la terre les trésors des arts que la barbarie y plongea, quand on n'en tire rien de précieux, la quantité de briques cassées, trouvées aux fondements des édifices détruits, paie les frais du travail. Ces matériaux sont préférés pour la construction des bâtiments modernes aux briques nouvelles.

Que nous avons d'obligation aux destructeurs qui mirent sous terre les chefs-d'œuvre de l'antiquité! Souvent on les y trouve bien conservés; l'air les auroit noircis & rongés. Rome antique eut, sans doute, autant de colonnes & de figures de marbre, que d'habitants. Depuis tant de siecles qu'on en déterre, toute l'Europe en orne ses cabinets, & l'on compte encore soixante mille statues ou bustes dans la ville ou les environs; onze obélisques retrouvés des vingt-quatre que les Empereurs y firent transporter d'Egypte (*x*),

_____

(*x*) Les voyageurs rapportent qu'on y en voit encore sur pied & de renversés, & d'à moitié taillés dans les carrieres, sur-

& mille colonnes de jaspe, bazalte, brocatelle, agate jaune, verd antique, granit & porphyre, toutes d'une piece. Nous n'avons plus l'art de tailler ce porphyre, du moins qu'avec un temps infini ; on appelle antiques ces marbres précieux, quand on n'en découvre plus les carrieres, la plupart sont perdues ou épuisées ; le jaspe de Sicile est pourtant fort beau, l'espoir nous reste d'en retrouver encore d'autres, ainsi que nombre de médailles qui nous manquent. J'ai lu quelque part qu'un médaillon de Trajan porte au revers le grand cirque & une vue du mont Palatin, où brille le temple d'Apollon, dont les ruines subsistent. On voit sur d'autres monnoies d'Empereurs les colonnes Antonine & Trajane ; l'arc de triomphe de Drusus ; celui de Severe ; les temples de la Concorde, de Jupiter tonnant, de Faustine, de Vesta : les cirques Agonal & Caracalla, le pont Ælien & le colisée sur les monnoies de Titus. Puisqu'il fut d'usage d'y graver ainsi les monuments fameux, & que nous ne voyons sur aucune le mole Adrien, le Panthéon, le mausolée

MÉDAIL-
LES.

tout dans la haute Egypte, où il y en eut de bien plus hauts qu'aucun de ceux qu'on a transportés à Rome. Sesostris, contemporain de Moyse, trois cents ans avant la guerre de Troie, fut l'inventeur de ces prodigieux monuments ; chacun, selon Pline, étoit l'ouvrage de vingt mille hommes, pendant vingt ans. L'obélisque de Saint Jean de Latran est venu sur une galere à trois cents rames. Senesertus, contemporain de Pithagore, le fit tailler.

d'Auguste, la maison dorée de Néron, les thermes de Dioclétien, croyons que la terre nous garde beaucoup de ces médailles: leur empreinte est l'unique moyen de reconnoître avec certitude les statues & les édifices mutilés. La sculpture & la gravure en fonte s'instruisent réciproquement, fixent les époques, la qualité des personnes & leur figure: une médaille de Commode conserve l'Hercule Farnese; une d'Antonin, l'Apollon du Belvedere; celle de Faustine, la Venus de Medicis; la statue équestre de Marc-Aurele est sur une de Lucius Verus. Ces quatre merveilles, disent les érudits, sont du temps des Antonins: Pline en parleroit, s'il les eût connues. L'Antinoüs, mort sous Adrien leur prédécesseur, doit être du même regne. Cette statue qu'aucun Camée ne montre, se voit sur une cornaline antique. Le Roi a le cabinet de médailles le plus complet. Pour l'enrichir encore, l'Abbé Barthelemi, très-digne conservateur de ce Musée, en vient de rapporter trois cents de son voyage de Rome.

On n'a point cherché dans le Tibre, ni sous le palais des Empereurs, ni du côté du Capitole, d'où l'on voit sortir les chapiteaux d'immenses & superbes colonnes ensevelies. La plupart des découvertes ont été faites par hasard en fouillant, pour fonder de nouveaux édifices. Ainsi la terre, sans doute,

COLONNES ENSEVELIES.

recele encore autant de merveilles que nos foins en ont mis au jour. Mais ces tréfors font comme ceux du Pérou; il convient que d'une main avare nous les déterrions peu à peu, la quantité en diminueroit le prix. Si la grandeur, la perfection de l'architecture & de la sculpture restées des Romains, montrent leur fomptueufe puiffance, ces morceaux prouvent auffi la beauté & l'adreffe favante des Grecs, puifque ces peuples ingénieux en furent les artiftes, & leurs femmes & leurs athletes, les modeles. Pour la partie de l'imagination, ces defcendants de Cadmus l'emportent, ce me femble, en tout genre. Leurs ouvrages ont tranfmis le bon goût, non feulement aux anciens Romains, mais aux modernes. Rien ne l'annonce mieux que l'invention & la diverfe magnificence des fontaines de cette ville. Outre celles des places Navone, Trevi, Montorio, Saint Pierre, dont je vous ai parlé, celle du palais Barberin eft un Triton, dont la trompe, au lieu d'élever fes fons aux cieux, y porte une colonne d'eau qui retombe en pluie. A la place d'Efpagne, la fource ne pouvoit monter, une barque fubmergée rend l'onde par les écoutilles. Près du pont Sixte, le bruit, l'impétuofité d'un torrent qui fe précipite d'un roc artificiel, femblent prêts à tout fubmerger. Vers les Chartreux, c'eft Moyfe qui

FONTAI-
NES.

rappelle le miracle de la Bible ; d'un coup de sa baguette sortent trois fontaines d'un rocher. Gédéon d'un côté, mene son armée à la source jaillissante ; de l'autre, Aaron y conduit son peuple ; quatre lions de bazalte en gardent l'entrée, dont deux jadis gardoient celle du Panthéon. Pourquoi n'avons-nous point à Paris toutes ces belles fontaines ? Nous manquons d'eau, me dit-on ; cette réponse fait taire tous mes vains desirs ; mais j'ai peine à m'arracher d'un pays si fécond en merveilles, & des gens aimables qui m'y gâtent, pour prendre la route de Naples. Chacun a la bonté de régler mon voyage, & de me marquer mes logements sur les monts, de peur que la plaine ne soit pas encore purgée des vapeurs mal saines que la chaleur y attire. Il faut pourtant partir ; les pluies de Septembre, annuelles ici, commencent, & le soleil n'est plus si dévorant. Comment faisoient les Poëtes latins ? Ils composoient apparemment l'hiver ou la nuit : loin de pouvoir faire des vers, j'ai peine à lire ici le jour. Pendant que tout dort à midi, & qu'en vain je cherche à dormir, mon imagination se nourrit du plaisir d'habiter aux lieux qu'ont éternisés tant de gens célebres. Quelquefois je veux absolument qu'on me montre la maison de Ciceron, d'Ovide, d'Horace, &c. Nul ne peut me satisfaire, ni même me dire où furent leurs tombeaux : je verrai du moins celui de Virgile dans mon petit voyage, dont je vous ferai le récit. Adieu.

VINGT-SEPTIEME LETTRE.

De Naples, ce 1 Octobre 1757.

Avant notre départ de Rome, où j'espere revenir bientôt, ma chere sœur, il fut décidé que, pour éviter l'air marécageux du bord de la mer, nous prendrions la route du mont Cassin, & coucherions toujours sur les montagnes. Là, sont situés la plupart des villes & villages du pays, pour éviter l'inondation des torrents, & avoir plus d'air.

Notre premier gîte fut au château des Pamphiles, à Valmontone. Le lendemain, en cheminant le soir, j'apperçois une forteresse au dessus des nuages. Vous seriez bien étonnée, me dit mon compagnon de voyage, si un lit nous attendoit là ! Je le crus impossible ; point du tout, c'étoit Fronsinone, où nous devions coucher. Nous commencions déja à tortiller autour du rocher pour

VALMON-
TONE.

FRONSI-
NONE.

pour l'escalader. J'en vis descendre & monter une quantité de femmes belles, fortes, de grande taille, à cheveux noirs, tête nue, droite & couronnée d'un grand vase à deux anses qu'elles soutiennent d'une main. Oui, soir & matin, sans se plaindre, ces nymphes descendent des nues à la riviere, y puisent de l'eau, & remontent en chantant, en dansant, sous un poids qui nous assommeroit. Ce coup d'œil, aussi charmant que surprenant, me fit oublier que j'allois aux cieux. Le Gouverneur du lieu, M. Finochetti, nous fit l'honneur de venir au devant de nous. Les compliments réciproques se firent en grimpant; mais à l'entrée de la ville, notre roue s'engagea dans la borne au point d'y rester. Si la rue eût été moins serrée, nous aurions rudement versé. Enfin, nous parvînmes à pied au château, que le peu de plate-forme du mont oblige d'être étroit. Nous y trouvâmes de bons lits, un hôte poli, & des ortolans exquis. Ces petits oiseaux très-gras sont communs en Italie dans cette saison. Le troisieme jour nous couchâmes au pied du mont Cassin; mais dès l'aurore, la chaise à porteurs de l'Abbé, par une lieue de détour, dans un bon chemin très-escarpé, me monta au couvent des Bénédictins, riches de cinq cents mille livres de rente. Leur Eglise est de marbre de toutes couleurs.

MONT CASSIN.

aussi bien réunies & nuancées que les fleurs des damas de Lyon. J'avois oublié de demander au Pape la permission d'entrer dans le monastere, je n'en pus voir que l'architecture, y faire ma priere à de magnifiques autels, admirer les rares tableaux des appartements extérieurs, & la plus belle Vierge de Raphaël. La situation de cette grande & somptueuse solitude découvre un vaste paysage ; mais l'élévation en rend les objets confus : la vie de leur fondateur, dont les moines m'ont gratifiée, dit que Saint Benoit l'an 529, suivi de ses disciples, Saint Maur & Saint Placide, & de trois corbeaux ses éleves, dont (par respect pour le Saint) on garda la race cinq cents ans dans la communauté, vint avec eux sur ce rocher, où deux Anges le conduisirent. Par leur commandement, il y détruisit un temple célebre d'Apollon, & fonda un ordre non moins célebre. Où fut un faux prophete, il s'en établit un véritable. Le bruit de ses miracles lui attira la visite de Totilla, Roi des Goths, qu'il émerveilla & toucha par ses connoissances de l'avenir. Les prédictions font plus d'impression que les prédications. Le tombeau de ce fondateur se trouva au seizieme siecle aux lieux où fut le sanctuaire des Muses. Loin de bouder contre le Saint qui renversa leurs autels, voici les vers qu'elles inspirerent en son honneur.

Nurfia me genuit, fpecus obtulit alta Cafini.
Me rapuit vertex, Aula beata tenet.

Je paſſai un jour à parcourir cette retraite hoſpitaliere, où tous les voyageurs ſont bien reçus, & crus être obligée d'y retourner le jour ſuivant; car nos chevaux ne purent jamais franchir un monticule que l'avarice des moines, dit la médiſance, rend impraticable pour dégoûter les pélerins.

Des bœufs plus utilement employés à conduire une charrue dans le vallon, vinrent à notre ſecours. Nous manquions de harnois pour les attacher au timon; au lieu de tirer devant eux, ils jettoient la voiture d'une haie dans l'autre; obligée d'en ſortir, je n'avois pour abri contre un ſoleil dévorant, qu'un mince paraſol, ma femme de chambre pour compagnie, & le reſte ſe déſeſpéroit & crioit contre des bêtes qui n'en alloient point un pas plus vite. Cette ſcene dura au moins deux heures. La fin de la route ne valut gueres mieux, & nous obligea à paſſer la nuit dans un repaire de muletiers, où tout manquoit, excepté le fumier. Je me relevai auſſi laſſe que je m'étois couchée; & arrivai à Capoue pour la meſſe, où je vis s'étaler une Dame en pet-en-l'air, ſoutenue d'un écuyer déguenillé;

suivie d'un page de quarante ans, & de deux petits laquais armés d'une longue épée au côté. L'équipage & l'air d'importance de la Marquise, me donna une grande idée de la noblesse du pays.

CAPOUE.

Non loin des fameux côteaux du vin de Falerne, de Massique, de la nouvelle Capoue, fut l'ancienne ville de ce nom. Nous en vimes les debris des portes & des amphithéatres en

CAZERTE.

allant à Cazerte, château superbe, que Sa Majesté Sicilienne fait construire sur les desseins de Vanvitelli, Architecte Romain. Le rez-de-chaussée est fini jusqu'au premier étage : quatre grandes cours jointes par des portiques de marbre, & baties à quatre faces d'une belle architecture, en formeront l'enceinte. Ce sera dans dix ans le plus superbe palais de l'Europe. Un aqueduc comparable par sa forme & sa longueur, aux travaux des Romains, y porte des eaux abondantes.

NAPLES.

De là, dix-huit milles d'un excellent chemin dans la campagne la plus féconde, conduisent à Naples, jadis Parthenope, du nom d'une Sirene dont la voix faisoit sur ces bords oublier aux voyageurs les horreurs du naufrage. De nos jours il y en a bien plus d'une ; c'est le pays des cantatrices : nous y logeons chez une

Angloise, commodément, à bon marché, & près du Marquis d'Ossun, notre Ambassadeur, qui nous comble de bontés. Il vit ici avec magnificence, aimé, considéré des courtisans & des citoyens. Le séjour du Roi le retient à présent à Portici, à deux lieues de la ville. Tous les Ministres, pour l'obliger, nous y donnent à dîner : ainsi nous faisons souvent ce petit voyage au bord de la mer par une très-agréable route. Au retour, je rends mes devoirs aux Dames qui m'honorent de leur visite en considération de la Princesse de Colombrano, grande géometre, qui, par bienveillance pour mes foibles talents, a la bonté de me conduire. Dès le lendemain de mon arrivée, je la suivis à la cérémonie des Chevaliers de Saint Janvier. Le Roi & tout l'Ordre avoient le manteau rouge à fleurs de lis d'or, l'habit & veste d'argent brodés d'or; cet uniforme, où presque tous joignent la plaque de diamants, forme un riche coup d'œil. La Reine avec les petites Princesses, remplissoient une tribune, & toutes les Dames étoient en bas derriere les bancs des Chevaliers.

CHEVALIERS DE SAINT JANVIER.

La noblesse de Naples est nombreuse & magnifique en habillements, & dans ses équipages. La ville a, dit-on, six lieues de tour, & contient cinq cents mille ames. Quoique les rues soient en amphithéatre, & pavées de larges pierres plates des laves du Vésuve, les petits chevaux du pays sont si bons, qu'ils y gravissent comme des chevres. Peu de beaux palais, excepté celui du Roi, les décorent ; mais les maisons assez uniformes, & les toits en terrasse, font un bon effet. La rue de Tolede, qui sert de cours aux carrosses, étonne par sa largeur & la fourmilliere de passants. Les enfants du peuple vont entiérement nus, & les gens faits, à moitié vêtus, pour éviter la chaleur.

PALAIS.

Les Eglises brillent plus en argenterie, fleurs, dorures & peintures, qu'en architecture. Les fontaines, les obélisques, sont d'un mauvais goût. On ne conçoit pas qu'à cinquante lieues de Rome, on en imite si peu les vraies beautés. Le temple des Saints Apôtres, bâti par Constantin sur l'autel des faux Dieux, & peint par Lanfranc, conserve les cendres du cavalier Marin, mort en 1625. Les Eglises de Sainte Claire & des Jésuites, sont les plus renommées. Ces Peres en tous lieux l'emportent, par la beauté de leurs maisons & la richesse de leurs chapelles : celle de Saint Ignace à Rome est d'un prix inestimable : sa statue d'argent massif est enrichie d'une étole couverte de pierreries.

EGLISES.

Je n'ai pu voir aujourd'hui sur la montagne

le sanctuaire des Chartreux, où brille le crucifix de Michel-Ange, qui, dit-on, ôta la vie au modèle pour mieux imiter son agonie. Ces solitaires craignent que les femmes ne troublent leur superbe retraite, mais leur terrasse ne m'est point interdite. De là, Naples semble un amphithéâtre dont la mer est l'arène, & les côteaux qui l'environnent, en forment les gradins & les décorations. Sur le rivage couvert de vaisseaux, tantôt les flots se creusent des retraites dans la terre, tantôt un rocher résiste à leurs efforts, & s'avance sur les eaux. A l'orient, l'air épaissi de la fumée du Vésuve, borne la vue : au couchant, la montagne du Pausilipe fixe les regards par la richesse des jardins & des bâtiments qui la couvrent. Les isles d'Ischia, Procida & Caprée, où Tibère se plongeoit dans la volupté, où quelquefois Auguste se livroit au repos, paroissent dans le lointain. Pour découvrir encore mieux ces objets curieux, nous montâmes au dessus du couvent, jusques sur les toits du château Saint Elme. J'en suis descendue lasse, je vous écris lasse ; on m'envoie ici vos lettres, je prends sur mon sommeil pour y répondre ; mon extrême agitation me rappelle des vers de ma jeunesse, & malgré ma fatigue, je vais les trans-

CHARTREUX.

VUE DE NAPLES.

crire tels qu'alors je les fabriquai : en y comparant mes longs poëmes, & mes longs voyages, voyez quel changement l'age apporte à nos sentiments ! Que l'humanité est inconstante ! Je ne comprends rien à mon caractere, j'ai toujours entrepris les choses les plus hasardeuses avec la plus grande timidité, & vivant dans le monde avec du goût pour la solitude, j'ai souvent sans humeur fait de tristes réflexions : jugez par ces rimes, combien mes idées étoient quelquefois noires à vingt ans.

  Plus je vis, & plus je méprise
  Tout ce qu'on appelle plaisir.
  Renonçant à toute entreprise,
  J'anéantirai tout desir ;
  Au lieu d'amour, j'aurai dans l'ame,
  Des doux loisirs le calme heureux ;
  D'un front égal, toujours je veux
  Prendre l'encens, souffrir le blâme ;
  Et pour tout soin, loin des grandeurs,
  Guider ma fragile structure,
  Sans désespoir & sans douleurs,
  Jusqu'au terme que la nature
  Voulut prescrire à nos malheurs.
  Tous les mortels passent leur vie
  A s'ennuyer en mouvement ;

Moi, je trouve moins de folie
A m'ennuyer tranquillement.

Chi ben sta, non si move.

J'ai fait mentir le proverbe, car j'étois bien, quoique j'aie changé de place, & ne m'en suis pas mal trouvée.

VINGT-HUITIEME LETTRE.

De Naples, ce 8 Octobre 1757.

Vos courtes réflexions & celles de ma mere, valent mieux que mes longs récits, ma chere sœur; mais vous dites qu'ils vous plaisent, on a si rarement le bonheur d'amuser, que ce succès redouble le plaisir que j'ai à vous écrire.

Si votre amitié me demande sur-tout les choses qui me concernent, j'ai aussi fort envie de vous dire qu'on acheve de me gâter ici. Sachez combien j'y suis recherchée. La Duchesse de Sainte Théodore, belle-sœur du Marquis Caraccioli, que vous avez vu à Paris, hier, après un grand dîner qu'elle nous fit l'honneur de nous donner, m'appella fur fon balcon ; c'étoit pour me montrer une Religieufe de fes parentes qui vouloit me voir de fon clocher voifin. Dans mon étonnement, je me confondis en humbles révérences. Cette jolie Duchefse me mene enfuite voir l'augufte palais où fe rend la juftice. L'Avocat interrompt fa caufe, & m'honore d'un compliment. Vous favez comme je rougis facilement : l'affemblée étoit nombreufe, jugez de mon embarras. Tous les matins un Marquis (y) fexagénaire, homme d'efprit & lettré, m'envoie liqueurs, parfums, bombons, éditions rares de livres latins ou italiens, & gants de laine de poiffon. Vous connoiffez la mouffe qui couvre certains coquillages ; on a la patience d'en raffembler affez pour la filer, & d'en faire un tiffu plus doux, plus brillant, & plus chaud que la foie. Me mene-t-on aux Tragédies de College, des vers à ma louange fe débitent fur le théatre. Nous allons aux prifes d'habit, où toutes les Dames s'affemblent ; bouquets, nœuds de rubans, compliments flatteurs me reçoivent. Je dois fans doute ces bontés à celles dont m'honorent la Princeffe qui me conduit, & notre Ambaffadeur. D'ailleurs, les femmes, comme les grands, font

(y) Le Marquis Fraggiani.

encensées sans choix. On en fait trop de cas en apparence, trop peu en effet de leur capacité. Notre sexe censure par jalousie, celles qui ont du mérite; l'autre attribue sans examen leurs succès aux bons conseils de leurs amis. Les hommes se dédommagent ainsi, dans notre absence, des louanges qu'en présence le besoin de nous plaire leur arrache sans cesse; mais ce superflu d'encens qu'on croit donner sans conséquence ou par habitude, oblige notre raison à en rabattre au point de ne savoir où s'arrêter. Toutes les belles sont Vénus ou Minerve; les guerriers, des Césars; chaque poëte, un Homere. Un si pernicieux abus des termes met hors d'état d'en trouver de distinctifs pour célébrer les vrais héros; l'amour propre du vulgaire les prodigue, sans doute, afin que les gens supérieurs n'en puissent plus tirer vanité: mais revenons à notre cérémonie religieuse. Les filles s'enferment ici comme à Venise & à Rome, à grands frais. Celles qui se destinent au cloître, assistent à ces sacrifices en robe de cour, & sous le nom d'épouses sacrées, (avant leur entrée au noviciat) sont promenées ainsi par-tout dans la plus grande parure. A la profession dont je vous parle, j'eus le plaisir d'entendre Cafarelli, coriphée de deux tribunes de musique. Ces chœurs de voix placés à droite, à gauche des autels les mieux illuminés, donnent l'image des symphonies célestes. Les concerts me plaisent plus à l'Eglise qu'au théatre. Les voûtes multiplient les sons à mes oreilles, & les adoucissent. Le grand Opéra n'est point encore ici. Je n'en puis voir que la salle immense à six rangs de loges ; mais nous avons des bouffons dont l'orchestre est excellent. Naples est le centre de la bonne musique. Les écoles qu'on y trouve en ce genre, nommées Conservatori, fournissent toute l'Europe de sujets. Nous logeons vis-à-vis d'un de ces séminaires d'enfants destinés à n'en jamais produire. Tout le quartier n'en retentit pas moins de leurs concerts. Le Marquis d'Ossun nous donna, il y a quelques jours, une musique d'un petit nombre d'instruments, mais parfaits : je lui dis sincérement que je préfere ce choix aux plus nombreuses symphonies. Bientôt sa galanterie nous fit entendre les mêmes accords à Pouzzol. La fête commença par manger des huîtres sur le tombeau de Virgile, dont la célébrité fait croire au peuple que les cendres d'un saint ou d'un magicien y reposent. Ils croient que le pouvoir de sa baguette perça

PAUSI-LIPE. le mont Pausilipe, & l'estiment plus, dit Adisson, par cet ouvrage, que par l'Enéide. Voici des vers gravés sur ce fameux mausolée.

Mantua me genuit, Calabri rapuére, tenet nunc
Parthenope: cecini pascua, rura, duces.

Sistite, viatores, quæso, pauca legite:
 Hic Maro situs est.

A l'ombre d'un laurier toujours verd qui couronne les ruines de ce mausolée, le galant Abbé Liganio me fit tenir ces vers:

Del gran Virgilio ad una pianta annosa,
 Sacrata, quella cetra aûrea pendeà,
 Che cantò selve, Armenti, e il prode Eneà
Cogli avanzi di Troja alta, e famosa:

Nè Mergellina ancor sempre gijosa
 Con Pausilipo suo veduto aveà,
 Ne in questa, ò in altre Età veder credeà
Mano a toccarla sol atta, e ingegnosa:

Ma tosto che Dal Franco invitto Regno
 Giunta sentì l'immortal Donna altera,
 Che al Colombo diè fama in stil sì degno;

Or sì, disse, vedrò, dove il Fràl era,
 E la cetra di quel, ch'io serbo in pegno,
 Sedersi lieta una sua imagine, vera.

Après le déjeûner, nous passâmes sous ce tombeau par le Pausilipe, chemin des Romains, pavé, poudreux, & creusé à peu près de deux milles dans la montagne. Le jour n'y vient que par les deux bouts, & d'un trou percé au milieu. En sortant de là, nous vîmes dans la grotte du chien, un de ces animaux expirant, renaître dans le lac voisin, & nous admirâmes à

Pouzzol. Pouzzol la porte que Trajan y fit bâtir. Ce lieu de délices des anciens nous montra les débris des temples qu'ils y consacrerent. Celui d'Isis ou de Sérapis conserve encore un parquet, un autel, deux hautes colonnes, & des murs endommagés, le tout de marbre, ainsi que des espèces de lieux à l'angloise à plusieurs trous. On suppose que les Prêtres y faisoient leurs ablutions. Sur la colline voisine se trouve la premiere galerie d'un amphithéatre, & les colonnes d'un temple de Jupiter, aujourd'hui dédié à la Vierge. Ce rivage fournit la terre sablonneuse qui du nom du lieu se nomme Poussolane, se durcit dans l'eau, & devient un mortier inaltérable. Les bords de la mer sont chargés de murs des palais qu'elle a rongés. Les vagues y rapportent souvent des pierres gravées, les unes décharonnées ; d'autres, selon l'usage antique, montées sur d'énormes anneaux. Les paysans du lieu, connoisseurs par habitude, les vendent suivant leur beauté. Ils nous en présenterent, & à la Duchesse de Calabrette, qui joint à beaucoup d'esprit & de charmes, un goût d'étude & de discernement pour ces raretés. Elle me fit la grace de m'en donner une bague moins précieuse par son antiquité, que par la main très-moderne dont je la tiens. Son dessein étoit de me mener voir toutes les merveilles du canton, & de m'en instruire; la musique apres dîner, l'examen des camées, nous mena trop loin: il falloit passer un bras de mer, nous en perdîmes l'instant, & ne vîmes que la Solfatara, volcan affaissé, qui forme un creux applani de mille pieds de diametre. Les pierres qu'on y jette par les soupiraux d'où sort la fumée, annoncent par leur retentissement, que le feu creuse encore en dessous; la chaleur qui s'en exhale, sert sous des baraques à faire bouillir les chaudieres ou l'on purifie le vitriol & l'alun qu'on tire du sol brûlant. L'odeur du soufre qui me suffoquoit, m'empêcha d'en parcourir le mobile terrein. Les démons, selon le bruit public, s'y donnent la nuit des sérénades. Nous leur abandonnâmes ce cirque bitumineux, & retournâmes le soir à Naples, bien résolus de revenir à Baïes un autre jour. L'agitation de la mer s'y oppose toujours; je vous dis à regret que nous n'avons vu ni les

SOLFA-TARA.

cent chambres de brique dont Dédale forma le labyrinthe, ni les souterreins voluptueux du temple de Vénus, ni les bains chauds de Tritoli, détruits, dit-on, par les Médecins modernes, parce qu'ils guérissoient trop vite leurs malades: lieux couverts de murs, voûtes, colonnes renversées: lieux où jadis César, Pompée, Cicéron, Marius, Sylla, eurent leurs maisons de délices; où Pison trama la conspiration contre Néron; où furent les thermes de ce cruel Empereur, & de Domitien son oncle, qu'il y fit empoisonner. Ces rivages chéris des Romains, au point qu'ils faisoient cent cinquante milles pour y chercher la salubrité de l'air, passent dans notre siecle pour mal-sains.

Quelle douleur de n'avoir point vu non plus ce lac Averne, chez les anciens, redouté des oiseaux & des poissons, à présent excellent pour la pêche; ni les Champs Lyüens qui ne font plus d'envie à personne; ni le tombeau d'Agrippine, abimée dans ces mers, par ordre de son fils, sur un vaisseau préparé pour la promener sur l'onde; ni le rocher creux de Misene, chanté par Virgile, dont le sommet montre les restes des jardins de Lucullus, où finit Tibere, où Messaline fit mourir Valerius; ni les ruines fameuses de Baïes, où mourut Adrien; où Caligula, à l'exemple

ple de Xerxès, fit un pont de plus d'une lieue sur la mer, pour passer en triomphe à Pouzzol; où César, Antoine & Pompée, tinrent leur conférence; ni le lac Lucrin, vanté des Romains pour les bonnes huîtres, à présent presque enseveli sous Monte Nuovo, qui, le jour de Saint Michel 1538, s'éleva subitement de quatre cents toises, sur trois mille pas de tour, avec un bruit & des feux de tonnerre, brûla, renversa & désola tout l'espace de six milles, abîma la ville de Tripercole, & fit reculer la mer; ni Cumes, où l'antre de la Sibylle répond par des détours souterreins au temple d'Apollon, qui regne encore sur la montagne voisine. Un savant Chanoine de ces lieux, nommé Martorelli, Auteur d'un traité sur le papier & l'encre des anciens, & sur les ruines de Pouzzol, m'a dit qu'il fait un livre pour prouver que des environs de Naples, naquirent toutes les fables de l'Odyssée & de l'Enéide. En effet, les Lestrigons, habitants de Formies, sont de la Campanie: les isles de Circé, des Sirenes, des Cyclopes, de Gerion à trois corps, ornent les mers voisines; Polypheme régnoit en Sicile; Pluton y enleva Proserpine; Alphée y suivit Arethuse; Charybde & Scylla gardent le détroit qui la sépare de l'Italie; la Sibylle, le rameau d'or, l'entrée des enfers, les Champs

Elyſiens, tout ſe trouve au rivage de Cumes; Miſene fut le tombeau d'un compagnon d'Enée; mille autres faits merveilleux que ne me fournit pas ma mémoire, éterniſent ces bords féconds en prodiges. La difficulté du chemin m'a auſſi privée de voir à vingt lieues plus au midi, ſur les mêmes rivages de la mer, loin de toute habitation, l'ancienne Pœſtum, dont il reſte trois temples en colonnes doriques, ſans baſes, & peu élevées, comme dans l'enfance de l'art.

De l'autre côté du golfe dont Naples fait le fond, s'éleve le Veſuve, que j'eſcaladerai bientôt. Tout change, vous le voyez, de nom, de forme, de ſituation, les monts s'abaiſſent, les vallées s'élevent, la mer donne des lacs à la terre, la terre lui rend des iſles, les rivieres tariſſent, d'autres ſources renaiſſent, mais ma tendreſſe pour vous eſt invariable.

VINGT-NEUVIEME LETTRE.

De Naples, ce 15 Octobre 1757.

J'Ai enfin descendu dans Herculanum, ma chere sœur ; votre derniere lettre me rappelle le desir que je vous ai toujours marqué de voir cette cité conservée par l'accident même qui l'abîma, l'an de Jesus-Christ 76, sous le sixieme Consulat de Titus.

HERCU-
LANUM.

Le Duc d'Elbeuf (*z*) encore vivant à Paris, la retrouva en 1736, en creusant un puits dans sa maison de Portici. Il découvrit sous une voûte des colonnes, des statues de marbre qu'il envoya à Vienne au Prince Eugene (*a*), & céda ensuite ce terrein au Roi. Sa Majesté Sicilienne y fit fouiller l'espace de plusieurs milles entre le Vesuve & la mer, & déterra une ville, qui, suivant les inscriptions, l'an 1342, avant l'ere chrétienne, fut fondée par Hercule. Le paganisme, qui ose lui attribuer des miracles, dit que pendant les fêtes célébrées au pied du Vesuve en l'honneur de ses victoires sur Gerion & Cacus, ce héros

(*z*) Il épousa à Naples, en 1736, la fille du Duc de Sala.

(*a*) Elles ornent à présent le riche cabinet de Dresde.

enfonça sa massue en terre, qui devint aussi-tôt un olivier abondant. Ce prodige l'invita à bâtir au même lieu Héraclée, habitée, selon Denys d'Halicarnasse, successivement par divers peuples, Osques, Etrusques, Pelasges, Samnites & Romains. En la déterrant, on trouva des tombeaux voûtés en forme ronde, entourés de gradins dans l'intérieur, pour monter aux niches qui contenoient les urnes funéraires. Chose étonnante! un puits encore plein d'eau, non comblé par la lave, un théatre revêtu de beaux marbres, orné de statues & de colonnes ; & près de là, une rue large de six toises, bordée de portiques couverts, où s'ouvroit d'un côté l'entrée d'un édifice en quarré long, cru le Forum des Herculéens ; au fond de la cour, entourée de galeries élevées de trois marches, étoient les statues de Vespasien, Néron, & Germanicus, plus grandes que nature. On tira aussi de leurs niches, peintes à fresque, les bons tableaux de Thésée & d'Hercule. Des figures en bronze, en marbre, ornoient les murs au fond des colonnades de la cour ; le peristile partagé en cinq arcades, y conduisoit par ses extrémités ; & sous chaque voûte de cette entrée, régnoit une statue équestre. Celle de Nonius Balbus, prise en ce lieu, & placée dans une des cours de Portici, le dispute aux plus belles en ce genre.

Les pavés étoient de marbre, & les colonnes de briques, revêtues de stuc, comme on en fait encore souvent en Italie. En face de ce monument, s'élevoient deux temples séparés par une rue, & nombre de maisons à portes de marbre de la même architecture, peintes en rouge sur les lambris, ornées d'arabesques, & pavées de mosaïque, qu'on enleva pour paver le palais du Roi à Portici. Les galeries & les escaliers d'Herculanum sont étroits; les fenêtres ont pour vitres un albâtre transparent, & dans les chambres on voit encore des instruments de sacrifices, chirurgie & cuisine, comme cuillers, lampes, chandeliers, flacons de cryftal épais pleins d'eau, pelotons de fil en partie brûlés, dez à jouer pareils aux nôtres, osselets qui servoient de billets de théatre, où le nom de la piece, & la place qu'on devoit occuper, sont marqués; anneaux, boucles d'oreilles, œufs, noix, le tout avec leurs couleurs, s'y trouvent aussi, ainsi que du bled, du pain, réduits en charbon dans leur forme, tablettes enduites de cire, avec les outils nécessaires, une feuille d'argent roulée, sur laquelle on avoit écrit en grec, des filets de pêcheur encore solides, un cadran solaire (*b*), une

---

(*b*) L'an de Rome 462, selon Pline, Papirius Cursor fit placer près du temple de Quirinus le premier cadran solaire.

bouilloire jointe à un réchaud, avec des robinets tout au tour, nombre de manuscrits en rouleaux, à peu près de la couleur & forme des boucaux de tabac. Ne croyez pas que j'aie vu ces précieuses reliques où on les trouva. Vous connoissez mon aversion pour l'habitation des Gnômes : ma promenade dans cette ville souterreine fut courte, la fumée des flambeaux m'offusquoit, le froid me gagnoit, & j'y cherchois en vain les morceaux remarquables qu'on en a enlevés. Les fouilles nouvelles obligent à combler les anciennes : l'œil curieux voudroit qu'on eût tout vuidé ; mais la profondeur de soixante à quatre-vingt pieds de lave (c) qui couvrent les toits, rend sans doute l'ouvrage impraticable. Ce fleuve de feu composé de minéraux fondus, qui marche à pas lents, a rempli exactement un côté de la ville, comme de plomb liquéfié : l'autre partie est ensevelie sous une espece de ciment de cendres & d'eau qui a pénétré dans les édifices, sans les endommager. Où mettre tant de décombres ? comment les transporter ? Le soin que le Roi prend de ranger dans des cabinets, les raretés déterrées, de les faire graver & décrire, me persuade qu'il auroit

(c) Ce minéral, quand il est refroidi, aussi dur que le marbre, en prend le poli. Les maisons de Naples en sont construites. Les rues en sont pavées.

satisfait, s'il eût été possible, au desir qu'on auroit de parcourir cette antique cité. Ne pouvant en découvrir que très-peu de restes, je la quittai promptement de peur d'un rhume, & fus en admirer les debris dans les galeries de Portici. Il seroit à souhaiter qu'on les portât plus loin; j'ai peur qu'un jour le Vésuve ne rensevelisse ces trésors tirés à grands frais du centre de la terre où ce volcan les plongea. Les gravures que la Cour en fait faire, vous en donneront des détails plus amples & plus justes que les miens.

Quoique parmi les statues trouvées, il y en ait de bonnes, Rome & Florence en conservent de plus parfaites, mais en peintures antiques, dont très-peu subsistoient (*d*), ces deux villes le cedent à Portici. On y vante entr'autres Thésée, tableau de six pieds, sur cinq de large; cette figure presque nue, peinte en face, est d'un dessein correct; les enfants d'Athenes lui rendent graces de la défaite du Minotaure, dont le raccourci marque que cet art fut connu des anciens. La tête du héros est d'un beau dessein: un Hercule nu, un Satyre embrassant une Nymphe, sujets souvent répétés, se font remarquer,

_____

(*d*) La plus célebre étoit la Aldobrandine. Je l'ai vue à Rome chez la Duchesse Carpinetti-Pamphile. Le Pape Aldobrandin la tira des jardins de Saluste.

ainsi qu'Apollon & les neuf Muses, avec leurs noms & leurs divers attributs, qu'aucun monument jusqu'ici ne fixoit précisément; le Centaure Chiron, assis sur sa croupe, qui embrasse Achille & lui apprend à toucher la lyre, fait un ensemble intéressant. L'attention qu'un éleve bien né donne aux leçons d'un maître célebre, la tendresse, les soins qu'on prend d'un enfant précieux, y sont excellemment exprimés. On voit dans de petits tableaux assez bons, un pain semblable à celui qui s'est trouvé en essence, une carafe de verre remplie d'eau parfaitement rendue ; un livre en deux rouleaux ; un porte-feuille assez semblable aux nôtres ; la mode de se vêtir du temps, menuisiers, cordonniers, avec les outils de leur profession, danseurs de corde, Centaures emportant des Nymphes sur leur dos ; un canard plumé d'une grande vérité ; gibiers, fruits, masques de théatre, galeres, chimeres, figures d'hommes, de femmes, terminées en queue d'oiseau, & le char que tire un perroquet guidé par une cigale; une vue de Pouzzol & des environs, qui donne une idée des constructions antiques, & des colonnades & portiques dont on décoroit les maisons de campagne. Ces desseins d'architecture y marquent une idée de la diminution des objets, mais sans connoissance exacte des regles de persppective. Pour en conserver les couleurs qui se ternissent aussi-tôt que l'air les frappe, le Chevalier Venuti a donné la composition d'un vernis, & la maniere de l'appliquer. Le verd, le bleu, qu'on croyoit ignorés des anciens, brillent dans ces paysages ; la représentation de leurs berceaux & bosquets, ornés de jets d'eau, détrompe de l'opinion que cet ingénieux artifice leur fut inconnu. Outre le monde idéal dont la poésie & la peinture enrichissent si agréablement notre imagination, que nous avons d'obligation à leur magie qui rend présents au vrai les objets détruits, les lieux changés, & les bords les plus lointains ! Mon œil se plaît à voir dans les tableaux & sculptures antiques, les jardins, mœurs, vêtements, attitudes des gens morts depuis tant de siecles ! Plusieurs ressemblent au portrait qu'en font les Poëtes, soit qu'ils l'aient pris des Statuaires, soit que les Sculpteurs & les Peintres l'aient tiré des descriptions poétiques. Les statues grecques & romaines, souvent nues & toujours du col & des bras, ont un maintien plus grave, plus de repos dans l'ame que les nôtres, dont les ornements, les attitudes composées, s'éloignent trop de la noble simplicité de la nature. Quoi ! la légéreté qu'on reproche à notre nation, qui semble peinte dans nos portraits & nos statues, passera donc ainsi aux yeux de la postérité!.... Je reviens aux ustensiles restés des Herculaniens, on voit qu'ils en avoient comme nous de toute espece, la rouille a presque détruit les machines de fer; mais le temps n'a pu ronger le cuivre; les outils de chirurgie en sont faits, l'acier bien trempé manquoit jadis apparemment. Ce que j'ai le plus examiné dans ces cabinets curieux, est la maniere de déchiffrer des manuscrits prêts à tomber en poudre. Les premieres feuilles de ces rouleaux, écrits du seul côté intérieur, par bandes, de la largeur d'un vers, bordées d'un trait rouge, sont pénibles à développer. On se sert pour cette opération, d'une espece de petit métier à tapisserie, en pupitre, sur lequel ce parchemin noir & criblé (qu'on a doublé d'un linge ou d'un papier onctueux) s'étend à mesure avec des vis; un mot se découvre, on l'écrit, le suivant fait deviner celui qui manque entre deux; nuls points, nulles virgules n'aident à éclaircir le sens. Le savoir infatigable de Messieurs Mazzochi & Piaggi, supplée à tout. Quand les premiers tours sont développés, moins de trous d'usure facilitent l'ouvrage, il n'a jusqu'ici remis au jour que les livres grecs de Philodémus, épicurien, contemporain d'Horace, qui traitent de musique, médecine, morale & rhétorique; le premier contient quarante colonnes, le deuxieme soixante dix, écrites sur du papyrus avec des plumes de bois taillées comme les nôtres, mais non fendues. Il reste à déchiffrer nombre de volumes, dont l'espérance des Erudits se promet tout ce qui manque à leurs desirs. Si ce docte travail nous rendoit ceux qu'on a perdus de Tite-Live & Diodore, que d'obligations nous aurions aux fureurs du Vésuve, d'avoir mis sous terre ces trésors, à l'abri de la faulx du temps, & de l'ignorance des Barbares!

Ce fameux Volcan a reçu nos hommages. M. d'Ossun, non seulement nous a fait la faveur de nous y accompagner, mais de nous y donner un dîner tel qu'il ne s'en est jamais servi à une telle élévation. L'Hermitage d'un François, seul habitant de ce mont, étoit la salle du festin. Les mets, les vins non conformes à la simplicité du lieu, furent portés de la plaine sur ces rochers escarpés. Un voyage de curiosité pénible devint une fête moitié noble, moitié champêtre. La compagnie remplissoit trois carrosses qui nous menerent jusqu'au de-là de Portici; ensuite des ânes nous porterent deux lieues en montant au travers des vignes abondantes qui fournissent le *Lacryma-Christi*. Que cet excellent raisin &

VESUVE.

les bonnes plaisanteries de mes compagnons de voyage, me furent utiles pour supporter la fatigue! Un d'eux en discourant sur nos bouriques, m'apprit que les Dames Espagnoles, dans leurs tendres transports, honoroient leurs amants du joli nom de bouriquet; il m'en prit une envie de rire qui pensa me jeter du haut en bas de ma noble monture: je la quittai au pied du pain de sucre qui couronne le volcan, & cinquante hommes nous tirerent ou nous enleverent jusqu'au sommet enflammé. Quoiqu'on m'eût avertie de me bien vêtir, je l'étois trop peu pour le froid des hautes montagnes; sans la redingotte de mon laquais, je serois gelée au soleil, à midi, sur un mont de feu. Ce fut l'heure où nous arrivâmes près de la gueule du gouffre: j'y restai peu, le vent glacial me suffoquoit; nous redescendîmes à pied en un instant, ou plutôt je glissai à l'aide de mes bottines dans la cendre jusqu'à mi-jambes. Nos ânes nous ramenerent dîner à l'Hermitage. Notre caravane nombreuse, éparpillée sur les rochers de mâche-fer formés par les laves, étoit curieuse à voir. La chere fut excellente pour des gens dont il faudroit piquer le goût, mais peu convenable à des appétits aiguisés par la fatigue. On mangea trop: nous en fûmes presque tous malades. Peu de gens escaladent impunément ce terrible mont. Plusieurs inscriptions sur le chemin avertissent qu'il est périlleux & difficile. Loin d'en éloigner les curieux, c'est une raison de plus pour les attirer. La gloire de vaincre les dangers les fait aimer. Le récit même des bouleversements causés par ce gouffre enflammé, en agitant l'ame, plait à l'imagination étonnée. Il n'en est point de plus frappant que la description de Pline le jeune, sous Titus, au récit de la mort de son oncle, étouffé par les vapeurs de ce volcan. Sa fureur dort maintenant, gare le réveil. De nombreuses éruptions que vous trouverez décrites par-tout, changent souvent la forme de ce mont isolé que le peuple croit une habitation de démons. *Dicono che lutini vi sono spesso travagliati dai diaboli, spesso sentono ululati, terrori di grandissimo spavento.* Voici les contes que j'ai recueillis sur son origine, & mis en rimes, afin qu'il leur fût permis de blesser la raison.

Le Vésuve qu'aux cieux Vulcain eut de Caprée (*e*).
Aux champs de Parthenope adora Leucoprée (*f*).
Détesté par l'objet de son amour fatal,

(*e*) Isle à l'entrée du golfe de Naples.

(*f*) Promontoire voisin, jadis une Nymphe.

En fleuve il transforma Sébete (*g*) son rival.
A ces naissantes eaux la Nymphe unit ses larmes,
Et sous l'onde chérie ensevelit ses charmes.
Quel effroyable aspect pour l'amant dédaigné !
Malgré tant de mépris, le Vesuve indigné
Brûloit, & dans son sein un volcan prit naissance;
Les flammes que dans l'air exhale sa vengeance,
Renaissent d'une ardeur qu'éternisent les ans.
Selon d'autres, ce mont est un des fiers géants
Armés contre les Dieux. Son nom fut Alcinée ;
Hercule le vainquit, & sa rage enchaînée
Embrasa le rocher qui lui sert de cercueil.
Le temps, loin de l'abattre, augmente son orgueil,
Par ses efforts, ce monstre ébranle encor la terre.
Le feu qu'il lance au ciel semble y porter la guerre.
Son souffle obscurcit l'air, & pour venger ses maux,
Renverse les moissons, seche & corrompt les eaux.
Ces fables ne font plus l'effroi de la contrée;
Mais de l'enfer on croit que ce gouffre est l'entrée.
De terribles combats en déchirent le sein,
Un torrent sulfureux sort de ce souterrein.
Le vulgaire craintif y voit dans les nuits sombres,
Des spectres voltigeants, des fantômes, des ombres,
Et leurs plaintifs accents que l'écho porte aux mers,
Des peuples & des Rois prédisent les revers.

(*g*) Fleuve voisin, jadis Dieu tutélaire du pays.

TRENTIEME LETTRE.

Du Belvedere à Frescati, ce 25 Octobre 1757.

Avant de vous décrire, ma chere sœur, le charmant lieu que j'habite, parlons encore de l'ancienne Parthenope. J'y rencontrai la veille de mon départ, des processions qui me surprirent. On y porte, au lieu de châsses, de belles représentations de Saints, de Saintes en cire, de hauteur naturelle, en habit de Moines ou de Religieuses, il ne leur manque que la parole. Ces figures très-élevées sont suivies du Clergé & des Confraternités déguisées en vingt manieres, comme on en voit dans toute l'Italie, en *domino* de toile grise ou blanche, capuchon en tête, masque sur le visage, le tout bordé de diverses couleurs. Les gens de qualité, par pénitence, prennent quelquefois ce singulier déguisement. Ces Confrairies suivent aussi le convoi des morts toujours enterrés à visage découvert. Les Italiens qui traitent notre coutume de barbare, d'obliger les parents d'assister aux funérailles de leurs proches, ne s'y trouvent point. La dévo-

CONFRA-
TERNITÉS.

tion à Naples paroît encore plus somptueuse, plus vive que dans les autres villes ; bustes de Bienheureux, bouquets d'or & d'argent sans nombre, en parent les autels. Beaucoup de mausolées en marbre décorent ces lieux sacrés. Au pied du Pausilipe est le plus beau, celui de Sannazar, mort en 1530. Le Sculpteur Santa-Croce y mit pour ornement, des muses, des satyres, Apollon & Minerve, que le Sacristain de l'Eglise nomme David & Judith. Voici l'épitaphe que ce Poëte se fit lui-même :

Actius hic situs est. Cineres, gaudete, sepulti,
Jam vaga post obitus umbra dolore vacat.

que je traduis ainsi :

Réjouis-toi, ma cendre ; au fond de ces tombeaux,
Mon ame fugitive échappe à tous les maux.

Le Cardinal Bembo en ajouta une qui compare ce Poëte à Virgile, dont le rocher voisin porte le sépulchre.

De l'autre côté de Naples, sont les ruines du Palais de la Reine Jeanne, beau sans doute pour son siecle, privé des arts ; mais qui, pour le nôtre, n'a de remarquable que d'avoir appartenu

à

à une Princesse fameuse par ses crimes. Entre les raretés de la ville, je compte Mademoiselle Ardinguelli Géometre, jolie, noble, jeune, instruite des langues savantes, & de la françoise & l'angloise, au point de traduire les écrits de Hales. Cet ouvrage dont elle m'a gratifiée, lui suppose de grandes connoissances en physique. Dans un long entretien que j'eus avec elle, j'admirai sa studieuse simplicité, qui la rend peut-être plus contente d'une fortune très-médiocre, que les Princesses du pays environnées de Pages & d'Ecuyers. Les honneurs sont comme les odeurs, dit Christine, Reine de Suede (*k*), ceux qui les portent ne les sentent point; en effet, il n'y a de vraiment bon, que ce qui ne s'achete point, comme la beauté, la gloire & la santé: le pauvre peut devenir opulent; mais le vicieux n'acquiert point de vertus: ainsi la privation de l'or n'est pas un si grand mal. la vraie pierre philosophale est la modération dans ses desirs; j'y trouve tout ce qu'on vante de ce secret merveilleux. Vous direz, ces sentences sont par-tout; oui, les mêmes vérités sous cent formes doivent reparoître sans cesse; les

---

(*k*) Cette héroïne écrivit sur un manuscrit qui lui tomba entre les mains, où on mettoit en doute si sa conversion étoit bien sincere: *Chi lo sa, non lo scrive, Chi lo scrive, non lo sa.*

fictions n'ont pas cette liberté, mais il m'est permis de répéter par la bouche des anciens:

Quis dives ? qui nil cupiat. Quis pauper ? avarus.

Qui rien n'envie est un Créfus ;
Un riche avare est un Irus.

ASSEM-
BLÉES.

Avec un tiers plus de mots, je dis moins que le latin. Est-ce ma faute, ou celle de notre langue ? Les Napolitains n'ont pas le plus pur italien, & leur vivacité les fait parler si haut, que leurs assemblées sont bruyantes. Celles de la noblesse se font ordinairement ainsi qu'en Espagne, à l'occasion des morts, mariages ou baptêmes, & durent huit jours. Comme le nombre en est grand, elles se succedent sans cesse. Dès le premier jour de leurs couches, les Dames reçoivent les visites sans en être incommodées. A Rome, elles se frottent le sein d'une pommade qui fait passer le lait facilement, ne restent point si renfermées, ni dans une diete si austere qu'à Paris, & font beaucoup plus d'enfants, sans d'aussi tristes accidents. Que nos belles n'ont-elles leur courage & leur onguent ! Les climats chauds sont, je crois, favorables aux femmes, elles y accouchent plus aisément, sont plus aimées, ont moins besoin, pour transpirer, de faire de l'exercice, ce qui convient fort à leur paresse : mais continuons mon voyage.

J'avois promis au Cardinal Passionei de me rendre à Frascati, pendant qu'il seroit à son Hermitage des Camaldules; ainsi nous ne pouvions rester davantage à Naples. J'en partis à midi en assez mauvaise santé, pour aller coucher à Capoue. Le lendemain, nous prîmes la via Appia, environnée de myrtes, lauriers & grenadiers, large d'environ quatorze pieds, & bordée des deux côtés de pierres assez élevées, pour que deux charrettes ne puissent sortir de la chaussée pour se faire place. Comment donc passoient-elles jadis? Quelles étoient les voitures des anciens? C'est ce que nous ignorons : ils se servoient sans doute de litieres étroites, alloient moins vîte que commodément, & tous les fardeaux se portoient à dos de mulet; nos coches n'auroient pas laissé subsister si long-temps ce chemin, quoiqu'il soit fondé sur un lit de pavé de dix-sept palmes de profondeur, & recouvert de larges pierres taillées en coin, si bien jointes, qu'elles ont duré mille ans sans se déranger, & que depuis mille autres qu'elles se rompent, il en reste encore des morceaux en bon état. Jugez combien ces gros cailloux culbutés doivent être rudes à passer!

Via Appia.

MOLA. Après avoir traversé le Liris, à présent le Garigliano, nous couchâmes au bord de la mer, dans une chambre percée à jour, à Mola jadis Formies, pays des Lestrigons. Personne ne nous mangea; mais nous n'y trouvâmes rien à manger. Vis-à-vis

GAETE. est Gaëte, où fut enterrée la nourrice d'Enée. Le jour suivant, nous reprîmes la vue de la mer, & la via Appia. La dureté du chemin nous fatiguoit. La campagne couverte d'oliviers, citronniers, orangers, nous charmoit. Ainsi va le monde, du bien, du mal; qui le sait mieux que vous? mais,

Qui guarda ad ogni penna non fa mai letto.

Revenons à nos champs de fleurs, où jadis Ciceron fuyant ses ennemis, fut assassiné par un de ses protégés.

Un nemico è troppo, e cento amici non bastano.

Vous direz que j'aime bien les proverbes: oui, en italien, parce qu'ils me sont plus nouveaux. J'appris celui-ci en dînant à Fondi, que

FONDI. Barberousse assiégea en 1534, dans l'espoir d'enlever une très-belle Princesse Colonne, qui se sauva par des marais bourbeux, pour éviter de régner sur les tapis parfumés du Serrail. Nous couchâmes à l'ancienne Anxur, aujourd'hui Terracine ; lieux où les orangers viennent en pleine terre ; lieux aussi redoutés pour la santé, qu'ils furent recherchés jadis pour la salubrité de l'air ; lieux enfin où je me rappellai qu'Horace fut joint par Mécénas, dans son voyage de Brindes qu'il a si bien décrit. Obligés comme lui de les quitter la nuit, nous ne pûmes voir les débris des palais dont les Romains enrichirent ces bords. Dans l'obscurité, nous apperçûmes avec surprise, des feux de place en place ; j'ignore s'ils sont faits pour réchauffer les bergers, ou pour leurs enchantements. Nous ne pûmes nous arrêter à Veletri, capitale des anciens Volsques. Je savois que le Cardinal Passionei & l'Abbé de Canillac auroient la bonté de se trouver sur la route. Malgré notre empressement à les rejoindre, nous manquâmes long-temps au rendez-vous par l'erreur des postillons. Notre impatience égaloit la faute de nos guides. Le chemin, quoique beau, me parut d'une longueur horrible. J'appaisai l'Eminence (qui avec raison murmuroit) par les dons propres à la charmer. Deux manuscrits rares que j'avois trouvés à Naples, firent ma paix. On me conduisit chez le Prince Pamphile, au Belvedere. Le nom seul

TERRA-CINE.

VELETRI.

BELVE-DERE.

fait l'éloge de la situation d'un lieu où l'art s'épuisa pour embellir la nature. L'aspect que j'ai vis-à-vis de ma toilette, ravit l'œil & l'oreille. Un fleuve tombe en cascade dans une grotte où l'effort des eaux qui meut les machines, anime le marbre; Apollon & les Muses y jouent de la flûte, & Jupiter lance le tonnerre. Tous les voyageurs décrivent ces merveilles & celles de Monte-Dragone, château des Borgheses, VIGNES. & des Vignes Bracciano & Conti. Cette derniere montre encore les réduits des esclaves de Lucullus; le mur qui les renferme, soutient les terres du parc: de gros arbres ont peu à peu percé la pierre, se sont accrus, & contribuent peut-être à sa durée. En me promenant sur un âne, j'ai visité humblement la superbe maison des Jésuites, au sommet de la montagne où fut le TUSCULUM. Tusculum. On leur a l'obligation d'avoir couvert d'un toit, un pavé de mosaïque de la maison de Ciceron, représentant Pallas armée d'une tête de Méduse, dont le savant pere Boscowich a levé le beau dessein. On voit au même lieu, des vestiges de la magnifique habitation de ce Consul, tels qu'un reste de théâtre, & des voûtes d'une promenade couverte. Le Cardinal Passionei (qu'on peut lui comparer en éloquence, mémoire, érudition, esprit patriotique,) pour se reposer des soins de son ministere, a fait un paisible & pieux Hermitage aux lieux où l'Orateur se délassoit de ses travaux. Voyez combien l'érudition est utile ! Son Eminence manquoit de fontaines, & savoit par Strabon, qu'il y avoit eu des conduits d'eau sur le rocher ; à force de fouiller, le livre en main, elle les a retrouvées, & s'est servi de buffles qui mangent moins, labourent & tirent mieux qu'aucun animal, pour transporter sur ce mont très-élevé, des statues, des urnes (*i*), & des tombeaux de marbre d'un poids énorme, distribués avec goût sur les terrasses. On découvre au dessous, Frascati & *Monte-Porcio*, où fut la demeure de Caton. De là, l'œil traverse la plaine, s'étend jusqu'à la mer, se promene sur les Appennins, voit l'Algide & le Soracte (*k*) couronnés de neige, s'arrête sur Rome, & se retourne volontiers pour admirer la distribution ingénieuse des cellules que la maison renferme. La structure ne ressemble en rien à tous les lieux de plaisance vantés, & plaît davantage. On souhaiteroit pourtant qu'il eût donné plus de largeur aux charmants réduits des Hermites dont le Cardinal est le Prieur. Il m'a fait

---

(*i*) On voit là que les anciens en eurent successivement de terre cuite, pierre, marbre, verre, porphyre, & de matieres encore plus précieuses.
(*k*) Aujourd'hui mont Oreste.

la grace de m'en destiner un, presque tous les autres appartiennent ainsi à des freres qui ne les ont habités que quelques moments ; mais la paix, les muses, les vertus, y fixent leur demeure ; j'en jouis souvent pendant l'heureux séjour que nous faisons à Frascati. Pour amuser la grande & bonne compagnie qui le remplit en cette saison, l'opéra bouffon s'y transporte ; quoiqu'il soit aussi loin de Rome, que de Paris à Versailles, on y vient, & s'en retourne coucher à la ville.

Nous entendîmes hier, chez la Princesse Picolomini, une musique plus séduisante que celle des acteurs, ce furent les chants de la Signora Madalena Morelli, fameuse improvisatrice, née en Toscane. Son talent supérieur pour les vers impromptus, est enrichi d'une voix & d'une figure agréables. Si les Sibylles avoient ressemblé à cette inspirée, on leur auroit rendu de fréquentes visites. Elle voulut que je lui donnasse un sujet, je choisis les délices de Frascati ; aussi-tôt les vues, les palais, ombrages & fontaines, en vers ingénieux furent célébrés ; la mandoline sous ses jolies mains embellissoit ses descriptions, & des ombres au tableau le rendoient plus piquant. Au milieu d'un beau jour, un tonnerre peint physiquement des plus noires

Marginalia: IMPROVISATRICE.

couleurs, nous étonna par la précision des expressions que, sans préparation, l'enthousiasme lui fournit. Quel heureux naturel!

TRENTE-UNIEME LETTRE.

De Rome, ce 20 Novembre 1757.

NOus voici revenus à Rome, ma chere sœur; en quittant Frascati, nous avons passé quelques jours dans la maison du feu Cardinal Cibo, que le Duc de Modene a prêtée à notre Auditeur de Rote. Les jardins en sont beaux. Ceux du Pape, & son palais de Castel Gandolphe, situés dans le voisinage, ont peu de magnificence pour un Souverain dont les revenus montent à vingt-cinq millions. Le Roi d'Angleterre & plusieurs particuliers en possedent dans ce canton. Les plus grands sont dans le parc de la Princesse Palestrine, jadis celui de Domitien. Ces murs antiques présentent, comme à Frascati, un effet singulier de la force pulsative des arbres. Les branches, les racines, se sont insinuées entre les briques, les ont entr'ouvertes sans les renverser, s'y incorporent, & grossissent malgré les

marginalia: CASTEL GANDOLPHE. — VIGNE DE DOMITIEN.

obstacles. Dans cette enceinte, on trouve de longues voûtes épaisses exposées au midi, destinées, je crois, aux promenades d'hiver des Romains. J'en estime tant l'usage, que si je me faisois une maison de campagne, je voudrois en avoir de pareilles.

ALBANO. Aux lieux que je vous décris fut Albe, aujourd'hui Albano, où se conserve un monceau de pierres écroulées, nommé le sépulchre d'Ascagne. Plus loin, cinq tours à moitié détruites, couronnent un tombeau, dit celui des Horaces & des Curiaces. D'autres le donnent à Pompée, dont les maisons de plaisance embellirent ces rivages. Malgré la pluie qui nous désoloit, nous allions chaque jour voir ces masures, & parcourir une forêt prochaine très-agréable. De grands lacs entourés d'arbres qui s'élevent en amphithéatre sur les côteaux, la vue de la mer, des hautes montagnes & de la campagne de Rome, font le charme de cette situation où la terre prodigue ses biens. On y recueille beaucoup d'oignons blancs, nourriture commune du pays; on les y mange cruds avec le pain. N'en augurez pas que les paysans, quoique pauvres, soient misérables dans l'Etat Ecclésiastique. S'ils ont peu d'argent, ils paient peu d'impôts; les fruits, vignes & légumes leur viennent si facilement, qu'ils en négligent la culture ; ce qui rend souvent leurs denrées moins bonnes que dans les terreins plus ingrats. Le commerce fleuriroit dans ces fertiles contrées, si les ports favorablement situés sur l'Adriatique & la Méditerranée, étoient bien entretenus par le Gouvernement, & les manufactures protégées & multipliées ; mais le Souverain souvent par son âge peu propre à se donner des soins, & certain que ses possessions ne passeront point à sa postérité, jouit du présent sans s'occuper du bien à venir ; de même si les vignerons des meilleurs cantons faisoient les vins, & les gardoient avec autant d'attention que leurs ancêtres, peut-être en auroient-ils d'aussi bons. Les Romains les enterroient dans de grands vases de terre, nombre d'années avant de les boire. Le beurre, très-rare à Naples, est exquis autour de Rome, quand on en prend soin ; mais l'huile abondante, quoique médiocre, y fait négliger le laitage. La chaleur du climat demande peu de vêtements, & porte moins les cultivateurs à prendre soin des troupeaux, que de leurs bergeres. Ils les chérissent trop à la vérité, car la jalousie totalement bannie des palais, habite encore leurs chaumieres. Quelque desir qu'on ait d'empêcher les assassinats, on assure que le nombre en va jusqu'à deux mille chaque année dans les États de sa Sainteté, la plupart entre rivaux des mêmes belles, ou par vengeance de famille.

Notre voyage de campagne, ici nommé villegiature, en bonne compagnie, peu nombreuse, m'auroit fort amusée, sans le mauvais temps. Là, j'ai pris des instructions sur les mœurs champêtres. Que les habitantes d'Albano m'ont paru jolies ! Je les vis Dimanche sortir de l'Eglise avec des especes de voiles en gaze retroussés, fichus, tabliers de la même délicatesse, habits justes à la taille, & beaucoup de parure. Sachez que par toute l'Italie, les servantes, les villageoises, vont jambes, pieds & tête nus ; mais les cheveux tressés, chargés d'aigrettes, ou couverts d'un réseau, & le corps vêtu de haillons, orné de boucles d'oreilles, colliers & bracelets de toute espece. Notre séjour à Castel nous a menés à la fin de Novembre. La saison est trop avancée pour retourner en France avant l'hiver, comme nous l'avions projetté. Nous acceptons le logement que M. de Canillac veut absolument nous donner dans son palais. Le séjour que nous venons de faire aux champs avec ce Prélat, nous fait penser qu'ayant son même goût pour les longues promenades, les amusements tranquilles, & la retraite de bonne heure le soir, nous ne lui ferons point incommodes à la ville. Il est plus occupé qu'un Conseiller de Grand'-Chambre qui fait son métier. Un jeune Abbé de grande naissance, comme le sont ordinairement les Auditeurs de Rote, gagne Rome avec empressement pour en remplir la place, & ne s'attend nullement au travail qu'il y trouve. Ils ne sont que douze, tant d'Italie que des diverses Cours de l'Europe. Ce Tribunal bien composé, bien réglé, (qui juge en dernier ressort les procès ecclésiastiques de la plupart des pays catholiques, & les affaires civiles des Etats du Pape,) a la bonne maxime après l'arrêt, de penser qu'on peut se tromper, & de revoir, quand les parties l'exigent, trois & quatre fois le même procès, ce qui par malheur les éternise, ainsi qu'en Espagne, en Angleterre, chez nous & par-tout. Seroit-ce un mal nécessaire ? Je vois que tous les pays en sont infectés, & nul n'y cherche de remede que le Roi de Prusse. Il lui seroit bien glorieux d'en venir à bout. Ici, le Consistoire est le Conseil d'Etat du Pape, avec les Cardinaux ; les affaires, pour le spirituel, sont distribuées en congrégations où les mêmes Cardinaux président. Les Prélats y sont Rapporteurs, & président à leur tour à divers Tribunaux où se jugent les discussions des particuliers, qui de là vont à la

TRIBUNAUX DE ROME.

Rote. Tandis que dans cette Cour, mon hôte équitable s'occupe à l'utile, je me fais des occupations qui ne le sont gueres. L'Oraison Funebre que le Cardinal Paffionei, jadis Nonce à Vienne, fit pour le Prince Eugene son ami, n'avoit nul besoin que je la misse en françois; mais j'ai besoin de m'exercer dans la langue italienne. La beauté de l'ouvrage & du sujet m'a déterminée à le traduire. J'ai la permission de l'abréger, & d'en ôter des images trop poétiques pour notre goût d'éloquence en chaire. Cette prose élégante, ainsi que la poësie, a peine à renaître dans une autre langue. J'aurai besoin de l'indulgence de l'auteur. Nous passons souvent le soir chez lui, où toute sa bibliotheque filtrée dans sa mémoire, colorée de ses idées, charme les miennes & m'instruit. J'y vois souvent le Cardinal Ferroni, doué de beaucoup d'agrément dans l'esprit, & le Cardinal Portocarrero, dont la vicissitude de la fortune & l'immutabilité du caractere m'intéressent. Après avoir été Général des galeres de Malthe, & Viceroi de Naples, brouillé avec sa Cour, il se trouva sans emplois, & vint sans regret à Rome, sous le simple nom d'Abbé Portocarrero. Le Pape, en faveur de sa naissance & de son mérite, le nomma bientôt Prélat & Cardinal, & l'Espagne en fait ici son Ministre.

Il vit chargé d'années sans infirmités, & de dignités sans orgueil. L'autre jour, en dînant chez cette Eminence, je pris la liberté de lui demander les réflexions de son ame raisonnable, sur les diverses situations de sa vie : « Muse, me » dit-il, après avoir goûté de tout, on fait bien » peu de cas des objets de l'ambition des hom- » mes ». Croyons donc que la privation de mille biens dont il reste une haute idée dans nos desirs, n'est pas un si grand mal qu'on le pense : mais cette morale me meneroit trop loin. J'en étois à nos conversations du soir, chez notre très-docte Bibliothécaire qui donne son estime due aux nouvelles poésies latines de Messieurs Stay & Nocetti, & aux savantes recherches du Pere Pacciaudi (1). Il convient pourtant que, si sa nation fut plus que la nôtre, féconde en bons historiens, artistes & poëtes, nous l'emportons en pieces de théatre, en livres de morale, ainsi que dans les sciences, l'éloquence de la chaire, & le style épistolaire ; mais comme il lit presque toujours nos François, il voit comme nous, qu'à peine arrivés au but, on le passe ; qu'à présent nous avons trop de tout, de spectacles, d'écrivains, de lecteurs, même de livres ; car nos

CARDINAL PASSIONEI.

(1) Professeur à la Sapience ; le bon choix du Sérénissime Infant vient de faire ce célebre Théatin, son Bibliothécaire à Parme.

brochures infinies lui parviennent, chose rare, au-delà des Alpes. Je m'étonne d'y voir si peu de commerce littéraire avec nous, tandis que nous en avons tant dans le Nord. Nos auteurs modernes sont peu connus en Italie. M. de Voltaire l'est par-tout : le Saint Office le brûle ici, & chacun le conserve soigneusement dans son cabinet. Son Eminence approuve qu'on le condamne, mais l'admire, & chérit les personnes livrées aux lettres. Je fus hier honorée de sa présence, à l'auguste assemblée des Arcades, qu'on eut la bonté de faire pour ma réception. Plusieurs Princesses & Cardinaux daignerent y assister, & beaucoup d'éleves d'Apollon. Je bégayai, en tremblant, un remerciement rimé ; vous le trouverez à la fin de ma lettre. L'ingénieux Abbé Pezzi le rendit élégamment en vers italiens. J'étois le Saint du jour. Le très-digne Secretaire de l'Académie, l'Abbé Morei, & plusieurs poëtes, me louerent à l'envi, avec toute l'exagération que les muses permettent. Un jeune Prince des Ursins prononça avec autant de grace que de succès, des vers latins dont j'étois l'objet. Sa sœur, la Duchesse d'Arcé, dont je vous ai déja parlé, en récita aussi en italien, de beaucoup meilleurs que le sujet, & me fit un compliment bien spirituel, bien élégant pour une jolie femme

de

Marginal note: ACADÉMIE DES ARCADES.

de feize ans. Après l'affemblée, j'ofai dire à fon pere, le Cardinal des Urfins, que fa fille étoit la Déeffe de Rome. Cette belle m'entendit: « non, » Madame, répondit-elle, les Romains prenoient » leurs Dieux chez les étrangers ». Je reftai en défaut comme à la longue paume, où rarement on renvoie la balle à propos. Je crois que l'encens eft une fubftance falutaire; on m'en nourrit, & ma fanté s'en trouve à merveille. J'en fuis pourtant bien moins avide que beaucoup de gens dont l'amour propre, ainfi que leur eftomac, a journellement befoin d'aliments; à peine ont-ils digéré les plus fortes louanges, qu'ils languiffent du defir de reprendre ce mets flatteur. La quantité qu'on en diftribue par-tout, fans trop de choix, devroit pourtant en diminuer le prix aux yeux délicats; n'importe, faifons-nous un moment d'illufion : les Arcades font imprimer le recueil de vers faits en mon honneur, je vous les enverrai; en attendant, voici les miens:

> Quelle puiffance enchantereffe
> Mit dans l'Empire des Céfars
> Tous les prodiges de la Grece!
> Un Lycée offre à mes regards
> Les favantes fœurs du Permeffe.
> Que vois-je! où fut un champ de Mars,

Un gazon fait pour la mollesse
Invite au repos de Lucrece !
En ces murs où de toutes parts
L'étude & la délicatesse
Du Dieu du Goût font la richesse,
Un Roi (*m*) du Tage, ami des arts,
De trésors orna la sagesse.
Christine (*n*) qu'encensa Lutece,
Quittant son trône & ses remparts,
De ces jardins fut la Déesse.
Une fille (*o*) de cent héros,
A la suivre en ces lieux s'empresse ;
L'œil d'Eunomene (*p*), avec finesse,
Dans l'art de graver les métaux,
Y discerne l'antique adresse ;
Cirene (*q*) y brille, & des oiseaux
Sa danse imite la vitesse.
Euridice (*r*) dès sa jeunesse
Y chante sur ses chalumeaux,
L'âge d'or qui nous fuit sans cesse :
Des vers gravés sur vos ormeaux
M'apprennent ces faits que j'admire ;

(*m*) Jean V de Portugal, dit Arete, qui donna trente mille livres pour acheter un terrein où des gradins de gazon contiennent l'assemblée de l'Académie.
(*n*) La Reine de Suede, dite Basilissa.
(*o*) La Princesse Royale de Pologne, dite Ermelinda.
(*p*) De la maison de Ligneville, mariée au Duc de Calabrette, à présent Ambassadeur de Naples en Pologne.
(*q*) La Duchesse de Bracciano.
(*r*) La Duchesse d'Arcé.

Puis-je par des efforts nouveaux,
Du Pinde ici m'ouvrir l'empire ?
Oui, dit le Dieu de ces côteaux,
La faveur où ton ame aspire,
Sera le prix de tes travaux.
De mon bonheur que les échos
Résonnent de Londres à Palmire,
(Tant que Flore aimera Zéphire)
Qu'on chante aux bords de vos ruisseaux,
Ma gloire & les sons de ma lyre.

Je reçus le même soir ces vers, du Chevalier de Cogolin, Officier François, admis aux Arcades:

Ton art que Voltaire a chanté,
Demande en vain notre indulgence ;
Le tableau qu'aujourd'hui tu nous as présenté,
Est de l'Albane ; il en a l'élégance
Et la noble simplicité ;
Aux Arcades, ton nom vanté
Se change en Doriclée, & ta présence
Y fait notre félicité :
Oui, Catulle en ces lieux, pour la Muse de France,
Eût fait à sa Lesbie une infidélité.

Quittons la poésie, pour vous parler de la vigne Borghese, qui n'a pas besoin de fictions.

VIGNE BORGHESE

pour charmer. Lisez tout ce que les voyageurs en disent, ils ne mentent point sur cet article: parc pour les bêtes fauves, mail, eaux plates & jaillissantes, maneges, bosquets, jardins de fleurs, potagers, oiseleries, orangeries, labyrinthe; enfin, tout ce que l'art peut tirer de la nature s'y trouve. C'est ma promenade favorite, comme à Paris dans un autre genre, le bois de Boulogne. Le coup d'œil du palais étonne, la tabatiere la mieux ciselée est moins achevée que mille bas-reliefs antiques, si bien incrustés sur les quatre faces, qu'ils semblent y avoir été sculptés. L'intérieur renferme une compagnie nombreuse & choisie, dont les traits parlants n'ont pas besoin de langue pour s'exprimer, ni souvent de prunelle. On remarque que les statues des Empereurs n'ont commencé à en avoir, & de la barbe, qu'au temps d'Adrien. Il faudroit les mines du Potose, pour payer les figures grecques du beau lieu que je vous décris: celles qui m'y frappent le plus, sont le fameux Gladiateur en action, du ciseau d'Agazia, tiré par Paul V des ruines d'Antium; l'Hermaphrodite couché, trouvé près des Thermes de Dioclétien, dont le cavalier Bernin a fait le matelas qui manquoit; Seneque de marbre noir, mourant debout dans le bain jusqu'à mi-jambes; le Dieu du sommeil, du même marbre ; un Amour monté sur un Centaure qu'il mene les mains liées sur le dos : le monstre d'un air satisfait & soumis, tourne la tête vers son vainqueur. J'ai vu cette idée ingénieuse, prise ou suivie dans une pierre gravée, où Cupidon sur un lion joue de la lyre, & le conduit à son gré.

<pre>
        De ce Dieu sous cent traits divers,
        Tout peint les mœurs & le génie ;
        Amour, ta flatteuse magie
        Fit plus de mal à l'univers,
        Que n'en fit la haine en furie.
        Des serpents de la jalousie,
        Tu chéris les affreux concerts ;
        Sur tes autels regne l'envie,
        Et l'on court y chercher des fers.
        L'amitié par son harmonie
        Nous console dans les revers :
        Son charme aux doux plaisirs convie,
        Et ses temples par-tout ouverts,
        Ressemblent à ces beaux déserts
        Où, malgré la plaine fleurie,
        Les côteaux, les prés toujours verds,
        Nul ne veut y passer sa vie.
</pre>

TRENTE-DEUXIEME LETTRE.

De Rome, le 25 Décembre 1757.

Vous voulez, de trois cents lieues, savoir tout ce que je fais, ma chere sœur; continuons à vous en rendre compte. J'ai vu pendant l'été, les principaux monuments de Rome; ainsi ma journée se passe à présent comme à Paris; je me couche & me leve de bonne heure, lis & griffonne tout le matin. Pour m'exercer dans l'italien, je voulois mettre en cette langue, un de nos Romans. N'en trouvant point sous ma main d'assez courts, j'ai pris la conjuration de Walstein, & viens de m'appercevoir que Sarrazin ne l'a point finie. N'importe, j'irai jusqu'au bout. Notre maniere d'écrire a bien changé depuis l'autre siecle. Quoi! ce petit morceau d'histoire estimé, n'est qu'une seule phrase mêlée de parentheses, aussi difficile à découper qu'à traduire! Par bonheur, ce style me rapproche davantage du tour italien. Cette occupation, & l'amusement de vous écrire en prose ou en vers, me menent à midi. La seule différence de mon genre de vie, est qu'ici, suivant l'usage du pays, nous

[marginal note:] WAL-STEIN.

dinons & ne soupons point. Pendant que nôtre Auditeur de Rote y travaille, au lieu de recevoir du monde comme je fais à Paris, nous allons chez les Dames, aux assemblées du soir; mais l'après-midi, la promenade va toujours son train; notre curiosité la diversifie dans les plus belles maisons de plaisance que renferme cette ville. Quel dommage! le tiers au plus de son enceinte de seize milles, faite sous Aurélien, est peuplé: c'est la plus grande que Rome eut jamais.

La vigne Pamphile, dite Bel respiro, le dispute en magnificence à la Borghese, en jardins, eaux, peintures & statues. Villa-Ludovisi, située où furent les jardins de Salluste, présente aussi bien des beautés. A Villa-Medicis brille la fameuse famille de Niobé, dont Apollon & Diane tuent les enfants; la mere & la fille sont divines. Un cabinet du jardin, fait exprès, met à l'abri ce grouppe de treize figures, où les diverses expressions de douleur me semblent merveilleusement rendues: on le dit de Phidias; il fut déterré hors de la Porte S. Jean, avec une tête de Jupiter Capitolin, jadis l'ornement des portes du palais impérial. Ces vignes, si riches en antiquités, sont fort négligées. Il en est qui, superbes autrefois, tombent entiérement en ruine, telles que Villa-Mattei, encore remplie

VIGNES.

d'obélisques, d'urnes, & de statues: la vigne Montalte, bâtie par Sixte V, renommée avec raison par son étendue & sa beauté, est presque toute louée en potagers. On y remarque entre mille, la statue colossale de Rome, trouvée sous terre à Monte-Cavallo. Chaque Cardinal riche rassemble dans la situation qui lui rit, tout ce que l'art & l'argent peuvent tirer des trésors antiques & de l'industrie moderne. Le maître du lieu meurt, ses biens se partagent; ni neveux, ni fils, n'ont jamais trouvé la maison de leurs prédécesseurs de bon goût, & la négligent. A la troisieme ou quatrieme génération, on laboure un champ nivelé à force de millions, & couvert de statues, vases, berceaux & bassins; d'autres châteaux renaissent, à la vérité, mais je regrette toujours un beau lieu détruit. Le Cardinal d'Yorck en construit un, & dépenseroit moins à restaurer le plus spacieux de ces magnifiques jardins dégradés. La maison qu'il édifie, trop bornée pour un Prince, seroit charmante pour un riche particulier. Son Altesse Royale, l'autre jour à son concert, daigna nous demander si nous avions été voir sa vigne: nous ne manquâmes pas de nous y promener le lendemain.

VIGNE ALBANI. Nous visitons souvent aussi celle que le Cardinal Albani bâtit à grands frais, à Porta Salaria.

Outre les charmes de la nouveauté, cette habitation est d'un goût d'architecture singulier. Je ne sais à quoi vous le comparer ; mais il me plaît infiniment. Des colonnes alternatives de granit noir ou rouge, d'une seule piece, soutiennent le portique. Aux deux extrèmités des onze arcades, se trouvent des cabinets, où s'élevent au milieu deux soucoupes d'albâtre, de trente palmes de circonférence ; l'une porte la tête de Méduse, l'autre celle d'un fleuve. Sur les murs, au bord des niches ornées de bustes d'Empereurs, autant de griffons tiennent des chandeliers. Les diverses couleurs des marbres du péristile y forment un agréable émail, & cent masques gigantesques de Paros antique, entourent la corniche. Le reste des ornements, non encore achevés, charment déja la vue, & seront enrichis d'un monde de statues, entr'autres de la plus ancienne Pallas, après celle du palais Justiniani. Cette galerie ouverte du côté des jardins, donne entrée aux appartements, qui prennent jour à la face opposée, sur une place entourée de balustrades. Une statue égyptienne, & deux sphynx de bazalte, d'où sortent des fontaines, séparent la double rampe qui descend au parterre. Là, s'eleve au centre un jet d'eau, sur une cuvette de granit, de dix-huit palmes de diametre, soutenue par quatre satyres plus grands que nature, qui semblent succomber sous le fardeau : quoique pris en divers lieux, on a eu le bonheur de les rencontrer dans la même attitude, & d'une même beauté. Au pied de l'escalier qui monte aux bosquets, se trouve une piece d'eau ornée d'un Amour monté sur un monstre marin. En haut regne un autre bassin de granit, large de dix-neuf palmes. Les soins & l'or de son Eminence savent tirer de la terre de nouveaux prodiges d'antiquité, épuisés en apparence par la quantité qu'en renferment les palais Romains. Si chers que soient ces morceaux, (souvent plus parfaits que ceux des bons artistes vivants) on les a pour beaucoup moins qu'ils ne les feroient payer, & qu'ils ne coûtoient même à leurs premiers possesseurs. Le goût actif du Cardinal Albani a encore rassemblé assez de bonnes statues, pour entourer la colonnade circulaire qui termine son parterre, & fait face au palais. Chacun contemple, en se promenant sous ces portiques, une figure d'albâtre assise, entourée d'hiéroglyphes, venue de la Thébaïde, & nombre d'urnes sépulcrales ; sur l'une sont Bacchus, Ariane, des Satyres, & des Bacchantes ; l'autre montre un adolescent assis près d'une femme voilée, & diverses figures gravées ; les bustes de Massinisse, Sophocle, Alcibiade, Socrate,

Carnéades, Xénocrate, Annibal, Anacréon, Séneque, Pindare, Solon, Homere, Pythagore, Platon, Zénon, y rappellent leurs mœurs & leurs écrits, donnent matiere à réfléchir, y tiennent lieu de compagnie & de conversation. Les murs incrustés de bas-reliefs présentent aux regards le buste d'Antinoüs, dont parle Borioni: Polypheme avec sa lyre, chargé d'un Amour sur ses épaules; Rome & ses attributs; un vainqueur Olympique sur son char à quatre chevaux, remarquable par son ample ceinture; un bas-relief étrusque, d'un goût égyptien, ayant les sourcils arqués, les yeux à fleur de tête, le menton pointu, qui rend l'ovale imparfait; trois femmes habillées à l'étrusque, l'une ailée, & toutes faisant des libations; Dédale fabriquant des ailes pour son fils, dont une lui lie déja le bras & traverse la poitrine; l'Icare est d'un travail fini; le repas de Trimalcion; Diogene dans son tonneau devant un temple, tel que dans l'ouvrage de Spon; deux dessus de portes en marbre, destinés, je crois, pour la galerie, où sont sculptés des cuirasses, des boucliers, & d'autres armes: le Comte de Caylus les a gravés dans son savant recueil d'antiquités; un enfoncement de la colonnade contient une cuve de marbre, aussi singuliere en grandeur qu'en assortiment de couleurs, & deux femmes fort jolies; une baluſtrade chargée de ſtatues de pierre, couronne ces portiques. Le palais s'appuie ſur cent cinquante colonnes de marbre précieux; les jardins un peu trop bornés, & non encore finis, brillent auſſi en vaſes & grouppes de marbre. J'y remarque d'après l'érudit Abbé Winkelman, attaché au maître de ces beaux lieux, trois époques de la ſculpture égyptienne; la premiere, dont il en poſſede cinq figures, va juſqu'à Cambyſe; la ſeconde eſt l'imitation qu'en firent les Grecs, mais ſans hiéroglyphes; la troiſieme, les copies faites du temps d'Adrien. Les ſtatues grecques changerent auſſi depuis Phidias juſqu'à la décadence de l'art. Quand les Michel-Ange & les Raphaël l'ont renouvellé, il eſt fâcheux que leur intérêt & celui de nos peintres & ſculpteurs, fut de conſacrer preſque tout leur travail aux Egliſes. La Vierge & les Saints de notre religion, ennemie des appas ſéducteurs, & ſur-tout des paſſions, ne permet pas d'en marquer dans leurs traits, & le triomphe de l'artiſte eſt dans l'expreſſion des grands mouvemens de l'ame, & des charmes de la beauté.

Je me ſuis étendue ſur la vigne Albani, qui ſera des plus charmantes, parce que vous n'en trouveriez nulle part le détail; les autres furent cent fois décrites.

Une habitation qui me plairoit fort, si elle ne tomboit en décadence, seroit Villa Madama, dite ainsi d'une fille d'Autriche, femme d'un Farnese, située hors de la ville, sur un mont au-delà du Vatican. Ce lieu de délices domine Rome, le Tibre, étend sa vue sur l'Apennin coëffé de neiges, possede des eaux abondantes & des hautes futaies percées en routes inaccessibles au soleil. En ces climats, l'hiver est le temps de la promenade. Chênes verds, ifs, myrtes, pins, lauriers, y conservent la fraîcheur du printemps ; les fleurs, les gazons, y sont moins brûlés du soleil, & la saison permet d'user de ses jambes : au contraire, les chaleurs de Juin, Juillet, Août, y condamnent à la paresse, & obligent les hommes, les moines aussi, de s'armer d'éventails comme les femmes. Ne pouvant rien faire, tout dort après dîner ; je n'ai pu m'y accoutumer ; mais, malgré mon goût pour la promenade, j'avois peine l'été à marcher, même le soir. Le soleil m'avoit maigrie ; mais l'air doux du pays, pendant l'hiver & l'automne, est singuliérement propre à mon tempérament. Je n'ai plus ni migraines ni coliques, & j'engraisse trop. Que ne vous ai-je ici & ma mere, pour vous guérir des maux de tête, & mes amis, pour, sans regrets, ne plus

Vigne Madame.

retourner en France! *Patria est ubicumque bene.* J'aime à habiter les heureux rivages dont parlent tout ce qu'on écrit, tout ce qu'on peint, tout ce qu'on chante, & tout ce qu'on vante depuis tant de siecles.

TRENTE-TROISIEME LETTRE.

A Rome, ce 17 Janvier 1758.

SAINT ANTOINE.

AUx lieux où furent les jardins de Mécénas, ma chere sœur, est l'Eglise de Saint Antoine, où se fait aujourd'hui une cérémonie singuliere. Les palefreniers du Pape, des Grands, & le vulgaire, à leur imitation, y menent chevaux, ânes & mulets, ornés de rubans. Un Prêtre en surplis les asperge, présente sa tire-lire, reçoit son salaire, & chacun s'en retourne, persuadé que rien ne peut plus nuire à ces animaux bénits. Ce sont des brutes qui en conduisent d'autres. Nous avons eu la curiosité de voir cette superstition, que les gens éclairés tolerent, pour ne point contredire la foule. L'année passée, le Baron de Saint Odil, Envoyé de Florence, culbuta malheureusement en carrosse, du haut d'une terrasse : les chevaux n'avoient point été au pélerinage : bel exemple pour le mettre en crédit !

S'il est un Saint qui garantisse de l'accroissement subit des eaux, son invocation est fort utile ici. Nous remarquons, en traversant les rues, plusieurs inscriptions sur la hauteur des débordements du Tibre. Suétone dit qu'Auguste en élargit le lit pour l'écoulement des neiges fondues : malgré les soins des Empereurs, de huit ponts qu'on y voyoit, les grosses eaux en ont emporté la moitié. Ce fleuve n'est ni si large que notre imagination gigantesque sur le compte des Romains nous le peint, ni si étroit que le disent ceux qui veulent en diminuer l'idée. Il reçoit quatre rivieres avant d'arriver à Rome, où il a trois cents pieds de large. Les palais bâtis sur ses bords n'ont pas non plus toutes les incommodités dont nous les accusons. La douceur du climat y retranche une quantité de nécessités qui nous tourmentent. Notre multitude de croisées & de petites pieces gâte notre architecture, & nous gêne souvent. Il est pourtant des gens de goût dans cette ville, qui nous font l'honneur d'imiter un peu cette mode, dans un coin de leur palais, entr'autres la Princesse Palestrine, & le Cardinal Sciarra-Colonne, dont les entre-sols & les bains, peints d'une maniere ingé-

TIBRE.

PALAIS SCIARRA-COLONNE.

nieuse, sont très-commodes. L'étage au dessus contient une galerie, un cabinet de livres, & des appartements moins grands que celui d'usage ici, & pas tout-à-fait à notre maniere non plus, mais d'une élégance nouvelle, faite pour plaire à toutes les nations. Cette Eminence eut hier la bonté de me les montrer dans tout leur lustre. Je ne sais si ses manieres nobles, la pénétration, les agréments de son esprit, en répandent sur ce qui l'environne ; mais l'arrangement de ses meubles, de ses lambris, ni tout-à-fait françois, ni purement italien, me parut du meilleur goût.

PALAIS COLONNE. Le Connétable Colonne a dans son palais une galerie dont le plafond représente les victoires d'un Général de sa maison, commandant l'armée chrétienne à Lépante ; la grandeur du lieu, les colonnes de jaune antique qui soutiennent la voûte, les tableaux & statues qui le décorent, sont dignes d'un Souverain. En effet, l'Histoire de Corse dit que cette Maison y régnoit au douzieme siecle. Les Princes séculiers, à présent, n'ont point ici de part au Gouvernement, ni d'armée à commander. Pour s'occuper, ils s'amusent à bâtir, à rassembler les raretés qu'ont produit les beaux arts, & par leur grande dépense en équipages, en domestiques, se ruinent comme les

les nôtres, sans donner autant à manger. Ils ne nourrissent ni leurs gens d'office, ni de livrée, & jouissent du commode usage de faire un marché à tant par repas pour leur table ; il y a pourtant de grosses maisons chargées d'un cuisinier en propre. Comme l'habitude nous fait trouver les mets bons ou mauvais, je ne m'accoutume point encore à leurs ragoûts aigres-doux ; chacun aime le pain de son pays : à Londres, je le trouvois amer à cause du levain de biere ; ce qu'on appelle pain françois à Rome, me paroît salé : rien n'y manque pourtant, pour faire bonne chere accommodée à notre maniere ; les fruits & légumes, le veau, le poisson, y sont excellents, nos chers surmulets y abondent : le tout à bon marché ; même les maisons & les carrosses ; mais il en faut beaucoup : il y en a de destinés, ainsi que des cochers, à servir le jour, d'autres la nuit ; on en a pour son Confesseur, ses Secretaires, ses Aumôniers, pour promener les femmes de chambre le dimanche, & envoyer chercher les habiles couturieres, qui ne vont point à pied non plus. Les laquais sont gouvernés par le plus ancien, nommé Decan, vêtu de noir, avec un manteau ; il leur affiche dans l'antichambre, le nombre d'eux qui doit servir chaque jour, & prend soin de les envoyer savoir des nouvelles.

faire des compliments, & autres cérémonies; le maître de chambre régit les valets de chambre; l'écuyer, l'écurie; l'intendant est chargé de les payer; ainsi le maître peut se livrer au far niente, dont on accuse les Italiens d'être amateurs. Leurs domestiques coûtent la moitié moins que les nôtres; mais la mode très-nuisible à la culture des terres, est d'en avoir la moitié plus qu'à Paris, où il y en a déja beaucoup trop d'enlevés aux travaux de la campagne. Quand les Cardinaux sortent en cérémonie, ils sont en habit long rouge, & le carême en violet; leur vêtement ordinaire est en Abbé, avec des bas & calottes rouges; leur maison est composée d'un maître de chambre, un codataire, un porte-barrette, tous Gentilshommes: trois aumôniers, trois cochers, huit ou dix laquais, quatre valets de chambre, huit ou dix chevaux, trois carrosses au moins, & le train des Seigneurs séculiers est à peu près le même; ils ont aussi nombre de gens d'affaires; leurs biens qu'ils négligent passent peu à peu dans les mains qui en prennent soin. Ces intendants devenus opulents, (pour jouir sans peine à leur tour) prennent avec le temps des gens d'affaires, & les laissent aussi s'enrichir. La fortune en tous lieux circule ainsi d'une main dans l'autre. Si c'est une grande folie de vivre pauvre pour mourir riche, c'en est une inconcevable de ne pas savoir borner sa dépense, de passer sa vie dans un trouble qui empêche d'en jouir, de payer aujourd'hui du nécessaire, les prodigalités de la veille, & d'acheter par un besoin continuel d'argent, la satiété des plaisirs. Une tête honnête & bien réglée peut-elle soutenir un tel désordre ? En attendant que vous me répondiez à cette question importante, promenons-nous dans la demeure des Princes Justiniani, construite sur les Thermes de Néron. Pour l'orner, il n'a fallu qu'arranger sur la terre, les trésors trouvés au même lieu dans ses entrailles. La galerie est si remplie d'idoles égyptiennes, & de Dieux, qu'à peine les humains y peuvent passer. Notre bonne mere la Nature y paroît sur un rocher, d'où elle nourrit tous les animaux qui l'entourent. On y remarque un buste de Térence, ressemblant au portrait de son manuscrit du Vatican. Les chefs-d'œuvre de peinture y abondent autant que les belles statues. En les contemplant, j'ai senti qu'un dessein coloré donne plus de travail à l'esprit du spectateur, qu'une description au lecteur. On est obligé de rapprocher quelquefois les traits d'un poëme, mais toujours d'étendre ceux d'un tableau d'en approfondir les ombres, relever les éminences,

PALAIS JUSTINIANI.

prolonger les distances, y faire parler les objets, en tirer les réflexions du Peintre, y joindre les nôtres : le Poëte au contraire peut tout dire, tout montrer, & rassembler en un lieu divers charmes des différentes situations, comme fruits & saisons successives : le lit de sa Bergere est couvert à la fois de lis, violettes, roses & myrtes. Il donne aux berceaux du nord les parfums d'Arabie, au soleil la force de les colorer : ses oiseaux ont les sons les plus brillants ; ses forêts, le plus sombre ombrage ; ses paysages se déploient à son gré ; chaque riviere devient un Méandre, & ses cascades tombent aussi facilement de trois milles que d'une brasse. La nature se tourne à sa guise, il fait même des miracles ; qui en fit davantage qu'Ovide ? Les monstres, les personnages imaginaires naissent sous sa plume ; il donne même lieu d'étendre encore ce qu'il décrit ; mais en peinture, l'œil voit la beauté dans les limites où l'artiste peut ou veut la montrer. Il doit être plus vrai, moins gigantesque ; ses couleurs frappent pourtant souvent davantage que la plus vive description ; mais pourquoi n'annonce-t-il point, comme le Poëte, le sujet de son ouvrage? On perd, à le chercher, (quelquefois sans succès) le temps de l'admirer : un mot d'explication n'auroit nul inconvénient.

Ne desirerions-nous pas que les Zeuxis, les Praxiteles, eussent mis leurs noms & ceux de chaque figure à leurs chefs-d'œuvre ? nous ferions moins d'erreurs en nous efforçant de les deviner. Je vous parle sans cesse de tableaux & de fictions, vous croirez que je ne vis qu'avec des êtres inanimés. Non ; je jouis des plaisirs de la société plus intimement qu'à Paris, où la multitude des gens qu'on connoît, les rend difficiles à rencontrer, fait qu'on n'est nécessaire à personne, & qu'à force de voir du monde, on ne sait lequel choisir, ni comment jouir de ses amis.

La société brillante qui, l'été, se retrouve ici chaque soir aux assemblées, depuis le deux du mois que le Carnaval est ouvert, se réunit deux heures après la fin du jour, à l'Opéra. Notre Ambassadeur n'est point encore arrivé : ainsi j'ai souvent sa loge. Chacun a la sienne, y reçoit ses visites, écoute les spectateurs qui l'entretiennent, & gueres les acteurs. Moi qui ai besoin d'attention pour suivre les paroles, je ferois volontiers treve à la conversation ; mais la politesse demande que, pour répondre à celle dont on m'honore, je renonce aux charmes de la mélodie. L'homme aime sur-tout la variété ; ce spectacle de six semaines ne tombe point dans l'insipidité du nôtre, perpétuel. Les acteurs de

OPÉRA.

comédie changent aussi chaque hiver, ce qui leur donne un grand prix, & aux canevas de leurs pieces, dont le remplissage change avec eux. On renouvelle sans cesse la musique des Opéra sur les mêmes paroles. La symphonie, ni les airs, ne se mettent point sous presse, le compositeur en vend seulement quelques copies manuscrites, le plus cher qu'il peut ; mais le poëme s'imprime, & l'Auteur ne manque pas de mettre à la tête cette protestation : *Le voci, fato, Deità, Destino, è simili che per entroquesto Drama troverai, son messe per ischerzo poetico, e non per sentimento vero, credendo sempre in tutto quello che crede e commenda la santa Madre Chiesa.* Dans ce spectacle, le silence ne regne que quand il n'y a rien à entendre ; c'est-à-dire, dans les pantomimes qui remplissent les entr'actes. La danse des Graces terre à terre en est presque bannie ; mais la légéreté, la précision y brillent. Les théatres bien coupés en favorisent le beau dessein, & les charmantes décorations en augmentent l'illusion. L'étendue de la salle fait qu'on est moins choqué de voir figurer des hommes habillés en femmes dans le ballet & la piece. Ils sont jeunes, bien ajustés, & beaucoup moins ridicules que vous ne l'imaginez. Cette métamorphose non usitée dans le reste de l'Italie, n'empêcheroit point l'intérêt, si les Opéra étoient moins longs, l'ariette finale des scenes, les ballets, moins répétés, plus liés au sujet, & les beaux récitatifs obligés, plus fréquents. Je ne sais si je demande des choses possibles ; mais pourquoi les Drames de Métastase bien composés, souvent très-intéressants à lire, cessent-ils de l'être en musique ? Seroit-ce parce que chaque compositeur en retranche à son gré, & oblige le Poëte, pour se prêter à l'harmonie, de trop couper ses couplets ? Le langage des passions y manqueroit-il de la mesure nécessaire pour attendrir ? Le coryphée privé du feu qui les fait naître, & chagrin de son état, n'a peut-être pas des sensations assez vives pour en inspirer, ou penseroit-on que des tragédies chantées ne pussent arracher des larmes ? Que les Ultramontains déclament donc leurs meilleures pieces en ce genre, & composent des especes de Pastorales avec des danses & des paroles comme les nôtres, sur la mélodie italienne, (car la nôtre est d'une langueur à mourir.) Nous avons l'avantage de pleurer quelquefois, me direz-vous, à nos grands Opéra, plus attendrissants apparemment que les leurs ? Non : mais le chant de nos scenes bien faites, si nos acteurs crioient moins, va mieux au cœur que leur récitatif. Les gens de goût des deux nations difent qu'on pourroit, de l'un & l'autre Opéra, en former un plus propre à fe faire écouter, que celui d'Italie, & moins ennuyeux que le François. Si Quinaut nous charme par la naïveté & le fentiment, Métaftafe a le même avantage. Ses Brunettes font touchantes & ingénieufes. Je vous en envoyai une il y a quelque temps qui vous plut, malgré le tort que je lui fis dans ma jeuneffe, de la mettre en vers françois. Pour vous remercier de votre compliment, j'en traduis une autre exprès pour vous.

CHANSON.

  Charmante Nicé, voici l'heure
   De nos funeftes adieux ;
  Comment vivre loin de tes yeux ?
   Où chercher une demeure ?
  Il n'eft point de bonheur fans toi,
   Ma douleur fera mortelle :
  Eh ! qui fait fi jamais, cruelle,
   Tu te fouviendras de moi ?

  Souffre, au moins, que ma vive image
   Me retrace à tes efprits,
  Et fous tes bofquets fleuris,
   Suive ta courfe volage.
  Mon cœur qui te promit fa foi,

Sera ton ombre fidelle :
Eh ! qui sait si jamais, cruelle,
  Tu te souviendras de moi ?

Sur le rivage solitaire,
  Où je déplore mes maux,
Je dirai sans cesse aux échos,
  Rendez-moi donc ma Bergere;
Rien à mes sens saisis d'effroi
  Ne peut plaire ici sans elle :
Eh ! qui sait si jamais, cruelle,
  Tu te souviendras de moi ?

Je reverrai souvent l'asyle,
  Où dans ce riant séjour,
Heureux près de toi, plein d'amour,
  J'ai joui d'un sort tranquille :
Ce doux souvenir, je le vois,
  Rendra ma peine éternelle :
Eh ! qui sait si jamais, cruelle,
  Tu te souviendras de moi ?

Voici, dirai-je, ce bocage
  Où Nicé fut en courroux !
Sur ces côteaux, d'un œil plus doux,
  Elle reçut mon hommage.
Ici, son desir fut ma loi,

    Là, je vis fuir cette belle :
Eh! qui sait si jamais, cruelle,
    Tu te souviendras de moi?

Aux lieux qui t'apprêtent des fêtes,
    Regnent les ris & les jeux :
Que d'amants t'offriront leurs vœux!
    Que de brillantes conquêtes!
Dans cette foule, en vain, je croi
    Te voir préférer mon zele :
Eh! qui sait si jamais, cruelle,
    Tu te souviendras de moi?

Pense, Nicé, dans notre absence,
    Au trait qui perça mon sein :
Souviens-toi que Philene enfin
    T'adore sans espérance :
Pense à ton retour... mais pourquoi
    Flatter ma flamme immortelle?
Eh! qui sait si jamais, cruelle,
    Tu te souviendras de moi?

TRENTE-QUATRIEME LETTRE.

A Rome, ce 10 Février 1758.

LE froid dure ici depuis trois semaines, ma chere sœur, & la neige a couvert la terre plusieurs jours, chose rare dans cette latitude. Le Thermometre-Réaumur a descendu jusqu'au septieme degré au dessous de la congelation qui est à zéro, & se soutient ordinairement l'hiver de cinq à dix au dessus. Autrefois les maisons à Rome, comme à Naples, étoient sans cheminées: la délicatesse en a fait construire, mais peu s'en servent. La cuisine du peuple a ses fourneaux dans les rues. Là, s'achetent les viandes frites où fricassées.

Aux assemblées des Dames, dans une longue enfilade de portes sans battants, le seul petit feu d'une des pieces échauffe le reste: personne n'en approche, & les antichambres ont des poëles pleins de braise. Le feu passe pour pernicieux dans les chambres à coucher; à la vérité, il seroit inutile. Le Sénateur Suédois & l'Auditeur de Rote François en font ici le plus d'usage. L'Abbé de Canillac échauffe beaucoup son cabinet; mais

HIVER.

dans sa salle à manger en bas, nous dinons tous les jours sans feu & sans froid. A Paris, je ne pourrois être ainsi à table l'hiver. Je vous donne cet exemple pour marque de la différence du climat. On se précautionne si peu contre les Aquilons ici, que ce carnaval je tremblois pour les femmes, les voyant le cou nu, en beaux masques, affronter la neige dans la rue du Cours, où, pendant les derniers jours, se forme un concours de peuple magnifique. Les fenêtres & balcons chargés de riches tapis, offrent aux yeux les Dames qui craignent la foule ; les trottoirs couverts d'échafauds bordent la rue, & sont remplis de toutes sortes de mascarades : cent polichinels, arlequins & docteurs haranguent le peuple, & jettent des dragées aux passants. Les laquais & cochers prennent aussi des déguisements ; les carrosses & divers chars portent leurs maitres en masques, & forment à pas lents deux files.

CAR-
NAVAL.

Au milieu de ces équipages dorés, se fait chaque jour une course de chevaux barbes. J'ai eu la curiosité (avec la Princesse Galitzin, qui brille ici depuis quelque temps,) d'aller les voir partir de la barriere à la porte du Peuple. Rien ne peut peindre l'impatience de ces animaux, exercés long-temps à la course. Leurs pieds bat-

COURSES.

tent la terre, leurs hennissements remplissent l'air, les palefreniers en contiennent à peine la bouillante ardeur: tous veulent franchir la corde qui sert de barriere. La course est d'un mille. Dans cet espace, le sable couvre le pavé, & la garde superbement vêtue y met l'ordre. A son signal, un coup de canon se fait entendre : la corde se lâche ; ces coursiers partent sans postillon ; l'œil les perd bientôt : un autre coup de canon annonce leur arrivée à la borne où le Gouverneur & le Sénateur, au palais de Saint Marc, donnent pour prix, institué par Jules II, un nombre d'aunes d'étoffe d'or & d'argent. La foule crie *vivat*, & le nom du maître du cheval vainqueur. Si le Prince Rospigliosi triomphe, les cris redoublent en remerciement de ce qu'il jette au peuple, pain, vin, fromage & jambons. Cet athlete amateur de chevaux, mene chaque jour du carnaval un char (tel qu'il s'en voyoit jadis à la porte Saint Antoine) chargé de musiciens. Il nous a favorisés de sérénades, dragées, & poésies imprimées qu'il fait voler de toutes parts. Ses mascarades sont toujours d'un caractere nouveau, & les sonnets analogues au sujet. Ce pays en regorge; nombre de courtisans des Dames, & qui loin d'elles se vantent autant d'en être bien traités que nos agréables, de leurs bonnes fortunes) meurent toujours en vers, de leurs cruautés. Ces Sigisbés ou Cavaliers-servants, contre les loix des Paladins, qu'ils représentent, défendent mal l'honneur de leurs belles, mais consacrent tous leurs moments à les servir. L'oisiveté les réduit à languir ainsi dans la mollesse jusqu'à la décrépitude. Si l'amour délicat dans la jeunesse, furieux dans l'âge mûr, ridicule dans la vieillesse, éclaire & forme l'esprit des hommes, il égare, il aveugle souvent le nôtre, même sur nos propres intérêts : c'est nous sur-tout qui portons son bandeau. La coquette gâte sa réputation, & sauve quelquefois sa vertu ; la prude au contraire sacrifie en secret son honneur, & le conserve dans l'opinion publique ; la tendre fait des ingrats ; la naïve, des trompeurs ; toutes perdent & risquent trop en se donnant, & leurs amants trop peu ; la partie n'est point égale. Ici, elles sont dévotes & mondaines tout à la fois. Chez nous, les unes se dévouent totalement à Dieu, d'autres aux plaisirs : si l'éloignement des affaires où par-tout on tient les femmes, ne les livroit à leur penchant, peut-être invincible pour la tendresse, toute autre occupation les rendroit bien plus heureuses. Conseils & réflexions inutiles sur cette matiere épuisée, & qui fait toujours le sujet des sonnets dont je vous pariois. On en inonde le parterre les derniers jours du carnaval, à l'Opéra, par un large trou du plafond, où se retire le lustre qui éclaire la salle avant le commencement du spectacle. Une pluie d'or vaut mieux pour gagner les beautés de nos théatres; mais ici Nymphes & Satyres en sont bannis, on n'y voit que des Adonis. Nous avions huit spectacles à la fois, deux Opéra bouffons, où le joli Batistini, déguisé en soubrette, avoit tant de graces dans son air & ses attitudes, que le Cardinal Vicaire, chargé de l'inspection des acteurs, lui défendit de jouer sans gants, & de raccourcir ses jupes. Cinq comédies ou farces occupoient les autres salles, dont plusieurs ont cinq à six rangs de loges. Ordinairement deux grands Opéra regnent l'hiver, cette année n'en a qu'un à cause de la santé chancelante du Pape. Un mauvais plaisant dit l'autre jour: « si le Saint Pere n'est infaillible, „ du moins je le vois immortel „; personne ne le souhaite plus que moi; mais il s'agit des plaisirs du carnaval; comment peut-on y suffire? Ces huit spectacles sont souvent pleins; le plus suivi après le grand Opéra, est le bouffon: l'usage des Dames est d'y louer deux ou trois loges, de les faire meubler, éclairer, & fournir de rafraichissements pour la compagnie qu'elles y

USAGES.

menent, de façon qu'il leur coûte cher, quoiqu'à bon marché pour le public. Le bal nommé Festin, où l'on ne mange pourtant point, est aussi à bas prix. Les salles de la noblesse, des bourgeois, du peuple, y sont différemment meublées. Nous y fûmes l'autre jour un moment par curiosité, car les fêtes nocturnes ne conviennent gueres à ma santé ; les Romaines en ont une plus robuste, sur-tout dans la bourgeoisie ; plusieurs passent huit jours sans se coucher : leur carnaval, qui dure peu, sur-tout cette année, en est d'autant plus vif : on feroit mieux de permettre de se divertir en détail, & d'avoir soin de soutenir sans cesse un ou deux spectacles à Rome, pour les étrangers que la beauté de ce séjour attire, & que le manque d'amusements en éloigne. On doit desirer qu'ils

Anglois. y apportent tous autant d'argent, que les Anglois qui y viennent en grand nombre. Voici leur marche : à Naples, à la moitié du carnaval ; ici, pour les cérémonies de la semaine sainte ; vers l'Ascension, à Venise ; de là aux foires de Padoue & Vicence ; ensuite ils séjournent à Milan, passent l'été à Florence, à cause du bon air, l'automne aux différentes foires où l'Opéra les appelle, l'hiver à Rome, pour en visiter les curiosités. Ils font quelquefois pendant six ans

cette

cette même promenade, & le bon sens les arrête où ils se trouvent bien. Si j'avois le même courage, je resterois long-temps aux bords du Tibre, meilleurs pour mon tempérament que les rives de la Seine, plus fécondes en amusements, à la vérité ; mais je n'en ai pas besoin : Rome se plaint d'en manquer, ainsi que le grand nombre de villes où j'ai passé. On s'ennuie par-tout presque également : Paris & Londres sont les seuls lieux où l'on n'ose s'en plaindre ; au sein des plaisirs, il semble que ce seroit sa faute de n'en point trouver ; non, c'est celle de la nature, jamais la maniere dont on se divertit aux lieux qu'on habite, n'est celle qu'on desire ; pour moi, la vie tranquille, en usage ici, me suffit ; j'attribuerois à mon âge mon goût pour les plaisirs simples qui se rencontrent par-tout, si je ne le savois né avec moi ; je m'amusois même plus difficilement dans mes jeunes ans qu'à présent : au milieu des dissipations, vous le savez, les êtres réfléchissants ne jouissent gueres : lisez ces mots, tels que l'ennui me les dictoit avant mon sixieme lustre :

RÉFLE-
XIONS.

Amusements, paix, solitude,
Honneurs, trésors, travaux, études,
Rien ne satisfait nos desirs.

Tome III. X

Le dégoût est fils des plaisirs :
Des biens naissent l'inquiétude,
Les maux, l'ennui, l'incertitude.
En retraite, de vains projets
Viennent en foule nous distraire,
Et dans l'examen des objets,
Il en est peu qui puissent plaire.
A des livres ayons recours.....
Mais j'entends déja la paresse !
Quoi ! me dit-elle, en tes beaux jours
Tu fuis l'attrait de la mollesse !
Que cherches-tu ? des faits douteux,
Impuissants à remplir tes vœux !
L'amour seul doit charmer ton ame.
Ah ! s'il nous fait quelques faveurs,
Bientôt sa séduisante flâme
Devient le tyran de nos cœurs.
Vainement la philosophie
M'offre des consolations......
Jamais par des réflexions
On n'est heureux en cette vie,
Et dans l'espoir du vrai bonheur,
Le temps me détruit sans ressource !
Irai-je au terme de ma course,
Sans goûter le charme trompeur
Du présent qui nous fuit sans cesse ?
Toujours vivant dans l'avenir,

J'ai presque passé ma jeunesse ;
On jouit peu d'un souvenir.
Que nous reste-t-il ? la sagesse ;
Oui, ce bien renaît sans finir ;
Mais l'âge le change en tristesse.
La rose fleurit tous les ans,
Tous les ans revient la verdure :
Que n'est-il de notre nature
D'avoir aussi plus d'un printemps !

Quoique je me crusse en naissant dégoûtée du monde, je pense pourtant que le dernier venu en est toujours le plus épris : la nouveauté fait tout ; elle excite l'admiration, accroît les délices, allume la colere, provoque l'envie, redouble l'horreur : le bien, le mal, diminuent par la durée ; la laideur se tolere, l'amour se refroidit, l'amitié veut même quelquefois se renouveller par l'absence. S'il faut, pour être heureux en cette vie, n'en point jouir, de peur d'émousser ses desirs, l'autre nous promet, du moins, de les satisfaire sans les éteindre. Ainsi soit-il.

TRENTE-CINQUIEME LETTRE.

A Macareze, terre du Prince Rospigliosi, sur le chemin de Civita-Vecchia, le 27 Mars 1758.

Nous passons ici quelques jours, ma chere sœur, avec le Cardinal Passionei & l'Abbé de Caniliac, pour les délasser des fatigues de la quinzaine de Pâque, dont j'ai profité pour courir les **PRÉDICA-** meilleurs Prédicateurs, ils me paroissent grands **TEURS.** exclamateurs; dans un sermon sur l'enfer, j'en entendis un s'écrier, feu en avant, feu à droite, feu à gauche, feu haut & bas, feu par tout, pour en faire peur à son auditoire; mais il ne nous dit point les moyens d'éviter d'y tomber. Les chaires italiennes sont des especes de longs balcons, où le Prédicateur court & s'agite à son aise: leur éloquence parle moins au cœur qu'aux oreilles & aux yeux. Trop de gesticulations en ôte la noblesse: trop peu chez les Anglois la rend froide; serions-nous dans ce *medium* si difficile à saisir? Avant de crayonner le lieu d'où je vous écris, **SEMAINE** je vous entretiendrai des cérémonies de la semaine **SAINTE.** sainte, qui attirent beaucoup d'étrangers à Rome, sur-tout des pélerins, dont il y en a de joliment ajustés.

Les Princes & Cardinaux lavent les pieds aux hommes, les Princesses aux femmes, & les servent. J'ai eu l'honneur d'accompagner en ce charitable office, les Duchesses Corsini & Bracciano, & d'y porter l'huile & le sel autour des tables, pour accommoder les salades. Le festin est composé de saumon salé, ris, pruneaux & pommes. Les Dames sont parées, quoiqu'avec un grand tablier; la galanterie se mêle par-tout; leurs chevaliers leur présentent des limons, des cédras, pour ôter aux mains l'odeur des pélerines, qui quelquefois ont parcouru trois cents lieues à pied. De pauvres Prêtres arrivent par la même voiture : on en choisit une douzaine, à qui le Cardinal Delci, âgé de quatre-vingt-huit ans, jadis Nonce en France, lava les pieds le jeudi saint au nom du Pape, que ses infirmités en dispensent. Ces Apôtres sont vêtus de blanc aux frais de Sa Sainteté, en robe de laine, bonnet & petit manteau de satin; cet habillement leur reste, la serviette qui sert à les essuyer, deux médailles de cent vingt livres, & un bon souper en poisson, vins & confitures. Les Cardinaux ont le même jour un repas servi en pompe; l'arrangement du dessert & les serviettes pliées en fleurs y forment un coup d'œil agréable. Le Cardinal Paſſionei, au lieu d'en être, nous fit la faveur de nous donner à dîner avec notre digne Ambaſſadeur nouvellement arrivé, & les Prince & Princeſſe Galitzin, au Vatican, pour nous mettre plus à portée du célebre *Miſerere* de la chapelle Sixtine, où les voix imitent ſi bien l'harmonie des orgues, flûtes & baſſons, qu'on a peine à ſe perſuader que ces chants ſoient ſans nul accompagnement. Une Bulle de je ne ſais quel Pape, excommunie quiconque tirera ou donnera copie de ce chef-d'œuvre de muſique. Malgré ces menaces, jadis on le vola & l'eſſaya en France, où il réuſſit moins bien par l'ignorance des Muſiciens du temps, comparée à l'étude profonde qu'on fait ici de pere en fils de ce chant d'Egliſe. Au ſortir des ténebres, nous fîmes nos prieres à la chapelle Pauline, dont l'œil à peine peut ſoutenir l'illumination, & nous paſſâmes le ſoir à Saint Pierre, où une grande croix de lampions ſuſpendue en l'air, faiſoit un bel effet. Là, tout Rome & les fraternités pénitentes, maſquées de toutes couleurs, dans un profond ſilence, inſpiroient le reſpect, & peuploient l'Egliſe ſans la pouvoir remplir. Mais revenons à la maiſon de campagne que j'habite.

Tout y eſt à ſouhait, excepté le temps & ma

MISERERE

MACARESE.

santé, qui ne répondent pas à mon attente. Pendant la pluie, je joue au billard, au volant, me promene en caleche au bord de la mer, & m'inftruis de la maniere de faire valoir les terres de la campagne de Rome. Celle-ci, compofée de la péche d'un grand lac, de bois & pâturages, vaut cinquante mille livres de rente; mais trois cents mille fuffifent à peine pour la charger de troupeaux, & foixante & dix valets nommés Miniftres, pour la mettre foi-même en valeur. Si on la donne à ferme, il faut y laiffer tous les beftiaux, y veiller beaucoup pour les retrouver à la fin du bail, & fe faire payer exactement. Le terrein en eft fertile en gibier & bêtes fauves, excepté le cerf, car on y prend dans des battues une multitude de fangliers & de chevreuils.

La maifon commode n'eft habitable qu'en Février, Mars & Avril, à caufe du mauvais air des terres & marais incultes. Les anciens, fans doute, les favoient deffécher, puifque ces plaines entre les Apennins & la mer, très-peuplées de leur temps, ne préfentent à préfent à la vue, que des reftes d'aqueducs en arcades, qui les traverfent de toutes parts, quelques cabanes pour mettre la récolte, & des étables à troupeaux. La pareffe m'a empêchée d'aller voir celles des buffles. *BUFFLES.* Chofe finguliere & certaine, ces animaux, qu'il faut traire dès la pointe du jour, sont appellés par leurs gardiens tour à tour, chacun par leur nom, se rendent à cet appel avec leurs petits buffles, sans confusion, & s'en retournent de même; mais si l'on differe à tirer leur lait, la fureur s'en empare & les rend redoutables; j'ai pris de leur laitage; il est agréable, léger, ne fait point de crême, & produit un bon revenu en fromages, vendus sur le lieu sept sols la livre de douze onces. Les sujets du Pape obéissent mal au commandement de Dieu, de gagner son pain à la sueur de son front; ce sont les Napolitains ou les Florentins (comme chez vous les Limousins) qui viennent faire leur récolte; le soin charitable de Rome, pour tirer le peuple de la misere, l'y plonge en le livrant à l'oisiveté. Nombre de Communautés & de Palais distribuent de la soupe à quiconque se présente à différentes heures; les mendiants peuvent en recueillir cinq ou six écuelles par jour, ainsi la nourriture leur est assurée, les portiques de Saint Pierre, les vastes gradins qui montent de la place d'Espagne à la Trinité du mont, leur servent de lit, la douceur de l'air les habille, & quantité d'Hôpitaux les reçoivent dans leurs infirmités. Les Bourgeois ne sont pas non plus embarrassés de leurs filles, l'Etat pourvoit à les doter par quantité

Mendiants.

de fondations (ƒ). En faisant la fortune de leurs époux, elles se croient en droit d'être oisives, & ne paroissent jamais dans les boutiques, aux marchés, ni dans les auberges, ne font pas même la cuisine. On les voit seulement le soir prendre l'air sur leurs balcons ; le proverbe dit pourtant :

Donne di fenestre, uve di strada
Donna virtuosa non sa star otiosa.

N'importe, la mere donne pour principe à sa fille, que son mari doit la nourrir, ou peut-être ses charmes. La chaleur ne permet pas non plus aux femmes de la campagne, de s'occuper du noble métier de l'agriculture, elles sont toujours grosses ; pardonnons-leur d'être encore plus paresseuses que les hommes, & de se tenir à l'ombre dans les petites villes voisines des terres que leurs maris font cultiver ; les ouvriers même y reviennent coucher, excepté les gardiens de granges & d'étables dispersées dans la plaine. La noblesse demeure aussi rarement en campagne. Je vous envoie ces détails champêtres, comme à une personne qui habite souvent ses terres, & se

―――――――――――――――――――
(ƒ) A la procession où elles reçoivent leurs dots, elles sont vêtues en blanc comme une statue de la pudicité, conservée de l'ancienne Rome, qu'une draperie couvre de la tête aux pieds, excepté un œil.

plaît à les faire mettre en valeur; vous augmentez avec raison vos bois; planter est encore plus amusant que de bâtir: une maison est à peine achevée, qu'on la voit commencer à se dégrader, & chaque année perdre de son prix; les arbres, au contraire, avec le temps s'embellissent sous nos yeux, leur valeur s'accroît en vieillissant, & leurs petits les renouvellent.

Je vous loue d'avoir un télescope, & de vouloir connoître le ciel. Ces planetes qu'on dit habitées, font du moins une compagnie imaginaire dans la solitude du soir: il est agréable aussi, sur-tout en campagne, de s'appliquer à distinguer les divers genres de plantes & d'insectes; en savoir les noms, en rend l'aspect plus intéressant: c'est l'occupation naturelle des bergers; pour multiplier les habitants de leur contrée, ils la peuplent en idée de revenants qu'ils ne voient jamais; ces ombres gémissantes remplacent bien tristement, à la vérité, les danses des Nymphes & Sylvains, nés des tendres rêveries des pâtres du paganisme; mais une vieille qui n'a rien à penser, ou une jeune fille qui desire & s'ennuie, aiment encore mieux craindre les êtres fantastiques qu'enfantent la peur & l'oisiveté, que de se croire totalement isolées dans un désert.

TRENTE-SIXIEME LETTRE.

De Rome, le 8 Avril 1758.

J'Approche du temps de mon départ, ma chere sœur, la douleur me possede, & dans la crainte de ne retrouver jamais les gâteries dont on m'enchante ici, le charme des beaux arts qui m'y ravit, & la santé que je dois au climat, je ne jouis déja plus de rien. Pour me distraire des regrets de quitter tant de biens, & mettre le comble à ses faveurs, l'Eminence Passionei nous a menés passer quelques jours à Tivoli, situé sur les monts, à dix-huit milles de la ville. Le chemin qui y conduit est bordé de tombeaux en ruine. Les anciens les plaçoient sur les grands chemins, pour se conserver sans doute dans la mémoire, & avertir leurs héritiers de les réparer. En faisant ces réflexions, nous nous arrêtâmes chez des Moines très-vivants, où le digne favori du Cardinal, l'Abbé Speranza (*t*), & les meilleures crèmes que j'aie jamais mangées nous attendoient. Après dîner, en gagnant le

TIVOLI.

(*t*) A présent Ministre & Secretaire du cabinet du Duc de Modène.

fameux séjour que nous cherchions, nous apperçûmes de loin un Temple antique, dont la voûte restée entiere, est percée comme la Rotonde pour éclairer l'édifice. Le palais le plus renommé du lieu, est la vigne d'Est, peinte par Raphaël, & riche en statues. La beauté des jardins dégradés fait regretter l'art & la dépense immense qui servirent à les orner. Quelques eaux jouent encore sur les terrasses, y font un merveilleux effet, & servirent jadis à nous inspirer le goût des eaux jaillissantes. Nous l'emportons autant à présent sur nos maîtres en ce genre, & en jardinage, qu'ils nous surpassent encore en architecture. Je m'étonne que la dépense vraiment royale de Louis XIV, pour fonder à Rome une Académie, dans un palais plein de bons modeles, ne nous ait pas fait faire plus de progrès en ce genre. Notre Cour a la gloire d'être la seule qui renouvelle sans cesse ici douze éleves en peinture, architecture & sculpture. M. Natoire, estimé par ses talents & ses mœurs, en est actuellement le chef. Cet établissement nous a donné des Appelles, des Phidias, & promet des Vitruves. Nous commençons à décorer l'extérieur des bâtiments. Il faut apparemment un long temps pour saisir le vraiment beau. Les Italiens disent que jusqu'à présent notre mélange du

Vigne d'Est.

Académie de France.

goût grec & françois, nous a fort éloignés du but. Nous y reviendrons. Mais retournons à Tivoli, où je difois encore, pourquoi employer tant de millions à bâtir de nouvelles maifons de plaifance, fouvent médiocres, au lieu de remettre en valeur, à moins de frais, les magnifiques jardins du siecle précédent ?

On m'a montré où fut la demeure de la fameufe Zénobie, Reine de Palmire, amenée captive à Rome par Aurélien, & les palais de Quintilien, Salufte, Tibulle, & Mécénas, dont il refte de vaftes réfervoirs d'eau, & nombre de voûtes. Faut-il qu'elles fervent aujourd'hui de retraite aux troupeaux ! Quelle fatisfaction pour les voyageurs curieux, de les confidérer, & de fe trouver aux lieux qu'habitoient de fi grands perfonnages ! Je demandai bien vite à mes conducteurs, où étoit la maifon d'Horace, le temps en a fait perdre la mémoire. L'humble toit y manquoit de marbre & d'airain, pour perpétuer le fouvenir de fon maître. Son mérite feul en rend le nom immortel. Sur ces bords de Tibur, par lui fi bien chantés, j'avois apporté quelques-uns de fes ouvrages, & par mégarde oublié le volume où il en fait mention; mais pour m'occuper de cet aimable favori d'Augufte, aux rivages qu'il chériffoit, j'en ai traduit ou imité ces vers:

VIGNES ANTIQUES

Te voici, cher Damon, au faîte des grandeurs;
  Pense à modérer ta joie;
Que ton ame intrépide à l'aspect des malheurs,
  Du chagrin ne soit point la proie.
  La mort doit terminer tes jours;
  Goûte Baccus, chéris Cythere,
Ou des loix de Zénon suis la sagesse austere,
  Ta vie aura le même cours:
Ainsi dans les parfums, les concerts, la mollesse,
  Le charme des illusions,
  Jouis en paix de ta maîtresse:
Abandonne les soins, fuis les réflexions,
  Et dans la fleur de ta jeunesse,
  Livre ton cœur aux passions.
  Ris, chante, la Parque traîtresse
  Tourne encore pour toi son fuseau.
  Un jour tes trésors qu'on envie,
  Tes champs, tes jardins, ton château,
D'un prodigue héritier nourriront la folie.
Sois fils d'un Plébéïen, sois né du plus beau sang,
Chez Pluton, tôt ou tard, tout est au même rang.

 A deux ou trois milles, dans la montagne au dessus de la ville, j'eus le plaisir de faire une promenade que le charmant Auteur de cette Ode fit, sans doute, plus d'une fois avec Mécénas. Ce lieu nommé les Cascatelles, que tant de Peintres s'efforcent de rendre, préfente dans un mélange sauvage de bois, de grottes, de monts, d'abîmes, trois ou quatre fources abondantes qui s'y préci- CASCADES pitent à grand bruit. D'autres moindres ruiſſeaux fortent de toutes parts des rochers, s'y briſent, y rejailliſſent en écume, forment avec le foleil mille arcs-en-ciel, & ſe perdent impétueuſement fous Tivoli qui couvre la montagne.

D'un pont qui regne en bas, le payſage fixe l'œil le plus diſtrait; d'un côté brille un petit temple des Sibylles, preſqu'entier, en colonnes corinthiennes cannelées, élégantes, & faites de pierres du lieu, appellées Tiburtines, dont font bâtis le coliſée & S. Pierre. De l'autre, le Teve- TEVERON. ron, autrefois l'Anien, tombe de dix-huit toiſes en nappes, répand en l'air un brouillard dans ſa chûte, & fait retentir les échos. Cette riviere bruyante & turbulente, après vingt changements de lit & de forme, s'appaiſe dans la plaine, à l'aſpect du Tibre, & s'y joint pour toujours.

Au pied de Tibur font les débris de l'immenſe palais de campagne d'Adrien, qui y rapporta de VIGNE ſes voyages, & repréſenta tout ce que l'Egypte ADRIEN- & la Grece eurent de mémorable: hyppodromes, NE. théatres, lycées, bains, temples, canopes, champs élyſiens, enfers où couloient le Lethé, le Cocyte & le Phlégéton. Les ſtatues convenables à chaque lieu l'ornoient. La folidité des voûtes & des murs en laiffe, après tant de fiecles, voir la beauté : la falle d'audience, de cent pas de long fur foixante-dix, une galerie peinte à frefque, cent chambres des gardes prétoriennes y reftent entieres; de doubles murs de dix palmes d'épaiffeur, les mettent à l'abri de l'éboulement des terres. Leur fuperficie eft de petits pavés taillés en coins, dont la tête forme un deffein de damier, & la pointe s'enfonce dans le mortier fur la brique, fi fortement, que pas un n'a branlé depuis feize fiecles. L'exactitude de leur jointure les rend comme une glace, & l'eau n'y trouvant nulle retraite, n'a pu les dégrader. Ce féjour de délices dont Urbain VIII a fait tirer le plan que je vous apporterai, n'a pourtant fubfifté que quatre-vingts ans. Les guerres civiles & les Empereurs, furtout Caracalla, le détruifirent pour orner leur palais. Comment y laifferent-ils tout ce que les maifons d'Eft & de Farnefe en ont tiré? On y fouille fans ceffe, & rarement fans fuccès. Le Cardinal Albani a vendangé cette vigne pour enrichir la fienne. Le Cardinal de Polignac en avoit auffi tiré la famille de Licomede; le Pape lui permit de l'emporter à Paris, & les cabinets du Roi de Pruffe la poffedent aujourd'hui. M. Furietti (*u*) doit à fa

(*) Aujourd'hui Cardinal.

constance un tableau en mosaïque, où l'art de Sosus a représenté des pigeons qui boivent au bord d'un vase transparent bien imité : on prétend qu'Adrien le tira d'une maison de Pergame pour en orner la sienne. Pline en parle comme d'un chef-d'œuvre. Celui qui le possede a aussi déterré depuis peu d'années deux admirables centaures de marbre noir ; après avoir remué la terre au même lieu vainement pendant quatre ans, cet amateur d'antiquités en trouva un, & quinze jours après, son pareil. Quel dédommagement de ses peines ! Je vous en montrerai la description imprimée, je la tiens de ses faveurs. La campagne de Rome est inépuisable en trésors de ce genre. Je m'étonne qu'un peuple de marbre souterrain si nombreux, n'instruise point précisément de l'habit des anciens Romains. La plupart sont nus, ou vêtus de tant de diverses manieres, qu'on ne sait à quoi s'en tenir. Avoient-ils comme nous la mode bizarre, quand ils se faisoient peindre ou sculpter, de copier servilement jusqu'aux habits des Grecs, leurs modeles ? Dans mille ans on croira, en voyant nos tableaux, que nous avons aussi porté des draperies, & conservé beaucoup du culte païen. En effet, tous les Dieux de la Fable animent nos poëmes & nos spectacles, de façon qu'un

Centaures.

Réflexions.

Asiatique qui ignoreroit totalement notre religion & nos mœurs, & nous verroit chanter, peindre, célébrer à l'Opéra, Mars, l'Amour, Jupiter, Bacchus, en orner nos lambris, les prendroit sûrement pour les objets de notre culte.

Vénus nouvellement déterrée.

Sous terre, à la Colonna, près de Frascati, dans un champ des Borgheses, on vient encore de trouver une Vénus pudique. Cette attitude plaisoit bien aux anciens, où la perfection de celle des Medicis en multiplia les copies. La nouvelle déterrée est plus haute de deux palmes. Sa stature est moins délicate ; mais son visage plus agréable, & la figure étoit partagée en moins de morceaux. Ordinairement ces antiques ont le nez fracassé ; le sien n'est qu'écaillé, la tête & les cuisses tiennent au corps, les jambes qui étoient dispersées, sont rejointes, la main qui manque se retrouvera sans doute, & l'art de la restaurer est ici, par l'habitude, au point de ne pas appercevoir les cassures. Les Sculpteurs y sont aussi habiles à rajuster le marbre que nos Chirurgiens à remettre les membres humains. Près de cette Déesse s'est rencontré un piédestal dont l'inscription grecque annonce qu'on y découvrira un satyre qui étoit sous des platanes, vis-à-vis une bibliotheque de Lucius Verus. On l'attribue à ce Consul à cause de son buste entier, en marbre de Paros, tiré de la même fouille que la Vénus. Des curieux la marchandent, surtout le Cardinal Albani, pour la mettre dans sa nouvelle vigne. S'il étoit permis de vendre ces morceaux aux étrangers, ils seroient d'un prix excessif; mais par un réglement sage, on laisse bien emporter de Rome les os des Saints, mais nulle image des païens, nuls tableaux sacrés ou profanes des grands maîtres. Je crains d'avoir fait mille erreurs dans cent descriptions que je vous envoie; songez que mes esquisses informes vous demandent de chercher les vrais desseins dans les meilleures sources. Je ne vous écrirai plus d'ici, & vais m'occuper du triste métier de faire des adieux & des malles. Imaginez-vous que j'ai en réalité la douleur que tous les partants feignent de sentir. Les plus grands malheurs des longues routes n'en sont pas les périls, c'est l'obligation de quitter la bonne compagnie qu'on chérit dans les lieux où l'on séjourne. Malgré cet inconvénient, les voyages sont peut-être le temps de la vie le plus rapide & le plus divertissant. Je ne me suis jamais plus amusée que dans ma course d'Angleterre, de Hollande, & dans celle-ci: Solon partit à cinquante ans d'Athènes, pour voyager dix ans; Platon . . ans sa République, ordonne de ne point visiter les

DÉPART.

pays étrangers avant quarante ou cinquante ans. Ne croyez pas que je veuille, par leur autorité, nous excuser, quand je dirai qu'il vaut mieux parcourir le monde dans son automne, qu'en son printemps ; c'est un sentiment muni de raisons pour se justifier. A quinze & vingt ans, notre Patrie, dont nous recevons les caresses, & pour laquelle nous avons l'attrait d'une fleur naissante, a pour nous aussi celui de la nouveauté, il faut d'abord en jouir, tout nous y donne des sujets de réflexion, de surprise & de plaisir. Par l'habitude, les objets deviennent insipides, & nous le devenons pour eux. Changeons alors de pays, nous y serons un nouvel être ; & quoique les hommes soient par-tout les mêmes, leurs passions, leurs mœurs, que nous retrouvons sous d'autres formes, réveillent notre attention, & l'intérêt de curiosité qui occupe si agréablement la jeunesse ; ce charme suivroit sans doute quiconque auroit le courage de faire le tour du globe, & renouvelleroit sans cesse nos sensations que le temps & la satiété de voir toujours le même horizon, émoussent.

TRENTE-SEPTIEME LETTRE.

A Reggio, le 10 Mai 1758.

JE n'ai pas eu le temps de vous écrire depuis Rome jusqu'ici, ma chere sœur : j'aurois voulu vous dire un mot encore en partant ; mais le chagrin m'en ôta la force. Les regrets qu'on daigna nous marquer, augmentoient les nôtres au point qu'en paffant devant la colonne Antonine, que je voulus regarder pour la derniere fois, mes larmes m'en déroberent la vue. J'arrivai l'an paffé avec la plus grande fatisfaction à la porte du Peuple, j'en fuis fortie avec la plus vive douleur, qui s'eft encore accrue en cheminant. Nous traverfâmes d'abord les Apennins, moins arides à l'afpect que les Alpes, & coupés de meilleurs chemins ; mais prefque toujours au bord des précipices, tantôt touchant aux cieux, tantôt aux vallées les plus profondes. Je me rappelle pourtant un petit gîte qui nous y plut beaucoup ; les bonnes truites qu'on nous y donna, la vue de la riviere qui les produit, une chambre affez propre, nous firent un moment oublier nos fati-

LORETTE. gues. Nous n'étions pas loin de Lorette, où nous arrivâmes en bonne santé chez le Gouverneur, M. Honorati, jeune Prélat très-aimable, dont nous avions l'honneur d'être connus. Sous ses auspices, tout nous fut ouvert. Nous nous enfermâmes avec lui dans la Santa Casa, pour admirer les reliques confées à sa garde, & leur rendre nos hommages. La Vierge de bois, dont on ne voit que le visage noirci par la fumée, & l'Enfant Jésus, brillent comme des étoiles par l'éclat des habits qu'on leur change chaque saison avec grand appareil. Les armoires à droite, à gauche, conservent leurs anciens vêtements & vases de terre que la piété couvrit de lames d'or. Plusieurs lampes de même métal brûlent dans ce réduit étroit. J'en étois suffoquée; c'étoit peut-être ce que ma pieuse suivante appelloit une sainte horreur qui la saisissoit, s'écria-t-elle, comme on l'en avoit bien prévenue. Nous fûmes respirer hors de cette retraite sacrée, & contempler les murs de marbre dont le Bramante & le travail d'un demi siecle ont revêtu la chaumiere de la Sainte en ordre corinthien, enrichi de vingt statues des Prophetes & des Sibylles. La procession perpétuelle des dévots de tout sexe, qu'il faut faire à genoux sept ou neuf fois sur les degrés autour de l'enceinte, en a visiblement usé le marbre. Le nombre annuel des pélerins montoit, dit-on, jadis à deux cents mille. Je le crois fort diminué ; mais où mettroit-on de nouvelles offrandes ? quatorze armoires dans la facriftie en regorgent, fans que les bijoux d'argent méritent d'y trouver place. Un Comte de l'Empire, inquiet pour fon falut, de n'avoir pu remplir le vœu d'y rendre en perfonne fes hommages, fe fit pefer, y envoya exactement fon poids & fa reffemblance en ftatue d'argent. Ce récit & cette figure à genoux fur une table, me fit nommer ce faint lieu, le Temple de la Peur. On y voit des têtes, des jambes, des bras d'or, donnés par cent Souverains pour obtenir la guérifon de leurs membres en danger ; le collier de diamants d'une Princeffe, facrifié fur fes vieux ans à la Sainte, par la crainte de l'enfer ; la couronne de rubis d'un Roi qui y renonça dans ce monde, de peur de ne point régner dans l'autre ; les bracelets de perles d'une belle qui demande à la Vierge de la fauver de la petite vérole, & mille autres bijoux périffables que la frayeur des flammes éternelles raffemble dans ce pieux féjour. Je ne finirois pas de vous en faire le détail. Tout ce que j'en avois lu & penfé, tout ce que votre imagination féconde ajoutera aux tréfors que vous crûtes exagérés dans les récits des hérétiques, n'approchera point de la magnifique multiplicité des préfents que cette facriftie renferme. Un des miracles de la Vierge, eft que le Turc ne vienne point l'enlever. Devroit-on laiffer aux Infideles une pareille tentation ? Eft-il louable d'enfevelir tant de richeffes dont la circulation ferviroit au foutien d'une multitude de ferviteurs du Seigneur ? Je fais ces queftions à tort, puifque le faint Pere, dont je fuis la brebis trèsfoumife, l'ordonne ainfi, & laiffe toutes les Eglifes d'Italie, même dans les plus pauvres villages, remplies des métaux les plus précieux. La belle architecture, les peintures & fculptures qui par-tout y brillent, ne fuffiroient-elles pas pour les orner ? Les fleurs, l'encens, les prieres des juftes, font les vrais délices du Seigneur ; laiffons l'or, les pierreries pour parure aux Temples de Plutus. La crainte des Pirates pour la Santa Cafa, fituée fur le golfe Adriatique, m'infpire ces réflexions. Y voyant tant de marbre & de richeffes, ma furprife fut extrême de trouver fur le rivage voifin des cabanes de rofeaux, telles qu'on nous peint les huttes des fauvages ; mais alignées en rues, & dans l'intérieur meublées par la néceffité. J'y entrai en converfation avec une mere de famille dont la provifion de bonne chere étoit du pain & beaucoup d'oignons cruds.

Un nombre de vers à soie, seul objet de ses soins, lui promettoit de quoi avoir des chemises. Elle me supplia de leur présenter des feuilles de mûrier, bien persuadée que, nourris par quiconque entre pour la premiere fois dans une cabane, aucun malheur ne peut leur arriver. Sa crédulité, sa frugalité, sa pauvreté, & sa propreté, arrêterent long-temps mes idées. Je lui demandai le prix de sa maison, & le temps de sa durée. Dix ans, me répondit-elle, & pour deux sequins on en rebatit une. Je lui donnai de quoi en construire la moitié, & lui parus un Ange envoyé par la Vierge. Nous causâmes aussi avec les pêcheurs du rivage, bien moins grossiers que ceux de nos bords. Les domestiques le paroissent aussi moins à Rome qu'à Paris. Au lieu d'être accoutumés en campagne à gouverner les bêtes de somme, ils sont de pere en fils élevés en ville à plaire, à obéir exactement à des maitres dont la ponctualité fait le charme de la société du pays. Je ne sais comment nombre de François pensent que sans nécessité on peut manquer de parole, quand il ne s'agit que de rendez-vous d'amusement : ce système est bien contraire à l'agrément qu'on y cherche sans cesse ; mais retournons à Lorette. Un quart d'heure nous y ramena. Ce lieu n'offre de curieux qu'une superbe

Eglise, la place où une belle fontaine porte la statue de Sixte V, & le gouvernement que nous habitions. Les rues de la ville sont étroites, bordées de cabarets & de boutiques d'images & de chapelets (*x*) pour les pélerins. On y vend la carte du voyage de la Santa Casa, portée par les Anges, sous Boniface VIII, de Nazareth en Dalmatie, au mont Tersato; trois ans après au rivage d'Italie, de l'autre côté du golfe; ensuite sur une colline voisine couverte de lauriers, d'où vint le nom de Laurette, ou des ruines d'un Temple de Junon qui servirent de fondements à la sainte maison. Nous la quittâmes à midi pour aller coucher à Ancone, ville commerçante & port de mer à gradins de marbre, dès le temps des Romains. On voit encore sur des médailles de Trajan, l'arc de triomphe élevé sur le môle, en reconnoissance des réparations qu'à ses propres dépens cet Empereur fit au port. Au haut du cap qui le forme, est un temple de Vénus transformé en celui de saint Cyriaque. La ville par des rues étroites s'élève sur le mont où la citadelle la commande. Dans le bas, on remarque l'hôtel de ville & la bourse. Nous passâmes d'Ancone par Sinigaglia, ancienne cité

ANCONE.

SINIGA-GLIA.

(*x*) Dévotion inventée par Urbain II en 1291.

où se tient une foire fameuse, & dont on travaille à réparer le côté de la mer. Près de ce port est une montagne nommée Asdrubal, par la défaite & la mort de ce Carthaginois, sur le Métro. La plaine qui précede cette riviere, vit aussi finir Totila, Roi des Goths, vaincu par Narsès, Général de Justinien. Fano, où nous nous arrêtâmes ensuite, prit ce nom d'un Temple de la Fortune. Rome l'érigea l'an 547 de sa fondation, en mémoire de sa victoire sur Asdrubal, qui y perdit cinquante mille hommes. Totila ruina cette ville, Bélisaire la répara, Paul V la revêtit de bonnes murailles. Elle est assez forte du côté du port, qui ne contient pourtant que de petites barques. On y trouve une belle salle de spectacle (y), & un arc de triomphe haut de trente coudées, en l'honneur d'Auguste. Le temps l'a dégradé; mais dans une chapelle voisine, on conserve une pierre où la forme entiere de cet édifice est gravée. Pésaro, sur le même rivage, n'a d'agréable que sa situation sur la mer. De là à Bologne, nous ne remarquâmes rien. J'y retrouvai avec grand plaisir

FANO.

PÉSARO.

BOLOGNE.

(y) La plus médiocre ville d'Italie en a de plus belles qu'à Paris. Si ma voix étoit de quelque poids près celle de M. de Voltaire, je demanderois comment on fait tant de dépenses superflues, & non une si nécessaire pour la sûreté, la commodité publique, & pour recevoir mieux les étrangers qui ont la bonté de nous venir voir.

le Comte Algarotti, & les connoissances que nous avions eu le bonheur d'y faire dans notre premier passage ; mais j'y reçus une lettre qui nous conseilloit de nous y arrêter, parce que le saint Pere étoit très mal. Cette nouvelle nous jetta dans une grande perplexité. Le conclave avoit déja paru prochain, & le bon tempérament de Benoit XIV nous l'avoit plusieurs fois conservé : Espérant qu'il s'en tireroit encore, nous nous déterminâmes à nous rendre ici à la foire de

REGGIO. Reggio, où la beauté de l'Opéra attire un grand concours. Les ballets conduits par Pitrot sont superbes ; j'en viens de voir un chinois, composé de cinq ou six fois autant de figurants & de chars, qu'au ballet chinois admiré à Paris. Je lui ai demandé comment une si petite ville fournit à la dépense de tant d'acteurs & de décorations ? Il m'en a appris le secret. Les entrepreneurs perdent en six semaines

OPÉRA. soixante mille livres & plus sur l'Opéra, & en gagnent cent mille sur les joueurs que la magnificence du spectacle attire. En sortant de ce théâtre, je reçois en diligence une lettre du Cardinal Passionei, qui nous jette dans de nouvelles incertitudes.

MORT DU PAPE. Son Eminence nous apprend la mort du Pape, nous ordonne de retourner sans différer, à Rome, pour le conclave, & pendant qu'il s'y renfermera, veut nous gratifier d'un logement dans son palais.

Les cent cinquante lieues faites m'effraient moins que mon compagnon de voyage, qui n'aime pas à revenir sur ses pas. Enfin, pour avoir le temps de la réflexion (n'étant qu'à trois lieues de Parme), d'accord nous prenons le parti d'aller y contempler les merveilles de la maison Farnese.

TRENTE-HUITIEME LETTRE.

A Genes, le 18 Mai 1758.

LEs lettres que j'ai reçues de vous à Parme, PARME. ma chere sœur, me consolerent un moment dans la contradiction à mes desirs, que j'y rencontrai le lendemain de mon arrivée. La nuit m'avoit donné le temps de prendre la résolution de continuer notre route ou de retourner en arriere. Je pensois que je ne pourrois aller vous joindre avant l'automne; qu'en été nous trouverions nos amis dispersés aux bords de la Seine; & que ceux du Tibre réunis nous faisoient la grace de nous rappeller; enfin, l'amour de Rome l'emporta. J'étois résolue d'y retourner; mon Mentor se trouva d'un autre sentiment: les difficultés combattoient son penchant à m'obliger; mes remontrances furent vaines, & mes chagrins vifs. Il ne falloit pas moins que les bontés dont l'Infant daigna m'honorer pour m'en diſtraire. Son Alteſſe Royale nous fit la grace de nous admettre à ſa table, en ſa maiſon de plaiſance de Colorno, & d'ordonner qu'on nous repréſentât la Tragédie d'Iphigénie en Tauride, fort applaudie à Paris, pendant notre abſence. L'Acteur qui y jouoit le rôle d'Oreſte montre du talent : l'Iphigénie, quoique fort jeune, en promet beaucoup. La Comédie Françoiſe & l'Opéra Italien ſont en vogue dans toute l'Europe ; cette préférence générale décide du mérite de ces deux ſpectacles.

COLORNO.

Le theatre de la Cour, à Colorno, eſt bien décoré, & plus grand que celui de Verſailles. Le palais bâti avec l'élégance italienne, commodement diſtribué & meublé à la françoiſe, regne ſur des jardins charmants. Là, tout annonce le goût & la magnificence du Prince : J'obtins encore de ſes bontés, la permiſſion de rendre mes très-humbles hommages à l'Infante Iſabelle (z), dont toute l'Italie célebre les louanges. C'eſt la premiere fois, peut-être, qu'il ne ſe trouve rien à rabattre des éloges ſans bornes donnés aux perſonnes de ſon rang : ce que j'en ai vu, &

(z) A préſent l'Archiducheſſe.

les récits de ses plus sinceres courtisans, surpassent ce que la renommée publie de ses attraits & de ses talents. Le violon enchante sous ses doigts, & les couleurs sous son pinceau.

> Des merveilles de l'Italie,
> Nulle n'a tant charmé mes yeux :
> Tous les portraits ingénieux
> Pris de Vénus, faits d'Uranie,
> Ne sont qu'en marbre, en poésie,
> Un trait y peint une beauté :
> Minerve a pour don la sagesse,
> Junon n'eut que la majesté,
> Hébé, les graces, la jeunesse ;
> Je chante une Divinité
> Qui de ces fables de la Grece,
> Réunit la réalité.

La figure & la pénétration prématurée du jeune Infant, promettent aussi des prodiges. J'ai eu le bonheur de trouver près de lui pour précepteur, un de mes meilleurs amis, envoyé nouvellement en cette Cour par Madame Infante : c'est l'Abbé de Condillac, aussi estimable, vous le savez, par ses mœurs & son caractere, que par ses ouvrages. Dans nos conversations sans fin, je le vis avec plaisir vraiment enchanté de son éleve. Il m'assura que ce Prince conçoit déja les idées les plus abstraites. Monsieur de Kéralio, sous-Gouverneur, travaille avec la même ardeur que l'Abbé, à cette importante éducation. Leurs idées, leurs humeurs, & la disposition de leur pupille, s'accordent si bien, que tout leur répond du succès. Ils me donnerent à dîner avec Monsieur du Tillot, Intendant des finances de l'Infant, homme d'esprit, qui de peu fait beaucoup, & joint l'ordre & l'élégance à la magnificence. L'Abbé Frugoni, Poëte célebre attaché à cette Cour, fut de nos convives. Nous causames longtemps. Il s'accuse d'une paresse que sa vivacité dément : le café qu'il prend sans cesse, l'augmente encore, de façon qu'il est obligé de se calmer tous les mois par une saignée. J'ai fort blâmé son régime : pour se venger de ma réprimande, il veut traduire ma Colombiade (*a*). En effet, les beautés qu'il y mettroit en feroient mieux paroître les défauts.

PARME. Nous fûmes avec cette bonne compagnie, voir l'Evêque du lieu, qui, quoique vieux, en est une très-aimable ; nous visitâmes aussi sa cathé-

---

(*a*) L'ingénieux inventeur du Poëme d'Abel, Mr. Gessner, m'en a envoyé une traduction, imprimée en 1762 à Glogau & Leipsick, en allemand. Comme j'ignore cette langue, fertile à présent en bons Poëtes, je ne puis juger du mérite de l'ouvrage ; mais j'en rends ici graces a l'Auteur.

drale,

drale, peinte par le Correge, & le théatre Farnese, **THÉATRE**
le plus grand de l'Italie. La coupe en est si par- **DE**
faite, qu'une voix basse s'y fait par-tout entendre. **PARME.**
Au lieu de loges, des gradins y regnent, &
s'élevent en cercles, comme jadis au concert des
Tuileries. Le parterre peut se remplir d'eau à
la hauteur de trois pieds. Les gondoles dorées
& illuminées, qu'on met sur ce petit lac, doivent
faire un merveilleux effet. Cette salle immense,
bâtie par Vignole, ne sert que pour les fêtes
extraordinaires. Les rues de la ville sont bien
percées, & le palais d'été du Prince, hors de la
porte, me plairoit infiniment. Des terrasses qui
environnent le jardin, on voit le champ de la
derniere bataille de Parme, que nous gagnâmes
sur les Allemands. Je quittai ces beaux lieux
avec le mortel regret de ne point retourner à
Rome pendant le conclave, & traversai Plaisance,
ville bien située, mais déserte (*b*).

Quoique nous eussions passé les Alpes & les
Apennins, la Boquette me parut d'une dure **BOQUET-**
digestion. Près du sommet, dans la crainte des **TE.**

(*b*) Sur un mont à dix-huit milles de cette ville, près de Massinissa, on vient de découvrir l'ancienne Veileia, où l'on vivoit, dit-on, cent ans. Il étoit réservé aux Bourbons de retrouver en Italie les Cités que le temps avoit enterrées & fait oublier. Les statues & médailles qu'on a tirées de celles-ci, ornent les cabinets de Parme, & le savant Comte de Cylus conduit de París les fouilles, le compas à la main, sur les desseins qu'on lui en envoie.

précipices, nous descendîmes de voiture, & marchâmes contre une bise, un brouillard si épais, qu'à peine nous voyions à nous conduire. Nous remontâmes enfin, aimant autant tomber dans les abimes en carrosse qu'à pied. En descendant de l'autre côté du mont, par un chemin très-rude, peu à peu le soleil & la chaleur se firent sentir. Genes se découvrit à nos yeux, étonnés d'un changement de climat si subit. Du bas de la montagne à la ville, le lit d'un torrent qui arrête les voyageurs quand il a plu, leur sert de chemin lorsqu'il est à sec, & les met à la torture par les cailloux énormes que l'eau y rassemble. Genes a de beaux palais (*c*) à portiques de marbre, tels que ceux des Doria, des Durazzo, &c. bien peints en dedans, & parfumés par de grandes terrasses chargées d'orangers & de cédras: celle du palais de notre Ministre, le Comte de Neuilli, embaume dès la rue. Nous y dînâmes magnifiquement le lendemain de notre arrivée, avec le Marquis Lomellini, que vous avez vu briller à Paris par l'agrément de son esprit, & la Marquise Brignolé, qui conserve tous les charmes qui l'y firent admirer. Voici les

---

(*c*) Dans cette ville en amphithéatre, on n'a pas besoin, pour avoir plus d'air, d'habiter le second étage, comme à Rome, où l'usage des grands est d'abandonner les logements du premier aux statues, aux tableaux, que les étrangers y viennent visiter, & de ne se servir de ces appartements que pour les jours de cérémonie.

vers françois faits ici pour cette Belle qui vient d'y repréſenter le rôle d'Iphigénie en Tauride, en notre langue :

Du Temple où vous jouez le rôle de Prêtreſſe,
  Oui, le ſpectateur enchanté
  Vous croit, Brignolé, la Déeſſe.
  Ces graces, cette majeſté,
  Qui ſe paſſeroient de beauté,
  N'ont rien d'une ſimple mortelle ;
  Que dis-je ? Diane eſt moins belle,
  On lui fait grace, en vérité,
  En vous prenant ici pour elle.

Nous ne vîmes point de Génoiſe mieux faite dans l'aſſemblée du Doge, où la Comteſſe de Neuilli & ſon aimable fille ont eu la bonté de nous mener. Cent cinquante Dames y rempliſſoient d'immenſes appartements, priſon ſuperbe de ce Chef de la République, Roi de Corſe, mais dont il ne peut ſortir pendant les deux ans de ſon regne. Je ne manquai pas de rendre mes devoirs au portrait de Chriſtophe Colomb, conſervé dans une des ſalles du Sénat. Là, le R. P. Juſtiniani, amateur des Lettres, me préſenta de jolis vers de ſa façon, ſur mon héros. Je viſitai dans une autre ſalle la ſtatue élevée en l'honneur de mon voiſin à Paris, le Maréchal de Richelieu, qui

PALAIS DU DOGE.

seroit mieux, moins habillée, & plus isolée sur un piedestal, qu'enfoncée dans une niche avec un tas d'ornements. J'ai aussi parcouru la maison de campagne de ce vainqueur de Mahon, située dans un fauxbourg. Les vues, les eaux, en sont charmantes : les gens de goût se placent toujours bien.

EGLISES. Quand on sort de Rome, les Eglises vantées ici, paroissent moins superbes, quoiqu'elles le soient beaucoup. Nous montâmes hier sur une des plus hautes, pour voir le beau coup d'œil de la mer & de la ville en amphithéatre. Peu

RUES. de rues y sont propres aux carrosses. Mais pourquoi nos aïeux étoient-ils si avares de leur terrein moins cher que le nôtre ? Toutes les villes que nous tenons d'eux sont si serrées, si mal pavées, qu'on n'y passe qu'en tremblant, & qu'à peine on y respire. Leurs rues étroites & tortueuses, me dit-on, les mettoient mieux à l'abri du soleil & du vent. Cette réponse ne me satisfait point. Une peuplade enfermée dans des murs, a besoin de place & d'air. Genes est pavée de larges pierres, pour la commodité des gens de pied, & des riches obligés d'aller en

OPÉRA. porteurs. La salle d'Opéra (*d*) est fort digne

(*d*) Là, j'ai remarqué que l'Italie, comme mere de la musique, a le privilège d'user de cette expression de la langue, de *cafè*.

des bons Acteurs qui y sont actuellement. Manzoli & la Signora Gabrieli, douée des graces de la figure, de la voix & de la déclamation, en font l'ornement. Je ne vous dirai rien de plus d'un pays où j'ai peu resté, & toujours préoccupée du projet, ou de la folie (comme vous le voudrez) de retourner sur mes pas. Je m'embarque aujourd'hui sur une felouque. Que ne puis-je encore la faire tourner du côté de *Civita-Vecchia*! Mon Mentor l'emportera sans doute vers Marseille. Adieu; je vous dirai un jour tous mes regrets.

TRENTE-NEUVIEME LETTRE.

A Avignon, ce 15 Juin 1758.

JE suis ici, ma chere sœur, chez le Vice-Légat, neveu du Cardinal Passionei Je croyois ne l'importuner que trois jours. La goutte a pris à mon compagnon de voyage, le jour même de notre arrivée, & le tient au lit depuis trois semaines. La ville & la maison que j'habite me plaisent beaucoup; mais l'obstacle qui m'y retient, & la peur d'incommoder mon hôte respectable, m'in-

AVIGNON.

pour dire aux Acteurs de recommencer. Les Anglois empruntent le mot italien *ancora*, & les François le mot latin *in*.

quietent infiniment. Je ne vous ai point écrit plutôt, attendant toujours que je pusse vous dire, nous partons : ce sera, je l'espere, incessamment. Je profite d'un instant de loisir pour vous faire le récit de mon voyage depuis Genes, où vous m'avez presque laissée en felouque. Le mal de cœur & la tristesse s'embarquerent avec moi, je ne pouvois ni lire ni écrire ; mon soin étoit d'examiner s'il ne venoit point d'Algériens ou d'Anglois, nous enlever ; de considérer la difficulté de suivre par terre cette côte où jadis nos armées passerent ; d'admirer la force de nos rameurs, & d'adoucir leur peine en consentant d'aller à la voile. Leur appétit pour du pain noir & des oignons cruds, qu'ils mangeoient jusqu'au verd, me confirmoit bien dans l'opinion de l'inutilité dangereuse de la multiplicité de nos mets. Leurs jambes, pieds & bras nus, leurs chemises & caleçons de toile lavés chaque jour, dégoûtent moins, disois-je, que les vilains vêtements du peuple.

Dans ces réflexions, nous arrivâmes assez vite à Antibes ; mais imprudemment, pouvant y prendre la poste, nous reprîmes nos felouques par un vent fort, qui devint furieux, au point que les vagues nous inondoient. Nous passames, en vérité, une cruelle matinée. Le Capitaine même nous conseilla de nous sauver dans un faux port près de Fréjus, où nous entrâmes avec peine. FRÉJUS. Nous nous hâtâmes de descendre à terre, mais je m'y trouvai à midi sur un sable brûlant, loin de tout abri. Où fuir ? Sans une bonne femme qui me confia sa cabane en partant pour la Messe, où me serois-je mise ? M. du Boccage resté sur le rivage, envoya à la ville, éloignée d'une lieue, chercher du secours pour remonter notre voiture séparée des brancards, dans le bateau. Les ouvriers ignorants l'impatientoient, & le laissoient là, l'un pour aller dîner, l'autre à Vêpres. Les postillons n'avoient point de harnois pour son carrosse, les Commis vouloient le fouiller, le soleil embrasoit son sang bouillant de faim & d'inquiétude. Trois ou quatre heures de cette situation lui donnerent la goutte qu'il a encore. Moi, j'étois avec ma fidelle Ducastel, dans un galetas très-propre; du pain, des œufs durs que nous trouvâmes dans la cuisine, où la soupe de la bonne femme mitonnoit, nous nourrirent délicieusement. Une petite fenêtre sur la mer nous rafraîchissoit un peu : l'aspect des rochers, les troupeaux qui sur les bords du petit golfe couvroient la prairie, formoient une vue si attrayante, que si mon hôtesse secourable avoit eu une ou deux chambrettes de plus, je l'aurois priée de nous y donner quelques jours de repos. En sortant de l'agitation des palais, & d'un esquif battu des flots, huit jours de tranquillité dans sa chaumiere nous eussent, sans doute, été très-agréables. Tout s'arrangea pourtant. Nous n'eûmes pas le temps de visiter les antiquités de Fréjus. Un chemin pierreux & montueux nous conduisit à Toulon, dont je trouvai le port moins beau qu'on ne me l'avoit dit. Nous le quittames pour Marseille, où nous arrivâmes par un long fauxbourg entre deux murs, où j'étouffois de chaud & de poussiere. Je ne sais si le mal de tête que j'en eus me donna de l'humeur, ou si j'étois trop bien prévenue; mais ce port ne remplit pas non plus mon attente. Le quai est rétreci par les loges des galériens qu'on y a transportées de Toulon, de façon qu'on y passe à peine. La nouvelle ville a de belles rues droites; mais les tortueuses de l'ancienne conviennent mieux au pays brûlé du soleil & battu des vents. Nos ancêtres avoient souvent moins de tort que de raison, pour éviter nos alignements réguliers, & leur peu de croisées haut percées, les garantissoient mieux du froid & du chaud. Nous voulions voir M. de la Visclede, homme célebre, de l'Académie de Marseille; il étoit en campagne. M. Barthe, jeune homme dont les talents pour la poésie ont mérité plusieurs prix, est à présent à Paris. Annibal, soldat né sous Louis XIII, habite trop loin de la ville, pour que je contentasse mon envie de le voir à 118 ans, frais & gaillard, & j'y restai trop peu pour vous parler des habitants. En sortant, nous découvrimes leurs bastides, que vous avez sûrement entendu vanter. Je ne sais comment des hommes les habitent. Leur peu d'espace conviendroit à des Liliputiens; leur situation sur un sable brûlant, à des salamandres; la sécheresse du terrein sans moissons & sans abri, à des Sylphes. Peut-être leur multitude se prête l'une à l'autre un agréable point de vue: mais il falloit quitter ces lieux pour voir à Aix une procession fameuse de Vierges, d'Anges, de Diables & de Moines. Nous y arrivâmes la veille de ce bizarre spectacle, traversâmes la ville pour chercher un logement, & la trouvâmes bien percée, bien bâtie. Je marquai ma surprise d'y rencontrer tant de chaises à porteurs, remplies de jolies femmes bien parées. On me dit, « M. de Villars qui y représente » magnifiquement, donne un grand bal ce soir, » la foule des étrangers pour la fête & la procession » du lendemain, est si grande, que vous ne » pourrez trouver de logements ». J'ai su depuis que je n'aurois point en vain réclamé la protec-

Aix.

tion du Duc; mais de peur de l'importuner, nous courûmes toute la nuit pour gagner un autre gîte. Je n'avois jamais si bien entendu les rossignols au clair de la lune. Nous nous arrêtâmes un moment pour raccommoder quelques harnois, cette mélodie nocturne, dans le silence des bois me ravit. J'ignore si Philomele, amante des pays chauds, chante aussi mélodieusement dans nos froids climats. Le trot de nos chevaux me priva trop vite de ce doux concert,

AVIGNON. & nous mena coucher à quelques lieues d'Avignon, où nous arrivâmes le lendemain. Les murs de cette ville fondée par les Phocéens, & vendue au Pape Clément VI, par Jeanne, Reine de Naples, sont fort beaux; le rempart, planté d'arbres tout autour, forme une agréable promenade, où l'on voit nombre de Dames parées comme aux Tuileries. Nulle de nos villes de Province n'en rassemble d'aussi bon air, ni de tant de noms connus. La bonne Noblesse du pays obtient des grades distingués dans le service, se marie à Paris, & se retire ici. La Marquise de Vaucluse y tient le soir l'assemblée. On y soupe, on y joue, on y trouve des gens de bonne compagnie, dont quelques-uns font de jolis vers. Le jeu de mots flatteur que j'ai reçu ce matin du Marquis Perussi, Lieutenant général, sur un recueil de poésie des Arcades, fait à ma gloire, mérite fort que ma vanité vous en envoie cette copie :

> De Rome, en cet heureux mélange,
> Les Muses font de vous un Ange;
> Mais vos chants sont encor plus doux,
> Car des vers à votre louange,
> Aucun n'en fait si bien que vous (e).

Le Marquis de Cambis, qui cultive les lettres & chérit les antiquités, m'a appris ici qu'Alain Chartier, Secretaire des Rois Charles VI & VII, étoit de notre Normandie, & fut enterré en 1449, dans l'Eglise de Saint Antoine d'Avignon. Au dessous d'une belle Epitaphe latine, on trouve ces mots :

> Maître Alain, duquel Dieu ait l'ame,
> Lequel ci gît sous cette lame.

(e) Ce joli madrigal m'en rappelle un digne d'être conservé, que j'ai reçu à Rome de M. de la Condamine ; la difficulté de donner un tour nouveau à la flatterie mensongere, m'autorise à vous l'envoyer.

> D'Apollon, de Vénus, réunissant les armes,
> Vous subjuguez l'esprit, vous captivez le cœur,
> Et Scuderi jalouse en verseroit des larmes:
> Mais sous un autre aspect son talent est vainqueur;
> Elle eut celui de faire oublier sa laideur,
> Tout votre esprit n'a pu faire oublier vos charmes.

Une salle des Célestins de cette ville conserve un tableau de la mort, peint au quinzieme siecle par René d'Anjou, Roi de Naples. Il représente une femme dans un cercueil, à demi rongée des vers, & vêtue à la mode du temps: du haut de son bonnet en pain de sucre, un bavolet pend sur son dos jusqu'à terre, ornement des femmes de qualité; les bourgeoises ne le faisoient tomber qu'aux épaules. La tradition dit que René, amant de cette Dame, fit ces vers, & les mit au bas de son portrait:

>Une fois fus sur toutes femmes belle,
>Mais par la mort suis devenue telle.
>Ma chair étoit très-belle, fraîche, tendre,
>Or est-elle toute tournée en cendre.
>Mon corps étoit très-plaisant & très-gent,
>Je me soulois souvent vêtir de soie;
>Fourrée étois de gris & même verd,
>Or sont en moi par-tout fourrés les vers.
>En grand palais me logeois à mon veuil,
>Or suis logée en ce petit cercueil.
>Ma chambre étoit de beaux tapis ornée,
>Or est d'araignées ma fosse environnée.
>De tous étois nommée Dame chere,
>Maint me louoit qui près de moi passoit,
>Par-tout étoit ma beauté racontée:

Or n'en est vent ni nouvelle comptée :
Si pense celle qu'en beauté va croissant,
Que toujours va sa vie en décroissant,
Sois ores Dame, Damoiselle ou Bourgeoise,
Fasse donc bien tandis qu'elle est à l'oise.
Ains que devienne comme moi pourvoye elle,
Car chacun est comme ai été mortelle.

François I fit aussi cette Epitaphe, écrite de sa main, sur le tombeau de la belle Laure, enterrée aux Cordeliers de cette ville en 1348 :

En petit lieu compris vous pouvez voir
Ce que comprend beaucoup par renommée ;
Plume, labeur, la langue & le savoir,
Furent vaincus par l'Amant de l'Aimée.
O gentil-ame ! étant tant estimée,
Qui te pourra louer qu'en se taisant ?
Car la parole est toujours réprimée,
Quand le sujet surmonte le disant.

Le Vice-Légat me fit copier ces vers sur le manuscrit gardé dans la Sacristie, & prêt à tomber en poussiere. Ce Prélat eut aussi la complaisance, il y a quelques jours, de me mener à six lieues d'ici voir Vaucluse, lieu où le *VAUCLUSE*

Chanoine Petrarque (*f*) soupira vingt ans pour Laure (*g*): peut-être n'en étoit-il pas moins dévot. Autrefois on aimoit Dieu & sa maîtresse, beaucoup plus vivement qu'aujourd'hui : nous sommes moins tendres & plus raisonneurs. Dans ce vieux temps, les Cardinaux, les Evêques, faisoient même des sonnets galants ; tout passoit, pourvu que ce fût à l'imitation de Petrarque. Les vers de cet amant inimitable, qui pleura dix ans sa belle, sont par-tout, & les débris de son château restent encore sur un rocher voisin de cette fontaine, dont vous avez vu tant de flatteuses descriptions. Son onde claire forme en flots bouillonnants une riviere dès sa source, tourne ensuite autour d'une ville, lui donne ainsi le nom de l'Isle, arrose les prés & les arbres qui l'environnent, en fait un lieu délicieux, & la fournit d'excellentes truites & d'écrevisses. Mon bienfaisant conducteur nous en fit manger: la Marquise de Montaigu, qui, pour m'accompagner, avoit bien voulu essuyer une chaleur affreuse

L'ISLE.

___

(*f*) Dans les hommes illustres du P. Niceron, voyez la curieuse description du triomphe de Petrarque, à Rome, lorsqu'il y fut couronné Poëte.

(*g*) On la crut long-temps de la maison de Sade ; mais l'Abbé de ce nom (très-capable de la montrer sous un beau jour), en faisant des recherches sur sa vie qu'il écrit, a trouvé des preuves qu'elle étoit de la noble maison de Nove éteinte, & mariée à un de Sade, & non fille comme on le pensoit. Il en seroit souvent ainsi des anecdotes, si on les examinoit avec soin.

en montant aux sources enchantées de Vaucluse, étoit de la partie. Je fais souvent avec mon aimable hôte, de longues & agréables promenades hors de la ville, dont la situation & la compagnie me plairoient infiniment : j'ai dit ainsi cette vérité dans le langage du mensonge :

>Le Dieu du goût & les neuf Sœurs
>Ont, je le vois, sur ce rivage,
>L'élite de leurs sectateurs.
>Un enfant qui du Gange au Tage,
>Soumet les plus fameux vainqueurs,
>De Déités dans le bel âge
>Y charme les yeux & les cœurs.
>Là, d'un Prélat savant & sage,
>A chérir les loix tout engage ;
>La terre y prodigue les fleurs,
>Les oiseaux leur plus doux ramage.
>Oui, pour fixer les voyageurs,
>Des Pontifes, par cent faveurs,
>Le Ciel a béni l'héritage.

Il faut quitter tant de charmes : nous partons enfin ; la goutte achevera de se guérir en route.

QUARANTIEME LETTRE.

De Lyon, ce 8 Juillet 1758.

NÎMES.

Vous me recommandez, ma chere sœur, de visiter Nîmes ; nous avons prévenu vos desirs. Mon mari, malgré la goutte, à l'aide de ses porteurs, l'a parcouru avec moi. La renommée, qui abuse de la force d'Hercule, & lui fait tout faire, donne encore à cette ville ce héros pour fondateur. L'ancienne enceinte en étoit vaste & remplie, comme à Rome, d'un champ de Mars, de temples, de bains, & d'un amphithéatre bati par Caius, & Lucius petit-fils d'Auguste. Les Goths le mutilerent pour y construire un chateau qu'au quinzieme siecle les Anglois démolirent. Dans ce cirque (bien moins grand que celui de Vérone, & que le colysée), la galerie d'en bas reste en partie praticable. Un *vomitorio* (h) de la seconde nous conduisit au plus haut gradin. Là, nous nous assîmes pour déplorer le goût barbare qui en a rempli l'arene de pauvres maisonnettes. Le Cardinal de Richelieu & Louis XIV

(h) Degré qui conduisoit des galeries du dehors sur les gradins | intérieurs, où s'assyoient les spectateurs.

voulurent

voulurent les faire abattre : moins je conçois comment ils n'en vinrent point à bout, plus je dois croire la chose difficile. On voit dans les souterreins, les loges des bêtes féroces destinées aux combats, & des conduits d'eau pour humecter le champ des gladiateurs, afin que le sable fût moins glissant, & empêchât les traces de leur sang de les effrayer. La Maison-quarrée, autre ouvrage des Romains, subsiste en entier. On croit qu'Adrien, né en Espagne, à son retour d'Angleterre, la bâtit pour y chanter des Odes en l'honneur de Plautine, qui le fit adopter par Trajan son époux. Le temps nous a conservé comme une chose rare, un monument érigé à la reconnoissance. Je lis actuellement que cet Empereur la porta jusqu'à refuser les honneurs du triomphe préparé pour son bienfaiteur, & voulut mettre l'image du mort à sa place. Revenons à ce petit temple de pierre, le plus parfait, le moins mutilé de ceux qui restent des Césars : il a douze toises de long, six d'élévation : trente colonnes corinthiennes cannelées l'environnent. L'Abbé Barthelemi a pris le dessein des trous qu'on voit encore au frontispice, pour restituer les lettres d'airain qui sans doute y furent attachées. Cet aimable Antiquaire a retrouvé l'alphabet Palmyrenien perdu, il découvrira bien le nom du vrai fondateur de cet édifice, que tant d'autres cherchèrent en vain. Louons le bon goût de M. de Basville, qui, pendant son Intendance en Languedoc, le fit réparer à ses frais.

Quelques modernes pensent que pour immoler des victimes aux divinités infernales dans les funérailles de Plautine, Adrien érigea aussi le petit temple de Diane, qu'on voit près de la fontaine à Nîmes, & fit au même lieu brûler le corps de cette Princesse sur la Tour-magne la plus élevée des Gaules. Les onze toises qui nous en restent, annoncent pourtant plus un ouvrage des Goths que des Romains. Au pied de la colline qui la porte, est cette fontaine chérie jadis de ces maîtres du monde, & l'objet de leur culte. Le temps la détruisit, & la maison de ville dépense à présent deux millions pour la réparer. A l'ouverture d'un de ses canaux en 1738, on découvrit avec surprise deux escaliers en demi-cercle, qui, pour l'usage du temple voisin, descendoient à la source; ensuite un grand aqueduc, & vers le rocher deux murailles épaisses & bien taillées, qui contenoient les eaux, & les conduisoient à un réservoir qui les répandoit en cascade dans une salle pavée: un large corridor plus haut d'une marche, soutenu sur de petites colonnes de marbre, régnoit autour: au milieu s'élevoit d'une toise un socle quarré, où regne aujourd'hui la Nymphe de la fontaine. Au même lieu se trouva un amas de médailles, cornalines, bas-reliefs, statues & bronzes renversés. En réparant les outrages des Goths & du temps, on suit l'ancien plan autant qu'il est possible. Plusieurs terrasses qui s'élevent sur le rocher se communiquent par des escaliers à deux rampes. De là on découvre le temple dont nous avons parlé, la source, le nymphée (i), le bassin des Romains & un canal large de huit toises, sur trois cents de long, coupé de trois ponts, revêtu de parapets de pierre, & de quais, qu'on a dessein de bâtir d'une maniere uniforme jusqu'à la ville.

Près des murs, les eaux remplissent un abreuvoir, un lavoir magnifiques, & des réservoirs pour les teinturiers. Vis-à-vis de la fontaine est un vaste terrein orné de plates-bandes, arbres en quinconce, vases, statues colossales, & bancs de marbre. En face du parterre fermé de grilles, se trouve un long cours planté à quatre rangs d'arbres. La vue au-delà découvre la campagne, & se perd dans l'horizon. Je m'étends sur les beautés de cet ouvrage, comme moderne, & bien moins connu que les monuments antiques.

(i) Portiques des anciens, ornés de statues au bord des eaux pour prendre le frais.

La ville que je décris, par la vicissitude des temps, reçut toutes sortes de gouvernements & de religions. M. Séguier, un de ses savants habitants, qui, par amitié pour le Marquis Maffei, passa une partie de sa vie dans l'Etat de Venise, m'a fait voir une rareté qu'il en a rapportée. Ce sont des poissons pétrifiés, communs dans les montagnes de Verone, dont j'avois souvent entendu parler : la figure, l'écaille, l'arête de l'animal, se trouvent si réellement dans les pierres sciées, qu'on ne sait comment expliquer cette merveille.

En quittant la ville de France la plus riche en édifices antiques, nous voulions voir le triple

PONT DU GARD.

pont du Gard, élevé, dit-on, sous Agrippa, pour porter l'eau de monts en monts par un aqueduc de neuf lieues, au temple de Diane, & à l'amphithéatre de Nîmes. Le retardement de la poste qui conduisoit le Maréchal de Thomond aux Etats, nous força d'admirer ces merveilles à l'aide du plus brillant clair de lune, qui en augmenta peut-être le charme. De là à

LYON.

Lyon, les chemins du Dauphiné ne sont pas trop bons ; mais j'ai infiniment à me louer de cette belle ville, du Marquis de Rochebaron qui y commande, de la Comtesse de Grolée, à qui Madame d'Argental m'a fait l'honneur de me recommander, & de M. Bordes, homme de beaucoup d'esprit, qui m'en a fait voir la bonne compagnie, le beau théatre bâti par M. Soufflot, la place de Bellecour, la plus spacieuse qui soit en France, & l'hôtel-de-ville d'une grande architecture. On y rajuste une salle magnifique pour y tenir les assemblées de l'Académie. Je suis très-flattée de la grace qu'on m'a faite, ainsi que dans les Lycées d'Italie, d'inscrire mon nom dans ce temple des Muses. Les ingénieux membres qui l'habitent, m'ont même admise dans une de leurs assemblées particulieres : M. de Fleurieu, leur savant Secretaire, y lut un bon discours sur les dialogues des anciens ; M. de Bory, Gouverneur de Pierre-Scize, de jolies poésies, & M. Bordes, une très-belle ode sur la guerre. Voici le remerciement que j'ai fait sur mon élection ; je n'avois pas le temps de le rendre plus digne du sujet & de ma vive reconnoissance.

ACADÉMIE.

Aux lieux où le Rhône amoureux,
Vers le midi fuyant sa source,
D'une Naïade (*k*) suit la course :
Que de biens ! quel climat heureux !
L'industrie en fait l'opulence ;

(*k*) La Saône.

Des Disciples de Ciceron (*l*)
Y renouvellent l'éloquence.
Sur ces bords voisins du Lignon,
Bory tire de sa guittare
Des sons dignes d'Anacréon :
Le goût y regne, & l'Hélicon
Y trouve un enfant (*m*) de Pindare ;
Le temps y ramene un Platon (*n*).
Le Chroniqueur (*o*) de la contrée,
Abbé savant, dit que Lyon,
Bien plus antique qu'Ilion,
Fleurissoit au siecle d'Astrée.
Par les Druides inhumains,
Si le culte de ce bel âge
Y devint cruel & sauvage,
Plancus y porta des Romains
Les vertus, les arts, le courage :
Les Goths gâterent son ouvrage ;
Mais dans le temps des Amadis,
Vénus y fit régner son fils.
De lui naquit sur ce rivage
(Chez un Peuple qui l'encensa)
L'esprit galant qui me plaça
Dans leur célebre Aréopage.

(*l*) Les Jésuites. (*n*) M. de Fleurieu.
(*m*) M. Bordes.   (*o*) L'Abbé Pernetti.

SUR L'ITALIE.

M. Bordes me répondit ainsi :

> Non, malgré votre modestie,
> Ce n'est point la galanterie,
> C'est un plus noble sentiment,
> Un tribut plus pur & plus juste,
> Qui vous couronna dignement
> Des palmes de l'autel d'Auguste (p) :
> De ces deux aveugles fameux
> Que le Pinde admire & révere,
> De Mylton & du grand Homere
> Vous eûtes les dons précieux ;
> Doriclée (q), un sort moins contraire
> Vous donna de plus deux beaux yeux.

Je fus engagée à dîner avec mes savants Confreres : M. de Maupertuis, qui attend ici l'instant de retourner en Prusse, paroissoit empressé d'être de la partie. Il apprit mon dessein d'aller voir M. de Voltaire, & fit aussi-tôt dire qu'il étoit incommodé. En dépit de sa haine, dès que le pied de mon compagnon de voyage fut rétabli, nous volâmes à Geneve, & arrivâmes à propos. L'objet le plus intéressant de notre course étoit au moment

GENEVE.

(p) Erigé à Lyon, où se distribuoient les prix d'éloquence & de poésie, & qui y sert aujourd'hui de Type à l'Académie.
(q) Nom des Arcades.

d'aller pour quelque temps chez l'Electeur Palatin. Cet Orphée, qui attire à lui tout ce qui passe à cent lieues à la ronde, eut la bonté de retarder son départ, de nous loger dans sa charmante habitation, de quitter son lit de Sybarite, & de m'y mettre, moi qui, par goût, couche à Paris sur un chevet de Carmélite, & depuis deux mois, par nécessité, sur la paille, de cabaret en cabaret. Enfin, je ne pouvois dormir aux Délices, à force d'en avoir. Je me consolerois de cette infomnie, si le génie du Maître de la maison, croyant le posséder sous ses rideaux, s'étoit emparé de moi, & me rendoit digne de la couronne de laurier dont cet Homere m'a, hier à table, galamment coëffée. Il joint à l'élégance d'un homme de Cour, toutes les graces & l'à-propos que l'esprit répand sur la politesse, & me paroît plus jeune, plus content, en meilleure santé qu'avant son séjour en Prusse. Sa conversation n'a rien perdu de ses agréments, & son ame plus libre y mêle encore plus de gaieté. J'en ai moins joui que je ne le desirois. Il a fallu voir Geneve, & les jolis lieux de plaisance qui l'environnent, répondre aux prévenances qu'on a bien voulu m'y faire en faveur de mon hôte, & voir deux de ses pieces sur un théatre hors d'un fauxbourg, n'étant pas permis d'en avoir dans la ville. Je ne vous dirai point si le spectacle étoit bon: la nouveauté des acteurs, la célébrité de l'Auteur, sa présence, tout me fit illusion, tout me plut, & me prit des heures que j'aurois voulu passer à causer avec lui. Ajoutez que pendant les cinq jours que je l'ai vu, sa bonne crème & ses truites trop séduisantes me donnerent une indigestion. Il fait bonne chere, & a toujours chez lui la meilleure compagnie de Geneve, lieu où, proportion gardée, il y a plus de gens d'esprit qu'ailleurs. Madame Denis y vit fort aimée, & le mérite. Je l'ai revue avec grand plaisir, & la trouve heureuse d'être la consolation d'un oncle admiré de toute l'Europe; qui, vainqueur de l'envie, jouit de son vivant de l'approbation que les Génies rares n'obtiennent gueres que de la postérité: Je vous plais & me complais en vous parlant longuement de cet homme fameux. Je l'ai quitté à regret, d'autant plus que, si nous n'avions pas laissé nos malles ici, nous l'aurions accompagné sur le chemin de Manheim (comme il eut la politesse de nous le proposer), & serions revenus par la Lorraine, pour y admirer les merveilles du Sage qui y regne. Au lieu de prendre cette agréable route, il a fallu retourner à la capitale des Gaules en balconnant sans cesse: j'appelle ainsi voyager sur un chemin étroit au bord des précipices, comme on fait souvent en Italie & autour de Geneve. Là, j'ai appris une

ALPES. GLACIERES.

merveille de la nature, trop ignorée, quoique très-près de nous, & qui mérite pourtant bien nos attentions & nos étonnements : il est en Suisse une chaine des Alpes, longue de vingt-cinq lieues, nommée les glacieres, où les curieux osent faire de petits voyages; mais pour une telle entreprise, il faut choisir son temps & consulter ses forces. Ces monts tout de glace, & sans doute inhabitables, n'ont point dégelé depuis la création : on en montre d'immenses lambeaux tombés, selon la tradition de la République, bien avant sa fondation. Le ciseau du temps donne à leurs cimes cent formes surprenantes; l'art, pour éterniser les grands hommes de la nation, ne pourroit-il pas aussi les sculpter dans ces marbres transparents ? Les bergers des vallons devroient du moins y représenter leurs belles, & immortaliser ainsi l'objet de leurs amours. Tant de roches de crystal entassées jusqu'au ciel, sont les prodigieux magasins d'eau d'où découlent imperceptiblement nos grands fleuves, tels que le Pô, le Rhin, le Danube, le Rhône. Leur cours inaltérable, leur source intarissable, de l'infini de leur auteur sont la vive image. Mon esprit se perd dans ces vastes admirations, & j'oublie que je suis à Lyon, & que nous allons enfin revoir nos Pénates; quand je leur aurai rendu mes hommages, j'irai visiter les vôtres, & vous dirai tout ce que j'ai oublié ou n'ai pas dû vous mander. Vous m'accusez peut-être de louer souvent, ce n'est point fadeur, ni que je trouve que tout le mérite ; mais je suis heureuse, le beau côté me frappe toujours plus vivement ; c'est celui dont je vous entretiens, le reste s'efface de ma mémoire. Je vous ai fait parvenir les longs détails que vous m'avez demandés, par des moyens sûrs, autant qu'il m'a été possible : vous avez, je le vois, presque tout reçu ; j'ai consulté les gens éclairés, & les livres ; je ne réponds pas de leurs erreurs, & crains bien d'en avoir ajouté. Pensez que je vous indique seulement les objets à chercher dans les meilleurs voyageurs. Combien faut-il que je vous aime, pour avoir trouvé les moments de tant écrire au milieu des amusements du monde & des fatigues de la route ! Vous voulez payer ma peine en m'assurant que vous vous donnez celle de garder mes lettres : puisque vous prenez ce soin obligeant, nous les commenterons donc ensemble à loisir. Adieu ; je vous manderai à Paris quand nous pourrons aller vous voir dans votre château du Perche.

En cette retraite agréable,
Mais qui l'est beaucoup moins que vous ;

Au coin du feu le soir à table,
En confiance & loin des fous,
Que tous nos moments seront doux :
L'amitié, dont l'œil favorable
Embellit tout, sera pour nous
Le vrai plaisir inépuisable.

FIN.

DE L'IMPRIMERIE DE PERISSE.
1769.

PRIVILEGE DU ROI.

LOUIS, PAR LA GRACE DE DIEU, ROI DE FRANCE ET DE NAVARRE, A nos amés & féaux Conseillers les Gens tenant nos Cours de Parlement, Maîtres des Requêtes ordinaires de notre Hôtel, Grand Conseil, Prévôt de Paris, Baillifs, Sénéchaux, leurs Lieutenants Civils, & autres nos Justiciers qu'il appartiendra : SALUT. Nos amés LES FRERES PÉRISSE, Libraires à Lyon, Nous ont fait exposer qu'ils desireroient faire réimprimer & donner au Public, *Les Œuvres de Madame du Boccage*, s'il Nous plaisoit leur accorder nos Lettres de renouvellement de Privilege pour ce nécessaires : A CES CAUSES, voulant favorablement traiter les Exposants, Nous leur avons permis & permettons par ces Présentes, de faire réimprimer *lesdites Œuvres*, autant de fois que bon leur semblera, & de les vendre, faire vendre & débiter par tout notre Royaume, pendant le temps de *six années consécutives*, à compter du jour de la date des Présentes. FAISONS défenses à tous Imprimeurs, Libraires, & autres personnes de quelque qualité & condition qu'elles soient, d'en introduire d'impression étrangere, dans aucun lieu de notre obéissance ; comme aussi d'imprimer ou faire imprimer, vendre, faire vendre, débiter ni contrefaire *lesdites Œuvres*, ni d'en faire aucun extrait, sous quelque prétexte que ce puisse être, sans la permission expresse & par écrit desdits Exposants, ou de ceux qui auront droit d'eux, à peine de confiscation des exemplaires contrefaits, de trois mille livres d'amende contre chacun des contrevemants, dont un tiers à Nous, un tiers à l'Hôtel-Dieu de Paris, & l'autre tiers auxdits Exposants, ou à ceux qui auront droit d'eux, & de tous dépens, dommages & intérêts; à la charge que ces Présentes seront enregistrées tout au long sur le registre de la Communauté des Imprimeurs & Libraires de Paris, dans trois mois de la date d'icelles; que l'impression *desdites Œuvres* sera faite dans notre Royaume, & non ailleurs, en beau papier & beaux caracteres, conformément aux Réglements de la Librairie, & notamment à celui du dix Avril mil sept cent vingt-cinq, à peine de déchéance du présent Privilege; qu'avant de les exposer en vente, le Manuscrit qui aura servi de copie à l'impression *desdites Œuvres*, sera remis dans le même état où l'approbation y aura été donnée, ès mains de notre très-cher & féal Chevalier, Chancelier de France, le Sr DE LAMOIGNON, & qu'il en sera ensuite remis deux exemplaires dans notre Bibliotheque publique, un dans celle de notre Château du Louvre, un dans celle dudit sieur DE LAMOIGNON, & un dans celle de notre très-cher & féal Chevalier, Vice-Chancelier & Garde des Sceaux de France, le sieur DE MAUPEOU : le tout à peine de nullité des Présentes : du contenu desquelles vous mandons & enjoignons de faire jouir lesdits Exposants & leurs ayant cause, pleinement & paisiblement, sans souffrir qu'il leur soit fait aucun trouble ou empêchement. VOULONS que la copie des Présentes, qui sera imprimée tout au long, au commencement ou à la fin *desdites Œuvres*, soit tenue pour duement signifiée, & qu'aux copies collationnées par l'un de nos amés & féaux Conseillers-Secretaires, foi soit ajoutée comme à l'original. COMMANDONS au premier notre Huissier ou Sergent sur ce requis, de faire pour l'exécution d'icelles, tous actes requis & nécessaires, sans demander autre permission, &

nonobstant clameur de haro, chartre normande & lettres à ce contraires : Car tel est notre plaisir. DONNE' à Paris, le trente-unieme jour du mois d'Août, l'an de grace mil sept cent soixante-sept, & de notre Regne le cinquante-deuxieme.

PAR LE ROI EN SON CONSEIL.

LEBEGUE.

Regiſtré ſur le Regiſtre XVII de la Chambre Royale & Syndicale des Libraires & Imprimeurs de Paris, N°. 1487. fol. 301. conformément au Réglement de 1723. A Paris, ce 12 Octobre 1767.

Signé, GANEAU, Syndic.

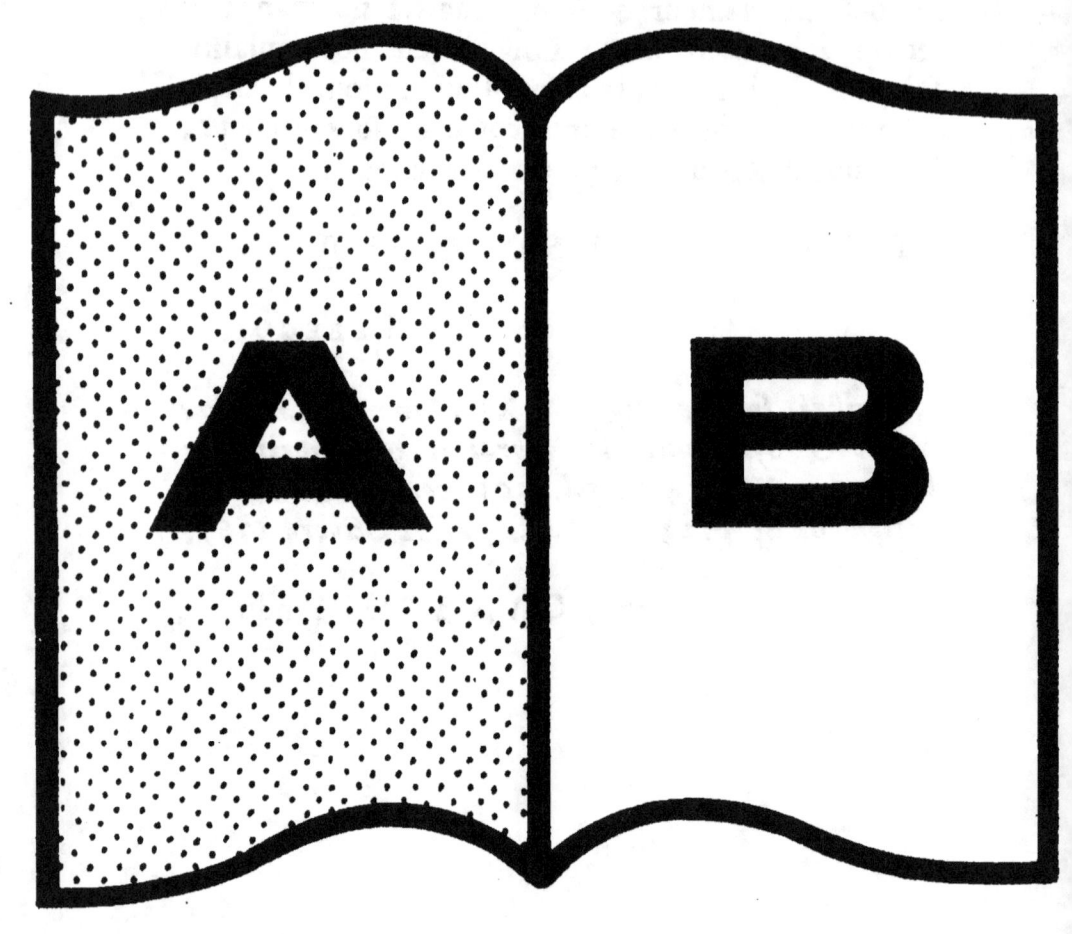

Contraste insuffisant

NF Z 43-120-14

www.ingramcontent.com/pod-product-compliance
Lightning Source LLC
Chambersburg PA
CBHW052040230426
43671CB00011B/1726